新装版

観経疏に学ぶ

玄義分 2

廣瀬　杲

法藏館

観経疏　玄義分二

目次

玄義分一

序論

本論

玄義分二

第八章　仏言に帰す

——経論和会門——

一　経論和会門の大要

六和三会《シ》経論《ノ》相-違《キヲ》一、広《ク》施《ホトコメ》二問答《ヲ》一釈三去疑情《コセキシヤウヲ》一者《ハ》、就《ツイテ》二此《ノ》門《ノ》中《ニ》一即有《リ》二其六《ノツ》一。一《ニハ》先就《マツツイテ》二諸《ノ》-法師《シニ》一解《ス》二九品之《ノ》義《ヲ》一。二《ハ》即以《テ》二道-理《ヲ》一来《ヤタメ》破《ハス》レ之《ヲ》。三《ハ》重《テ》挙《アケテ》二九品《ヲ》一返《ヘン》-対《タイノ》破《ハス》二之《ヲ》一。四出《ノ》レ文《ヲ》来《ヤタシ》証《ス》、定為《テ》二凡夫《ニノ》一不《セスト》レ為《云コトヲ》二聖人《ノ》一。五会《エ》三通《ツウス》別-時之意《イヲ》一。六会三通《ス》二二乗種不生之義《ヲ》一。

（『全集九』一五頁）

総説

七門料簡の中の第六番目の経論の相異を和会するというところで、経論和会門という呼び方をしています。ここでは、一つには二乗種不生の問題があります。これは、浄土には二乗の種《しゅ》は生じないというふうに『浄土論』には書いてある、ところが『観無量寿経』には、その二乗の者も生ずると書いてある、その経典と『浄土論』との相異を会通する。

もう一つは聖道の諸師方が重視している『摂大乗論』の中に別時意の方便という問題がありまし

て、その別時意の説、つまり、その別時意方便説で『観無量寿経』の下品下生の「称南無阿弥陀仏」という経文を見ていこうとするわけです。ですから、経典、つまり『観無量寿経』に説いてあることと、それから、『摂大乗論』あるいは『浄土論』に説かれていることと、文面においてくい違いが出てくる。そのくい違いがあるようにみえる点を和会するわけです。和会ということは、経と論とに論述されていることを調和させ、そして会通するわけです。調和するように会通して矛盾のないことを証明しようとする。そういう一段が経論和会門です。だから経論和会門というのは、経と論との調和を計り、その意味内容を会通する一段です。会通とは意味の疎通を計ることです。そういうのが経論和会門なのです。この経論和会門という一段が、実は善導が玄義分の中で、ある意味で一番力を入れている一段であるということができると思います。

　この経論和会門は、内容が六つに押えられている。その六つの中の第一は、「諸々の法師に就《っ》いて九品の義を解す」と言われています。諸々の法師というのは聖道の諸師方の意見です。諸師の考え方です。その諸師の解釈をまずあげるということが第一です。第二番目にはその聖道の諸師方の解釈というものを、今度は道理をもって批判していくというので、道理破というふうに言います。第三番目はその道理をもってさらに詳しく批判するわけでして、聖道の諸師の考え方をもう一度あげて、それに対して善導自身の意見を相対させて述べている。そして聖道の諸師の考え方の誤りを正していこうというので、これを返対破と言います。破とは批判ということです。第四番目にはもう一度詳しく、今度は『観無量寿経』の経文の中から特に十文だけ選び出しまして、その十の文章を証明として聖道の諸師の考え方の誤りを正すというので顕証破とも言います。

そして、五番目に来て、実は別時意の問題が出されるのです。『摂大乗論』に説かれている論述を根拠にして『観無量寿経』の説を解釈し批難しようとする、その聖道の諸師方の別時意の論難というものに対して善導が答えようとするのです。第六番目は、今度は二乗種不生の問題です。これは、『浄土論』に二乗種不生ということが述べられている。二乗の種は真実の浄土には生じない、と、このように『浄土論』には書いてある。その二乗種不生という事柄を取り上げて、聖道の諸師が『観無量寿経』の浄土を貶めているのです。そういう諸師の考え方に対して、二乗種不生と説かれる道理を会通していこうというので、「二乗種不生の義を会通する」というわけです。このような六つに内容が分かれてくるわけです。

ところで、聖道の諸師といっていますが、『観無量寿経』を解釈した聖道仏教の学匠の中で、代表的な人が三人いるわけです。それは、いつも言われるように、摂論宗の浄影寺慧遠、天台大師智顗、それから三論宗の嘉祥寺吉蔵、この三人がいわゆる三家とかあるいは三師と言われる方々であります。その中でも善導が諸師という言い方でもって、特に相手取っているのは、浄影寺慧遠の考え方なのです。善導は『観無量寿経』という一経の上で、浄影寺慧遠を代表とする聖道の諸師の意見というものを批判していくわけです。

浄影寺慧遠の考え方を特に批判の対象とするのは、いろいろ考えられますが、ともかく解釈というものが一番詳しいからでありましょう。聖道の諸師方が『観無量寿経』を解釈している論疏の中では、浄影寺慧遠が一番詳しい。だから慧遠の解釈を取り上げた、ということが一つの理由であろうと思われます。もう一つの理由は『観無量寿経』という経典に対して、聖道の諸師はそれぞれ一つの立場をもって批判することによって、浄土教の力を削いだということがある。その代表的な学派が摂論宗なのです。『摂大乗論』という論を中心にした学派だったわけであります。その摂論宗の学問のバックボーンになっているのが、この浄影寺慧遠の考え方ですから、そういう意味でも善導は浄影寺慧遠の考え方を批判していくというわけです。だから、これからずっと出て来る諸師の主張というのは、その大方は浄影寺慧遠の考え方であります。

だから最初には、その浄影寺慧遠はどのように考えているのかということで、まず最初の所で浄影寺慧遠の考え方をあげて、これが聖道の諸師を代表する人の考え方だと言うわけです。こうして諸々の法師の解釈をあげるというのが第一に出されるわけです。それをはっきりさせておきまして、その次には、その諸師の解釈に対して経論を引用してきて、経論の道理をもってその誤りを正していく、これが第二番目の道理破ということなのです。第三番目は、今度はもう一度改めて諸師の解釈をあげて、それに対して善導自身は、自分自身はどう考えるかという、自分自身の考え方を明らかにしていくわけです。それが三番目の返対破ということです。そして最後に決定的にその諸師の解釈を批判し尽すというところになってきますと、善導は『観無量寿経』の経文を十文出して諸師の誤りを正していくというわけです。ですから、この一段を出文顕証とも言うのであります。

それで、この四段はどのようなことを問題にしているのかといいますと、その四つで明らかにしようとするのは、『観無量寿経』の中の上品上生から下品下生までの九品の解釈についての相違を決定しているのです。『観無量寿経』の散善九品の経文に対して聖道の諸師、つまり浄影寺慧遠が考えている考え方というものを批判しているのが一から四までです。しかもそれがずいぶんと丁寧でしょう。諸師の解釈をあげて、それを、道理をもって破って、自分の意見で批判して、さらに経文をもって批判する、このように非常に力を尽してます。その力を注いでいる一点は、『観無量寿経』の九品の経文に対する慧遠の考え方を批判するというところにあるわけです。

『観経』所被の機

九品ということで何を明らかにしようとしているのかというと、それは、『観無量寿経』が説かれなくてはならなかった必然性を持つ、経の機の決定ということです。『観無量寿経』という教えに遇うべき人間を決定する、機を決定する、ということなのです。いわゆる所被の機です。教えを被るところの機を決定する。そのために、九品の解釈に対して善導が力を尽すわけです。

少し言葉を付け加えて言いますと、第五段目に定散料簡門というのがありましたね。そこで善導が諸師の解釈を破って、特に力説していることは、定善の一門は韋提が請いを致して説かれたのだということです。定善の一門は韋提の致請である、散善の一門は是れ仏の自開である、仏の自説であると、こう主張したわけでしょう。『観無量寿経』には定善と散善という二つの教えが説いてあるけれども、その教えを願い出た韋提希の願いは決して定善と散善と二つ説いてくれというように願ったのではない、韋提希が願ったのは定善の一門だけである、定善の一門だけを教えてほしい、ということであった。散善の教えは実は韋提希の願いを超えて、仏自身が自ら説き出したものである。だからこれは誤ってはならないというふうに、善導は主張しているわけです。普通に考えれば、これ程までに言わなくてもいいように思うでしょう。ところが善導はあえて、散善の一門は仏の自説であって、定善の一門だけが韋提希が願い出た事柄だと押えるわけです。

いわば、散善というのは人間の日常的な感情でしょう。散乱麁動する人間のままに善を修していこうという、普通の倫理的人間の在り方です。その倫理的人間の在り方に対して仏陀が教えを説いている。しかし、その仏陀の経説の意というものは、実は人間からはわからないものなのだということが一つあるわけです。ですからその人間の日常性のところへ仏が説き出したということは、実は人間の意識を超えたような大きな問題を人間自身が抱えているということを意味するのです。人間の意識が抱えているのではなくして、人間の存在そのものが、その人間自身の意識でわからないような、深い問題を持っているわけなのです。だから、そういう意味では、われわれの意識からすれば、散善という問題は取るに足らないことなのです。親孝行しなくてはならないとか、あるいは少しでも良い行ないをして、浄土に生まれようと願うことは当然のことなのです。いわば宗教的実践の中で、倫理性を何とか生かしていこうというようなことは常識であって、別に考える必要のないことでしょう。誰もがそのように考え、そして行為しているわけです。

だからして、聖道の諸師は、そういうことをまず人間に教えて、その次にもう一つ高い修行である定善を教える、だから定善も散善も両方ともに韋提希の願いに応えた仏陀の教えなのだと、こういうふうに考えたわけです。ところが善導は、その普通なら別に何でもないと思って、見定める必要もない程あたり前としてやっていることが、実は仏によって教えられなくてはならないことだと領解する、これが善導の領解です。

だから、そういう意味では、散善の機、つまり倫理的な人間というのは特別な機というのではなく、普通に人間関係の中において生きている人間のことです。従って、関係を自己なる存在の内容として生きている人間が、生活していく上に起こす廃悪修善の思いが散善です。それが倫理的人間の姿でありましょう。

ところが、その倫理的人間ということが、実は、その倫理に依っている人間自身にとっては秘密であるというのです。つまり、自分にとって自分がわからないのです。だから善導は、その倫理的人間の本質こそ仏陀によって教えられなくてはならないことなのだというのです。そしてまた仏陀の教えというのは、そういう日常的な人間の、何でもない日常生活の中に、人間の苦悩の本質が露呈されていることを説くわけです。その露呈されている事実を、善導は「機」と言うのでありましょう。だから機というのは、平易に言うならばチャンスです。何のチャンスかと言えば、教法に遇うチャンスです。だから、人間が機だと言いますけれども、人間が機だというのは粗雑な言い方であって、人間が教えの機であるか機でないかは、人間からはわからないのです。仏の智慧によってわかるわけです。だから仏は人間の日常性のすみずみにまで現われている教法の機、その機を押えて教えを説く、これが仏陀の教説なのです。

そういう意味で、『観無量寿経』という教えは、定善は韋提が願い出たのだけれども、散善は仏自身が説いたのだと、善導は言うわけです。だから、人間自身では問う必要もないほど明瞭なことと考えている事実が、実は人間にとって見えない足もとなのだ。人間は足もとが真暗である。その足もとを照らし出すのが仏陀の教えだというわけです。だから、人間が教えの正機であるということは、人間自身にはわからない。そういう深い、いわば秘密を人間は内に包んでいるわけです。しかし、その秘密はどこにあらわれるかと言うならば、別に特別な姿をもってあらわれるわけではなく、日常生活のすみずみにまであらわれているわけです。人間においては解決不可能な大きな秘密をかかえている事実が、人間生活のすみずみにまであらわれている。換言すれば、人間が生きているということは、基本的な深い宗教性が、日常生活の装いをもって生きていることである、というわけです。

そういう意味で、宗教というのは特別なことではなくて、人間の生きている全てのことが宗教性の発露なのです。発露であるけれども、その宗教性の発露だということは、日常的人間自体にはわからない。いわば秘密を内に包んだ人間を露わにしてゆく、それが本当の教えなのでしょう。

救いというのはいったい何かと言えば、何々から救われるというのではなくて、こうして生きているそのことが明らかになるということが救いなのです。そのことを善導は、特に定散料簡門というところで押えるわけです。つまり、散善を仏陀自らの意によって開き教えているというところに、

『観無量寿経』の中核的事柄があるのであり、だから、人間であるところの韋提希は、定善ひとつしか問うことができなかったのである。意識的に韋提希が問うたのは定善ひとつだった、ところが意識の内に包まれていた深層の意識を開かしめたのが、仏陀によって説かれた散善の教えである。と、こういうふうに押えて来たわけであります。このことが実は、この経論和会門に関わってくるのです。

それはどういうことかといえば、散善というのは、経文に従って言うならば九品の教えでしょう。上品上生から下品下生までの人間の分類に対して聖道の諸師方は、その分類を一般論的な立場で、いわゆる仏教の教理の常識で分別していったわけです。それに対して善導は、その分別の在り方というものを否定するのです。否定して、九品という差別をもって生きている、いわば千差万別の人間の生き方そのものの中に、実は仏によって知らしめられた人間の実相があるというわけです。それが機です。仏によって知らしめられた人間の実相、いわば仏智所照の機です。仏智所照の身でしょう。

『歎異抄』の言葉を借りて言うならば、「仏かねて知ろしめして煩悩具足の凡夫」と、こういうことでしょう。人間が判って煩悩具足と言うているのは、嘘です。だいたい煩悩具足の凡夫などということは誰も思ってはいません。煩悩具足の凡夫だと言うている時には、そういう卑下慢でしょう。頭を下げた格好で頭を上げているのです。だから煩悩具足の凡夫というのは、仏かねて知ろしめしている事実です。いわゆる仏智所照の自覚です。仏に照らされている、いわば煩悩に眼《まなこ》障《さ》えきられて仏を見ることができない、できないけれども、その私が仏に見られていると、こういうことがあるのでしょう。そういうことを善導は特に強調するわけです。だから、凡夫という言葉を善導が徹底して使おうとするのは、あくまでも仏智所照の機として、人間を徹底しているわけです。これは大事なことなのです。

なぜかというと、聖道の諸師方は、凡夫というのはつまらない人間のことだというふうに決めるのです。だから凡夫の上にいろいろな階層を考えたわけでしょう。ところが、善導はそうではないのです。そういう階層の量的な意味での一番下層を凡夫と言うのではなくして、凡夫というのは、人間の本質だと善導は言うわけです。だから量的立場に立って凡夫と凡夫でないものとを簡んでいるような差別の見方ではなくして、どんな生き方をしていても質的に押えるならば凡夫なのです。この一点が仏智所照の機と言われることなのです。それを明らかにしようとするのであります。

このように一から四までは、『観無量寿経』の機が決定されるわけです。次に五は別時意の論難を会通するという一段です。別時意というのは、『観経』の下々品に「称南無阿弥陀仏」で往生成仏できると説くが、実はそれだけではないのだけれども、あたかも、今それだけで往生成仏できるかの如くに釈尊は説くことによって、やがていつかは往生成仏可能であるということを明らかにしている。だから、下品下生の教えは方便説だというわけです。別時の時の問題を今の問題の如くに説いている方便説だというわけです。それに対して、善導が願行具足と言って名号六字釈を掲げるのが、この五番目のところです。そうするとこれは行を決定するわけです。宗教的実践を決定するわけです。

では、六番目は何かというと、二乗種不生という問題です。二乗種不生というのは『浄土論』の中に「女人及根欠　二乗種不生」という言葉がある。女人と及び根欠、さらに二乗の種は浄土には生じない、こういう言葉があるのです。ところが『観無量寿経』の浄土を見ると、声聞も生まれているのです。『浄土論』の方は二乗は生まれないというのに、『観無量寿経』の浄土は声聞も生まれていると説く、さらに『大無量寿経』の浄土を見ると、本願そのものに声聞無数の願というのがあるのですから、浄土には声聞が無数にいるといいます。それをとらえてきて、聖道の諸師は声聞のいるような浄土はたいした浄土ではない、だから声聞のいるような浄土は真実報土というわけにはいかないと、こういう論難をふっかけてくるわけです。それに対して有名な、「是報非化」という善導の決定があるのです。「是れ報にして化に非ず」と言い切る、としますと、この六では浄土の決定をするわけです。

そうすると、一から四までは機を明らかにするわけですから、換言すれば宗教的実存として人間を明らかにするのです。その宗教的実存の決定の上に、真実の宗教的実践というものを五番目に明らかにし、そして真実の宗教的な救いの内景ということを六番目に明らかにする。という展開があるわけです。このように、この経論和会門は、全体でもって人間における宗教とは何かという問題が語られているわけです。

このように見てきますと、六つに分かれているけれども、その中、先の四段は諸師の解釈をあげ、それを道理をもって批判し、そして自分の意見を立てて批判し、さらには『観無量寿経』の教えを出して批判するという、経説に対する諸師の解釈、とりわけ慧遠の解釈の過ちを正すことを通して、『観無量寿経』の機を決定しているわけです。ところが、六段に分かれているその全体を通じての目安、つまり題になっているのは経論和会門です。経と論との論述の相異矛盾というものを調整し、そして、それが矛盾でないことを会通するということは、五と六とが中心なのでしょう。経に説いていることと『摂大乗論』による別時意の説とを和会する。また『観無量寿経』の説と、それから『浄土論』の二乗種不生の義とを会通する、これは後の二段です。そうすると総題そのものから言うと、この後の五・六が経論和会門であって、前の四段は総題とはピタッとしません。

善導は、いったいなぜ、そのようなことをしたのか。それよりも、もっと適当な呼び方があるのではないか。たとえば先に定散料簡門というのがあるから、そのあとは九品段の解釈ですから、九品釈義門というようなふうに名をつけてもいいはずです。ところがそう言わないで、この二つの論難に応えるところに中心課題がある、と総題を掲げています。そしてやっていることは、二つのことに先立って四つの部分を置きながら、九品というのはあくまでも凡夫だと、こう決定することに力を入れている。これはいったいどういうことかというと、結局は『観無量寿経』の機が凡夫だという決定なしに経典を読むならば、経と論とが矛盾するのは当り前だということを言い当てているのでしょう。なぜかというと、読んでいる立場が凡夫ではないからです。読んでいる立場が智者の立場に立っている限りにおいては、経文に説いてある言葉と、論文《ろんもん》に説いてある言葉との矛盾は解くことができない。いわゆる、経文に説いてある文面と、論文に説いてある文面との矛盾にとらわれて、その中に説き出されている経の精神、論者の精神というものに触れることができない。だから当然それが矛盾としてしか見られなくなるのだというわけです。

だから、諸師方が矛盾として指摘しているのは、矛盾として指摘している論理が間違っているのではなくて、矛盾として指摘するような、そういう精神が間違っているわけです。矛盾として指摘しているその論理的な過ちを善導は衝こうとするのではなく、経と論とは矛盾だと見るような理知的な立場を批判するわけです。その理知的な立場というのは何かというと、いわゆる『観無量寿経』を聞く自己自身が不明瞭だということです。自己自身が不明瞭ですと経典というものを対象に置くわけです。対象に置いて経典の矛盾を探すわけです。ところが経意、いわば経の精神に触れることができない。経の精神に触れさすものは何かと言えば、九品として説き出されている『観無量寿経』の機の問題が、そこにあるわけです。人間の決定、自己自身の決定、いわば経典によって教えられた自己自身の頷き、その決定の上に、初めて経と論とが矛盾しているというような考え方の根底が、批判し尽されるわけです。

そういう意味で、前四段で力を尽して、九品段に対する聖道の諸師の解釈というものを否定して、そして、その否定を通して『観無量寿経』の機というものを決定する。そして別時意ということを、文を楯として論難してくる聖道の諸師の立場、あるいは二乗種不生という『浄土論』の論文を楯にとって、『観無量寿経』の浄土を貶めている聖道の人々の立場というものを、根底から批判してゆこうとするわけです。これが経論和会門という総題でもって善導が力を注いでいる事柄なのであります。

二　諸師の経文理解

初《ハジメ》言《フ》二諸師《ノ》解《ケト》一者《ハ》、先《ツ》挙《アク》二上輩《ノ》三人《ヲ》一。言《フ》二上上《ト》一者《ハ》、是四-地《ヨリ》至《ル》二七地《ニ》一已来《ノ》菩薩。何故《ナンカソ》得《ル》レ知《シルコトヲ》、由《ヨテノ》下到《イタテ》レ彼《ニ》即得《ニ》中無生忍《ヲ》上故《ユヘナリ》。上中《カ》者《ハ》、是初地《レシヨチヨリ》至《ル》二四-地《ニ》一已-来《ノ》菩薩《ナリ》。何故《カソ》得《ル》レ知《トヲ》、由《ヨテノ》下到《テ》レ彼経《ニヘテ》二一小劫《ヲ》一得《ニ》中無生忍《ヲ》上故《ナリ》。上下者《ハ》、是《レ》種性以上《イシヤウヨリ》至《ル》二初地《ニ》一已-来《ノ》菩薩。何故《カソ》得《ル》レ知《トヲ》、由《カ》下到《テ》レ彼経《ニヘテ》二三小劫《ヲ》一始《ハシメテ》入《ニ》中初地《ニ》上故《ナリ》。此《ノ》三品人《ノハ》皆是大乗聖人《ノ》生《ル、》位《クラキナリ》。次《ニ》挙《アケ》二中輩《ノ》三人《ヲ》一者《ハ》、諸師《ノ》云《ク》、中上《カハ》是三果《クワノ》人《ナリ》。何以《テカ》得《ル》レ知《トヲ》、由《カ》下到《テ》レ彼《ニ》即得《ニ》中羅漢《カンヲ》上故《ナリ》。中中《カ》者《ハ》是内凡《レナイナリ》。何以《ヲテカ》得《ル》レ知《ヲ》、由《カ》下到《テ》レ彼《ニ》得《ニ》中須陀洹《コムヲ》上故《ナリ》。中下《カ》者《ハ》是世善《レセセンノ》凡夫、厭《イトフテ》二苦《クヲ》一、求《モトムルナリ》レ生《ヲ》。何以《カ》得《ル》レ知《ヲ》、由《カ》下到《テ》レ彼経《ニヘテ》二一小劫《ヲ》一得《ニ》中羅漢果《ツ》上故《ナリ》。此之《レノ》三-品唯《ハタヽ》是《レ》小乗聖人《ノ》等也。下輩《ハイノ》三人者《ハ》是《レ》大乗始学《シノ》凡夫《ナリ》、随《テ》二過《トカノ》軽-重《ニ》一分《ワカテ》為《ス》二三品《ト》一。共《トモニ》同《ク》一-位《ニノ》求《ム》二願《スト》往生《ヲ》一者《イハ》、未《タ》二必《スシモ》一然《ラ》一也。可《ヘシシル》レ知。（『全集九』一六頁）

大乗の聖人――上輩段

先ず善導は、諸師の『観経』解釈を挙げてくるわけです。この諸師と言いましても、代表者は慧遠なのですが、その慧遠の解釈の背後には、いわゆる菩薩の修道の五十二段の段階、あるいは声聞縁覚の小乗の修道の段階というものがあるわけです。大乗の聖者、小乗の聖者、さらに凡夫、この三種類の人間を上品上生から下品下生までの経文に従って慧遠は配当しているのです。

そのとき、配当の基準をいったいどこに置いているかというと、まず上品上生から上品下生まで、いわゆる上輩の人々はこれは大乗の聖人、大乗の求道者、大乗の菩薩であり、そして中輩の中で先の二類、つまり中品上生と中品中生の者は小乗の聖者である。そして中輩の一番最後の中品下生、これは世善の凡夫である。下輩の者は、かつて一度大乗の教えを過去世において聞いたのであるけれども、たまたまこの世に生まれる時に、運悪く大乗の教えを聞いたその境遇を離れてしまって、そして悪縁に遇うような境遇に生まれた人々である。だからして、その犯している罪の重さ軽さによって一応下品上生から下品下生まで分けるけれども、これは一応の分け方であって、これは全部一類にいわゆる善を行なうことのできない凡夫なのだと、こういうふうに慧遠が範疇を決めるわけです。

ところが、慧遠がこのように位置を決める時に、何を基準にして決めているかというと、無生法忍をいつ得るかということで決めているのです。無生法忍とは無生無滅の道理です。涅槃の道理を悟る、涅槃の道理をいつ悟るかということで、上輩の人々を決めているわけです。ところが、そこには慧遠自身の学問が立場になっているわけです。仏教学の中では無生法忍ということに対して解釈がいろいろあるわけで、無生法忍と一言に言いましても、その無生法忍をどこへ位置づけるかというのが、それぞれの学問の系統によって違うのです。

たまたま、浄影寺慧遠が所属している摂論宗、特に浄影寺慧遠が重んじている『仁王般若経』という経典の分類に従うと、無生法忍というのは、菩薩の十地の段階の中で七地の位に到って初めて得ることができる、ということが説いてあるわけです。実は慧遠自身が学んで来たその学問によって、無生法忍の位置をまず決めているわけです。さらに、その学問の立場で慧遠は『観無量寿経』を読み出したわけです。そうすると、『観無量寿経』の経文の中に、上品上生から上品下生までの人々の姿が説いてあって、そこにいつ無生法忍を得るかということが説かれてあるわけです。それを基準にして、上輩段の人々の位を慧遠は決定していったわけです。

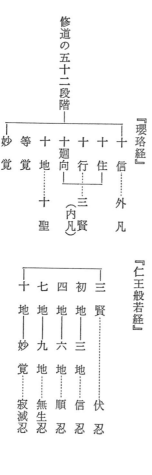

『瓔珞経』

修道の五十二段階
- 十信……外凡
- 十住・十行・十廻向……三賢（内凡）
- 十地……十聖
- 等覚
- 妙覚

『仁王般若経』
- 三賢……伏忍
- 初地―三地……信忍
- 四地―六地……順忍
- 七地―九地……無生忍
- 十地―妙覚……寂滅忍

そうすると、まず上品上生の人というのは、慧遠から見ると、十地の位の中の四地から六地まで

の菩薩だというわけです。なぜかと言うと、『観無量寿経』の上品上生段を見ますと、

彼に到って即ち無生忍を得る。（『全集九』一六頁）

という言葉があるのです。この世で死んで、そして、彼に生まれた時に、すなわち無生法忍を得るというのですから、「即」です。そうすると、彼に生まれたらすぐに無生法忍を得るということになると、無生法忍は七地の菩薩でないと得られないのですから、この世にいる上品上生者は六地までだ、すぐに得るのだったら七地だと杓子定規に決めるわけです。そうすると、六地だけではいけないから四・五・六地という、その三つの位の人が上品上生の人間の位だと、そのように経典に書いてあるというわけです。

それでは、上品中生というのは何かというと、初地・二地・三地だ、なぜかというと経文に、

彼に到って一小劫を経て無生法忍を得る。（『全集九』一六頁）

と説いてある。一小劫という時間の隔たりがここにある。とすると、その一小劫のうちに何があるかというと、七地が無生法忍ですから四・五・六地の修道があると考えたのです。つまり、一小劫を経て無生法忍を得るというのですから、一小劫の間お浄土でまだ修行しなくてはならない、だから四・五・六地というのはお浄土で修行をして、七地と同じ無生法忍を得るのだというわけです。

では、上品下生というのは何かというと、

種性以上より初地に至る已来の菩薩。（『全集九』一六頁）

だと言います。種性というのは何かというと、菩薩の修道の過程に五十二段、つまり十信・十住・

十行・十廻向・十地・等覚・妙覚とありますが、その中の十住を種性というのです。だから「種性以上より初地に至る已来」というのですから、十住・十行・十廻向という三つの位の人々が上品下生だというわけです。なぜかというと、

彼に到って三小劫を経て始めて初地に入る。（『全集九』一六頁）

と、このように『観経』に書かれてあるからです。ですから浄土へ行って、初地・二地・三地・四地・五地・六地・七地と、これだけ修行しなくてはならないわけです。その期間が三小劫ある。だから、上品下生の人々というのは間違いなしに種性以上初地に至る人々だ、というふうに諸師は決定したのです。

小乗の聖人・世善の凡夫人―中輩段

次には中輩段です。中品上生と中品中生とを、なぜ浄影寺慧遠は小乗の聖者だと見たのかというと、それは中品上生に関しては「彼に到って即ち羅漢を得るに由るが故」にと書いてあると言うのです。阿羅漢果というと小乗の悟りの位です。その小乗の悟りの位には、四向四果という四段階があるでしょう。大乗の菩薩の方には五十二段という階段を設けているわけですが、小乗では四段階です。その四段階の一番最初が預流《よる》、そして二番目が一来《いちらい》、三番目が不還《ふげん》、そして四番目が羅漢《らかん》です。この四段階の中で、まず預流の位に向かうのと、預流の結果を得たのと、一来の位に向かうのと、一来の結果を得たのと、不還の位に向かうのと、不還の位を得たのと、そういうふうに分けま

す。だからこれを四向四果というのです。

預流というのは流れに預かる、つまり悟りの流れに預かるということです。はじめて悟りの智慧が開けるというのです。だから、初めて悟りの智慧が開けるということは、小乗でいうと見道の位に立ちます。いわゆる人間の煩悩には二種類あって、一つは分別起の煩悩、もうひとつは俱生起の煩悩です。分別起の煩悩というのは人間が意識しだしてから起きてくる煩悩です。いわば知的な煩悩です。俱生起というと、生と俱にある煩悩です。オギャアと言って生まれた時に既にそなわっている煩悩です。つくった煩悩というよりも、体と一緒にあるような煩悩を俱生起の煩悩と言います。この二種の煩悩の中で分別起の煩悩を断ち切る位を見道と言うのです。だから、分別起の煩悩は見道の智慧をもって断ち切ることができる。だから見諦所断ともいうわけです。いわば後天的な煩悩は、見道の智慧をもって断ち切ることができるが、先天的な煩悩は、断ち切った人間そのものについている煩悩ですから、断ち切ることができないわけです。いわゆる、見諦所断の煩悩を断ち切った時、まず悟りの智慧が身についたという意味で、初めて仏になるべき流れに預ったということで、預流というわけです。

一来というのは、一遍来るというのです。どこへ来るかというと、迷いの世界へ来るわけです。それはどういうことかといいますと、見道の他に修道というのがあります。修道というのが俱生起の煩悩を断ち切る道なのです。だから生まれながらの煩悩というのは、教えを聞いた位で簡単に消えるものではなく、修道によらなければ消えないのです。わかっても、わかったことによって身が承知しないのですから、その生まれながらの煩悩というものは、命をかけて生きてゆく修道の位の中で、次第に破られてゆくようなものなのです。その倶生起の煩悩には九品あるのですが、そのうちの初めの六品を悪戦苦闘の末、断ち切った位が一来の位です。ということは、まだ三品残っているのです。だから一度浄界へ生まれても、もう一遍そのあとの三品を断ち切るために、この迷いの世界へ帰って来なければならないということです。それが一来の位です。

不還というのは、その見諦所断の煩悩も断ち切り、あるいはその修道によって倶生起の煩悩も断ち切ったと、いわゆる煩悩の全部を断ち切ったというのが不還の位です。つまり、煩悩の全部を断ち切ったが故に、もはや再び生死の迷いの世界へは還らない。それが不還と言われる意味です。ところが見道の智慧を得て、分別起の煩悩が断ち切れた、かずかずの修行をして、修道の智慧を得て、倶生起の煩悩が断ち切れても、なお迷いが残るのです。どういう迷いが残るかというと、薫習として残る、習気という迷いが残るのです。習気というのは、今は煩悩を起こしていないけれども、かつて起こした煩悩が身についている状態です。そのかつて起こした煩悩が、習気として身についているのです。薫習というのは、今は香を焚いていないけれども、かつて香を焚いたところにいた人間は、外を歩いていても匂いがするようなものです。だから、生死の中にあって、まさに働いている煩悩は全部不還の位で断ち切った、断ち切ったけれども、かつて起こしていた煩悩の余臭は、なお身を染めているわけです。だから、その身を染めているものは、いつ断ち切ることができるかと言えば、いわば、この命この生の終わる時をもって、それが終わるわけです。そういう習気によって染められている生死が完全に終わって、そして、やがて本当の完全円満な無垢の世界というものが開顕した時、初めて悟りが成就する、それが阿羅漢です。

つまり、阿羅漢というのは、そのような、大きな生命をかけたような問題に初めて応えた位です。だから阿羅漢とは無学ということでしょう。無学というのは、もう学ぶものがなくなったというわけです。世間の学問とは違います。世間の学問は、たくさん学んで蓄積するのが学問ですけれども、仏教ではそう言わなくて、何も学ぶ必要がなくなったというところまで学んでゆくわけです。

ところで、『観経』の中品上生の声聞を見ると、

彼に到って即ち羅漢を得る。（『全集九』一六頁）

と書いてある。とすると、彼に到って阿羅漢の悟りを得ることができるのは、預流・一来・不還の三果の人々だと、こういうふうに慧遠は見るわけです。

では、中品中生は何かというと、見道以前の内凡の人々だと言います。見道以前というのですから預流が見道で、その見道以前ですから、見道以前にも修行が続いているわけです。その修行が内凡と外凡とに分かれるわけです。仏道に志して、仏道の歩みの中に自分が進んだ、進んだきっかけというのが外凡と言うのです。やがてその修行を積んでゆく、しかしながら見道の智慧を得るまでは、どんなに修行が積まれていてもなお凡夫だと、これが内凡だというわけです。そこで中品中生の経文を見ますと、中品中生の経文には、実は、

彼に到って須陀洹を得る。（『全集九』一六頁）

と、つまり彼に到って、七日の間聞法をし、そして須陀洹、つまり預流果を得る。そして半劫の期間を経て後に、阿羅漢果を証するということになる。ですから、中品中生の者は、まだ見道に入らないわけなのです。そうすると、それは見道以前の内凡の凡夫だと、こういうふうに慧遠は中品中生を決めていたわけです。

次に中品下生は何かというと、これは世間の世福を行じている「世善の凡夫」だと、こういうふうに決めています。なぜかというと、

彼に到って一小劫を経て羅漢果を得る。(『全集九』一六頁)

ということです。そうなると、世善、いわゆる世間の道徳、一般道徳の善を修している人々であって、その人々はまだ外凡でも内凡でもない、仏道に志していない人だというわけです。生命が終わった時に、一小劫という期間を経て阿羅漢果を得るというのであるからして、まだ仏道に志さない世善の人々であるというふうに見たわけである。

大乗始学の凡夫—下輩段

最後に下輩段ですが、これは種々な経典を見ても相当する基準がないわけです。仏教学の基準に合わないのです。下品下生の経文を見ましても「五逆十悪、具諸不善」などと書いてあるのですから、手のつけようがないわけです。だからして、これはもう恐らく過去世において大乗の菩薩道を学んだのだけれども、たまたま悪縁に遇うて凡夫になったのだと、だから凡夫の罪咎の重さによっ

て、一応三つに分けるけれども、これは同じ人間なのだろうと、こういうふうに分別をしたわけです。

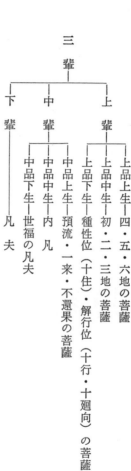

浄影寺慧遠の『観経義疏』

三輩	上輩	上品上生	四・五・六地の菩薩
		上品中生	初・二・三地の菩薩
		上品下生	種性位（十住）・解行位（十行・十廻向）の菩薩
	中輩	中品上生	預流・一来・不還果の菩薩
		中品中生	内　凡
		中品下生	世福の凡夫
	下輩		凡　夫

これが、浄影寺慧遠の立てた『観無量寿経』九品に対しての解釈ですが、善導がなぜこれを、このように詳しく紹介をしたのかというと、先ほど申しましたように、浄影寺慧遠が学んだ学問を立場にして経文を分類しているからなのです。その過ちを明瞭にするために引用してきたわけです。そういう意味では、上品上生とか下品下生というものを、初地だとか二地だとか三地だとか四地だとかいう菩薩の修道に合わせてみたり、あるいは、小乗の預流・一来・不還・阿羅漢という修道位に合わせてみたり、あるいは、世善の凡夫だと言ってみたり、大乗始学の凡夫だと言ってみたりし

ている全体が何なのかと言いますと、あたかも仏道の修行を世間の階級の如くに考えている、いわば世間の位取りのように考えているわけです。しかもその世間の位取りのように考える基準はどこにあるかというと、慧遠自身が勉強した仏教学を基準にしているわけです。慧遠という一人の人間がたまたま縁があって学んだ、その仏教学を基準にしているわけです。だから、そこには無生法忍を得ると言いましても、無生法忍というのは人生にとって何なのかという問いはないわけです。無生法忍という言葉の解釈はあるわけです。無生法忍というのは無生無滅の道理を悟って、涅槃の悟りの中に安住する位であると、仏教学の辞典に書いてあることは良く知っているわけでしょう。しかし、その無生無滅の道理にめざめて、そして涅槃の悟りに安住するということは、具体的にどういうことなのかという問いはないわけです。これは大事な事だと思います。

われわれもそうなっているのでしょう。案外こういう基本的な過ちをわれわれも犯すのです。言葉の意味は無限に解釈できても、問題の無生法忍というのは何かという主体的な問いは、ここからは出ません。自分に関係のないところで考えられているわけです。そういう立場、いわば経典を傍観者の立場で見る、その脱自的な立場を善導は否定するわけです。だから、それに対して、善導はその全体を押えて「未だ必ずしも然らず」と切って捨てたのです。それは学問として違うというのではないのであって、仏道を求める心根の違いなのです。求めていない立場での解釈は、それで成り立つかも知らないが、『観無量寿経』に説かれているところの仏陀の精神には、そこから触れることはできない。これが聖道の諸師の解釈に対する善導の批判視点であるわけです。

このように、諸師の論述を受けとめて、善導自身は道理をもって破し、さらには善導自身の立場をもってそれを破り、つき詰めては『観無量寿経』そのものの経文をもって、諸師の過ちを破るわけです。そして、九品全体は凡夫だと言い切り、さらに凡夫ということを徹底して明らかにしていくわけです。

三　道理破

第二即以道理《リヲ》来破者《ノハセハ》、上言《ニフ》初地至《ヨリ》七地《ルニ》已来菩薩《ノ》者《トハ》、如《キハ》『華厳経』《ニ》説《クカ》「初地已上七地已来《ハ》、即是法性生身、変易《ヘンヤク反》生身《ナリ》。斯等《コレラハカツテ》曾無《ナシ》分段之苦《フンタンノク》。論《ロンスレハ》其功用《ノヲ》、已経《ニヘタリ》二大阿僧祇劫《ヲ》。雙《ナラヘテ》修《シ》福智《ヲ》人・法両空、並《ナラヒニ》是不可思議《ナリ》。神通自在《ニシテ》転変無方《ナリ》。身居《コノ》報土《ニ》常聞《ニキヽ》報仏説法《ノヲ》、悲化《シテ》十方《ヲ》須臾《シユ》遍満《ニニヘンス》」。更憂《サラニウレヘテカナンノ》何事《シヲ》、乃《チ》藉《ヨテ》韋提《ニ》為《ニ》其《カ》請《ノ》仏、求《ヲ》生《モトメムヤ》安楽国《コトヲ》也。以《テ》斯文《ノヲ》証《スルニ》、諸師所説《ノ》豈非《アニ》錯《スヤアヤマリニ》也。答《ヘ》上二《ノヲ》竟《ヌ》。上下者《ハ》、上言《フ》従《リ》種性至《ルト》初地《ニ》已来者《ハ》、未《スタ》必《スシモ》然《ラ》也、如《キハ》『経』《ニ》説《カ》「此等《レラノ》菩薩名《ヲ》為《テス》不退《ト》」。身《ミハ》居《コスレトモ》生死《ニ》不為《ス》生死《ニ》所染《ノラレセンセ》。如《シ》鵝鴨《カカウノ》在《レトモ》水《ニ》水不能湿《ミツサルカハウルヲスコトコトキハ》」。如《ク》『大品経』《ニ》説《カ》「此位中菩薩《ノノハ》、由得《ヨルカ》二種真善知識守護《ノノシユコヲ》故《ニ》、不退《ト云ナリ》。何者《イカントナレハ》、一《ニハ》是十方諸仏《レノ》、二是十方諸大菩薩《ハレノ》、常以《ニテ》三業《ヲ》外加《ニカノ》於《オイテ》諸善法《ノニ》無《ナシ》有退失《トシツ》、故名《ニク》不退位《ノト》也。此等菩薩《ノハ》、亦能八相成道教化衆生《クスヲ》。論《スレハ》其功行《ノフ》、已経《ニヘテ》一大阿僧祇劫《ヲ》、雙《ナラヘテ》修《ス》福・智等《ヲ》」。既有《ニリ》斯勝徳《ノ》。更憂《ラニウレヘテナンノ》何事《シヲ》乃藉《イマシヨテ》韋提請《ノニ》、求生《ムルコトヲヤ》也。以《テ》斯文《ノヲ》証《ス》。故知《ニシンヌ》。諸師所判《ノロハンスルカヘテナル》還成錯《アヤマリト》也。此《ハ》

責《セメ》二上輩《ヲ》一竟《ヌ》。次責《ニセメ》二中輩三人《ノ》一者《ハ》、諸師《ノ》云《ク》、中上《カ》是《ハレ》三果者《ノヒトナリ》、然《モ》此等《ラ》之人《ノ》三塗《ハ》永絶《ツウナカクタヘテ》、四趣《シュニ》不《ス》二生《セ》一。現在《ニ》雖レ造《モツクルト》二罪業《ヲ》一、必定《ヒチ》不《ノス》レ招《マネカ》二来報《クワ反》《ホウ》《ヲ》一。如《キハ》二仏説言《トフカ》一「此《ノ》四果人《ノ》、与《ト》二我《レ》一同坐《クサシテ》（マヽ）二解脱床《ノユカニ》一」、既有《ニリ》二斯《ノ》功力一。更《サラニ》一復何憂《ナンノウレヘアテカ》乃藉《チヨテ》二韋提請《ノニ》一求《メムヤ》二生路《ロヲ》一。然《ニ》諸一仏大《ノ》一悲於《オイテ》二苦《クアル》者《ノニ》一、心一偏《ヒトヘニ》慇二念《シ玉》常一没《モチノ》衆生《ヲ》一是以《ツテ》勧《ス、メテ》帰《セシム》二浄土《ニ》一。亦如《キハオホレルミツニ》二溺レ水之人《ノ》一、急須《ニスヘカラクヒトヘニスクフ》二偏救《》一、岸《カん》上之者《ノ》何用済為《ワハナニ、ヨテカスクウコトヲセム》。以《ノ》二斯《コノ》文一証《ヤフヘシ》《ヲ》一故知《ニシンヌ》。諸一師所《ノロノハンスルキ》二判一義、同《シ》二前錯《サキノアヤマリニ》一也。以一下可《イケヘシ》レ知《シル》。（『全集九』一七頁）

諸師の上輩段理解を排す

道理をもって破るというのですが、まずこの一段のところでは、上品上生から上品下生までの三品の人々に対する、先にあげた諸師の解釈というものを批判するわけです。批判の仕方は、極めて単純な批判の仕方をしています。

まず、上品上生・上品中生という二段階の人々に対する批判は、『華厳経』の十地品に出ている初地以上七地已来の菩薩とはどういうものかという、その説を引いて諸師の過ちを批判するわけです。諸師は、初地から二地・三地が上品中生ですし、四・五・六地が上品上生ですから、初地から七地までの菩薩をここに決めているわけです。それに対して善導は、『華厳経』の文を引くと、『華厳経』では初地から七地までの菩薩というのは「法性生身変易生身」だと、こういうふうに説いている。法性生身とは、法性真如の道理を悟ることによって、身の自在を得た位である。つまり、真如法性の道理にめざめることによって、真に自由の身となった、そういう菩薩の位であるわけです。

そういう生き方をしている菩薩の位、それを法性生身と言うわけでしょう。だから法性生身とは、辞書を見ますと、真如平等の理を悟ることによって不生不滅の身になったことだと書いてあります。しかしながら、真如法性の道理にめざめたからといって、生ぜず滅せずという身に成るわけにはいかないでしょうが、結局、生滅によって繋縛された意識から解放されるということです。涅槃の道理に本当にめざめるならば、めざめた人は、もう生滅の身でありながら、その生滅の意識によって束縛されないというわけです。身というのは、これは体のことのように思いますが、いわゆる肉体ではないのでして、生活でしょう。身というのは具体的には生活ということです。だから、真如の道理にめざめると、めざめた人はその生活が真に自由の生活になる。煩悩に汚れた、そういう業によって生活が繋縛される、そういうことから解放された人、そういう人を、言葉を換えて法性生身と言うのです。

変易生身ということは、今申しましたように、法性平等の道理を悟り、煩悩の汚れを受けない業を積んでゆくことができる。だからしてその生きていること全体が、大きな悲願によって生きる存在になるというわけです。大きな悲願によって生きる存在になると、自由自在にその身を変易できるようになるのです。変易ということですが、変は「変える」ということですし、易も「かえる」ということです。ですから変易生身ということは、自由自在にその身を変化改易してゆくことができるということでしょう。

法性真如の道理にめざめると、そのめざめた人の生活というものは自分のため、自我のための生活ではなくなる、だからして深い大悲の心と言いますか、悲願によって生きる人になるわけです。一切衆生のために生きる存在になるわけです。煩悩、我執という根本煩悩から解放されますと、解放されたとたんに、その生きていることの全体が、実は大きな悲願を生きる存在になるわけでしょう。ということは、それによって具体的に、その人の生活が変化し改易する自由を得るというわけです。

変化し改易する自由を得るということは、『華厳経』の経文を読みますと、いろいろなふうに書いていいます。女の人に会うと女になることができるし、男の人に会うと男になることができる、病人を見ていると病人になることができるなどと書いてあります。女の人に会うと女になることができるということは、女の人の苦悩に会うと、その女の人の苦労に同じてその苦悩を解決する、そういう人になることができるのです。ですから性転換したり、忍術を使ったりということではなく、同ずるということです。だから変易生身というのは、生身《なまみ》で生きているのだけれども、生きている全体が、いわば大悲を行ずる人になる、そういう生き方をするというわけです。

ここで善導が言おうとすることは、諸師は軽々しく『観無量寿経』の上品上生から上品中生までの人々は、初地以上七地の菩薩の位の人だと決めるが、そのように、簡単にあてはめるわけにはいかないというわけです。いったい初地以上七地の人の生き方はどうなっているか確かめてみると、『華厳経』を譬えにとってみるならば、それはいわゆる法性生身、変易生身の身を得ている、そういう人々であって、これらの菩薩方は「曾《かつ》て分段の苦無し」だというわけです。

分段の苦というのは、文字どおり、われわれの生活というのは分々段々であって、今思っている心によって、今私が苦しんでいる。その苦しみがすむと、今度はまた違う思いによって、また違う苦しみを味わうというわけです。苦しみが分段しないというか、つまり、その苦しみの積み重ねを自己として生きているようなものです。

それはどういうことかというと、業が有漏業だからなのです。煩悩の繋縛を受けた業である、根本的に言うならば我執です。我執によってつくられている業、善であろうが悪であろうが、そういう業をもって生命として生活しているものなのです。だから善を行なっても悪を行なっても、その善を行なったこと、悪を行なったことによって、私自身がやはり苦しんでゆくというのです。だから今日の苦しみと、明日の苦しみとは全く違うかたちをとりながらも、やはり苦しむということを重ねていかなくてはならない。そういう意味で分々段々の苦です。苦しみから苦しみへ、苦しみから苦しみへと、このように生きてゆく、われわれはそういう生き方をしているわけです。つまり業が自我によって縛られているからして、身の自由がないわけです。それを分段の苦しみというわけです。

仏教では、悟りの生活を変易の生死と言いますが、それに対して、今話しましたような迷いの生活を分段生死と言います。生死は同じ生死ですけども、悟りの生死は大悲を行ずる生死である。そして有漏業による生死は自業自縛の生死であるというわけです。何も生活が変わるわけではないでしょう。生活の様相が変わるのではなくして、生活の体が変わるわけです。一方は迷いを体とする生活ですし、一方はめざめを体とする生活です。

たとえば、ひとつの手近な例を出しますと、何か大きな不幸に会ったとします。そうすると、その不幸が単に苦悩としてあるのだったら分段の生死です。その不幸が、かえって自己を育てるものとして受けとめられるようなものだったら、簡単に言えば、それは変易の生死です。菩薩の修道といいましても、手近なところではそういうことなのです。そういうふうに受けとめさすものは何かと言うと、我執というものがどうなっているのかということで決まってくるわけですが、ここがなかなか簡単にはいかないわけです。善導はその点を押えて『華厳経』の文を引用しつつ展開してゆくわけです。

今申してきましたように、初地から七地までの菩薩は既に法性生身、変易生身であって、分段の苦しみを超えてしまっている。だからその人々の功徳や力用を見ると、既に二大阿僧祇劫という長い修行を経て、既に福・智二蔵を修し終わっている。ここで福智というのは六波羅蜜です。布施・持戒・忍辱・精進・禅定という五波羅蜜を福といいますし、最後の般若を智というのです。その福智、つまり六波羅蜜を修行し尽して、人執も法執も無くなった菩薩です。人執・法執とは、我執と我所執とも言います。人執というのは我に執く執着ですし、法執というのは、言うならば我執の執着でしょう。そういう構造をもって人間は生きているわけです。私というものへの執着があるときには、いつでも私のものと私でないものとを選ぶわけです。そこに自分に対する執着と物に対する執着があるわけで、そういうのを人執・法執というのです。

その人執も法執も共に破って、空の智慧を得ている。だからこれは不可思議である。だからその人の生活は神通自在であって転変無方である。つまり、自由無碍に身を変えることができるというわけです。だから、その人は身は願いに酬報されたところの報土に居て、常に報仏の説法を聞いて十方衆生のことを悲しみ、十方の衆生を摂化して、そして、須臾にどんな所へでも行って人々を摂化し教化するという、そういう働きをもっている。これが初地から七地までの菩薩と言われる人々の姿なのだと言うのです。

このように、『華厳経』の文で押えておいて、善導は諸師の論に批判を加えてゆくわけです。つまり、そのような初地から七地までの分段の生死を超えた変易生死の菩薩方が、安楽国に生まれようなどと求めるだろうか、求める筈がないではないかというわけです。自由無碍で、仏と同じように摂化するはたらきをもっている人が、わざわざ韋提希が仏に救いを求めるその請いに乗じて安楽国に生まれようと願うはずがないではないか、と善導は言うのです。

そうすると、上品上生から上品中生の人は、初地から七地までの菩薩だという考え方は、全く経文の精神に触れていないと、こういうことになる。こういう批判です。それが上品上生から上品中生に対する批判です。だからして、これによって見ると諸師の諸説は、

豈《あに》錯《あやま》りに非ずや。(『全集九』一七頁)

というわけです。つまり、『華厳経』の説に立ってみると、諸師の理解というものは、これは錯りだと言わなくてはならない。これで上品上生、上品中生の解釈に対しては答え終わった、と言うわ

けです。

さて、上品下生の人々は、種性より初地に至る菩薩だと諸師は言っているけれども、これも、そうではないと言うのです。「『経』に説くが如きは」と言い出しますが、経というのは、『大智度論』の中に出ている『般若経』を中心とした経です。その経によると「此れ等の菩薩」、つまり、種性以上七地に至る菩薩です。

此れ等の菩薩を名づけて不退と為す。（『全集九』一七頁）

ここでは不退といいます。先には変易ということで菩薩をあらわしたのですが、この菩薩は不退、退転しないということで言うわけです。不退の菩薩というのは、身は生死のただ中にいるけれども、生死の迷いのために染汚されるということがない。それは、ちょうど鵝鴨が水の中に在るけれども、水は鵝鴨の羽を湿すことができないのと同じようなものであって、生死のただ中に生きているけれども、生死の迷いによって繋縛されるということはない。

だから、同じ『大品経』の経説の中には、こういうふうに説いている。つまり、この位の中の菩薩には二種の善知識によって守られるという徳がある。だから不退を得るのだというわけです。二種の善知識というのは、いつでも十方の諸仏と、十方の諸々の大菩薩方が身口意の三業をもって、外からその人々を加護して、

諸《もろもろ》の善法に於いて退失有ること無し。（『全集九』一八頁）

と、このようにして守って下さっているから、その菩薩方は不退の位にある菩薩と、こういうふう

になっている。だから、これらの菩薩は、

能く八相成道衆生を教化す。（『全集九』一八頁）

と言っています。八相成道というのは、八相示現とも言って、釈迦の御一代というものを八相示現ということで語るわけです。だから、釈尊の一代が八相示現ということで語られるが如く、それらの人々は、釈尊と同じように八相示現という姿で一生を送ってゆくことができる。だから釈尊の如く衆生を教化する人々である。その功徳とか行動、用きということを論ずると、それは既に一大阿僧祇劫の長い修行を経て、福智、つまり六波羅蜜すべて修し終わっている勝徳の人であるからして、その人々が、どうして韋提希のあの愚痴の言葉を借りて、浄土に生まれようとするだろうか、そんなことはありえないではないか、この文をもって証するに、やはり諸師の考え方というものは錯《あやま》りだと言わざるを得ない。これで上輩の三人というものを責め竟《おわ》ったというわけです。

実にあっさりと批判し尽していますが、こういう批判の仕方というのは、どういうところに意味があるのかと言いますと、浄影寺慧遠は『仁王般若経』という経典を中心にして『観経』を見たのでしょう。それに対して善導は、『仁王般若経』で批判しないわけです。『仁王般若経』を立場にして、そういうふうに言うのなら、同じ大乗の経典の中には『華厳経』がある、『華厳経』で一遍見直してみなさいというわけです。同じ大乗の経典には『華厳経』がある。『華厳経』でもう一遍見直してみなさい、そうするとあなた方の言っていることが矛盾だということがわかるだろう、と、こういう批判の仕方です。いわば学問をもって立てた論というものを、他の学問の基準を以て切ってゆくわけです。切ってゆくことによって、自ずからそこに矛盾を見出さしめて、その過ちを気づかしめようというやり方です。この辺に善導の意気盛んなところがあるわけでしょう。

諸師の中輩段理解を排す

次には、中輩の人について、諸師は小乗の聖者だと見ている、それに対する批判です。まず読み方で不審な点があるのですが、この『親鸞聖人全集』の加点本では、

仏説と言うが如きは、此の四果の人、我れと同じく解脱の床に坐して、既に斯の功力有り。

(『全集九』一八頁)

というふうに読んでいます。しかし、普通には『真宗聖教全書』にあるように、

仏の説きて此の四果の人は、我と同じく解脱の牀に坐すと言うが如し。既に斯の功力有り。

(『真聖全一』四五〇頁)

と読むのでしょう。この点がはっきりわかりませんが、特に「仏説」ということに着眼せよ、という意として読まれたのであろうと領解することができるようにも思われます。

それはそれとしておきまして、中輩の人々についてですが、ここでは特に中品上生だけをあげています。中品上生の人は三果の人だと、預流・一来・不還という小乗の三果の聖者だと言っているけれども、三果の人々というのは、三塗つまり地獄・餓鬼・畜生の三塗に堕ちる因というものを永く断ち切っている、そして地獄・餓鬼・畜生・修羅の四趣に生まるるということはもうない。だか

ら、たとえ現在に罪業はつくることがあるとしても、必ず来報、いわば果報を招くということがない、それが三果の人の徳である。だから仏説にこのように説いてある。この仏説とは『解深密経』で、『解深密経』という経典の中には、その三果の人々というのは、仏自身も自ら半座を分かって解脱の床に同じく坐ると、このように仏も讃嘆するような人々だ、こういう功力のある人々が、何で韋提希の愚痴に乗じて浄土に生まれようとするだろうか、こういうふうに批判するわけです。これでもうあとは、だいたい推し量ってみれば判るだろうというわけです。

このようにしてみると、諸仏とは苦悩の衆生に対して、心偏えにその苦悩の衆生、常没の衆生、常没の凡夫を哀れむという大悲の心を持つものだ。そしてその苦悩の衆生、いわゆる、穢土に生きて穢土に悩んでいる者に、浄土に生まれよと勧めるのが仏の大悲なのだ。しかれば、浄土に居るが如き人々に浄土を勧めるということは、道理に合わないだろう。穢土の苦悩のただ中に生き、その苦ある者に対して実は浄土というものが勧められるのだ。譬えて言うならば、水に溺れる人々は、文句なしに飛び込んで救わなくてはならない、岸に立っている人を救う必要がないではないか、とこう言うわけです。

だから、『観無量寿経』という経典は、大悲の経典だとすると、その『観無量寿経』は、上輩・中輩の者が大乗の聖者・小乗の聖者であるならば、そのような岸に立っている大乗の聖者であるとか、小乗の聖者であるとか、いわゆる道理を悟った人々のために説かれるはずがない。どこまでも韋提希という一人の人間をもって対象とし、その韋提希のために説かれている経典だとすると、それは、あくまで苦ある者のために、浄土の往生ということが説かれるのが当然であって、それを聖者だと位づけるということは、全く経典の精神というものに触れていない解釈だと、このように批判してくるわけです。

これは極めて明らかな批判ですが、なぜこんなところで、このような批判の仕方をしているかというと、これは言うまでもなく聖道の諸師は、韋提希を大権の聖者と見ているわけでしょう。聖道の諸師は『観無量寿経』の序分に出てくる、あの韋提希にしても、あるいは頻婆娑羅王にしましても、阿闍世にしても、これらの人々は単なる凡夫ではない、芝居をうっているのだと見るわけです。その芝居をうち得るような聖者というのは、位の高い聖者でなくてはならない。本当のような芝居をうてるのは、よほどすばらしい役者でないとできないわけです。だからそういう意味では、仏と同等の智慧をもち、仏と同等の働きを為すような聖者方だからこそ、あのような芝居をうつことができたのだというわけです。

そういう考え方に立って経典を読んでいるものですから、諸師方は上品上生から中輩生者に至るまでの人を高い位に置いて、そして、この人々が経典の対象になっているのだと決めているわけです。そういう考え方を善導は否定するわけです。善導はあくまでも韋提希は実業の凡夫だと、決してあれは芝居ではなくて実業だというわけです。実業の凡夫とは、現実の宿業を生きる存在ということであり、これが韋提希を決定する善導の立場なのです。

以上で、大乗の経典をもって、それを立場として、『観無量寿経』を読んだ浄影寺慧遠等の立場を、同じく大乗の他の経典をもって論破したと、こういうわけです。そして、九品の教えは実は常没の衆生の為に説かれたものである。これで、その道理をもって批判し竟った、こういうように言うているわけです。あとは中品下生の者も、下品上生から下品下生に至るまでの人々に対する聖道の諸師の解釈も、これと同じことであって、以下省略するけれど判るだろうとこういう批判の仕方です。

これで一応批判をし尽すのですが、さらに今度は返対破してゆくわけです。返対破というのは、返は返すといいますか、相手の意見を立てておいて、相手の意見に対して批判を加えてゆくわけです。諸師の解釈に対して、先には道理をもって批判したのですが、今度は、もう一度諸師の解釈を丁寧に取りあげて、善導自身の領解というものをそれに相対させて、諸師の過ちを批判していこうというわけです。

四　返対破

(1)　上輩段

第三重《ニカサネテ》挙《アケテ》二九一品一《ヲ》返対破《カヘテタイハスト》者《ハ》、諸師《ノ》云《ク》、上品上生人《ノ》者《ハ》、是《レ》四一地《チヨリ》至《ル》二七一地一《ニ》已一来菩薩《ノ》者《ナリト》、何故《ナンカ》《ゾ》為《スル》二三一《ト》。一者《ハ》但《タヽ》能《ヨク》持《タモチ》二戒一《ヲ》修《ス》二慈一《シヲ》。二者《ハ》不《レトモ》レ能《ハ》三持《チ》レ戒《ヲ》修《スルコト》二慈一《シヲ》、但《タヽ》能読《トク》二誦《シユス》大乗一《ヲ》。三者《ハ》不《レトモ》レ能《ハ》三持《チ》レ戒《ヲ》読《ヨムコト》二経一《ヲ》、唯《タヽ》能《ク》念《ス》下仏・法・僧等《トフ》上。此之《コノ》三人各以《テ》二己《オノレカ》業《コフヲ》一

『観経』《ニ》云《イヘル》下「三一種《ノ》衆生当《ヘシ》レ得《ウ》中往生《スルコトヲ》上、何者《ナンラヲカ》

専精《センシヤウニ》励《ハケマメ》レ意《ヲ》、一日一夜乃至七日七夜相続《ノ》不《ス》レ断《タンセ》、各廻《メクラシテ》二所作《ノ》之業《ヲ》一求二願《スレハ》往生《ヲ》一、命欲二終《チスルラント》時、阿弥陀仏及与《ヒト》二化仏・菩薩・大衆一、放二光一授《ハナチヒカリヲサツケテ》レ手如二弾指頃一《ヲキニタンシノアヒタノ》即《チ》生二彼《ノ》国《ニ》一」。以《テ》二此《ノ》文《ヲ》一証《スルニ》、正《マサシク》是仏去《タマフテ》レ世後《ヲノ》大乗極善上品凡夫《ナリ》、日数《ニチシユ》雖二少一《トモスクナシト》作業時猛《コフトキハケシ》。何《ナンソ》得《エム》三判《ハンソ》同《スルコトヲ》二上聖《ニ》一也《ヤ》。然《ルニ》四地《ヨリ》七地已来菩薩《ノ》、論《ロンスルニ》二其功用《ノヲ》一不可思議《ナリ》。豈藉《アニヨテ》二一日七日之善《ニ》一華台授《ニサツク》二手《ヲ》一。迎接《カウセウノ》往生《セシメムヤ》也。此即《レチ》返二対《ヘンタイシ》上上《ヲ》一竟《ヌ》。次《ニ》対《セ》二上中《ヲ》一者《ハ》、諸師《ノ》云《ク》、是初地《レシヨチヨリ》四地已来菩薩《ノ》者《ハ》、何故《ナンカソ》『観経』《ニ》云《イフ》「不必受持大乗」《ト》一。云何《イカナルワカ》名《ク》二不必《ト》一。或読《ハヨミ》不《スヨマ》レ読、故名《ニク》二不必《ト》一。但言《タ、イフテ》二「善解《センケト》」一未《タ》三論《ロンセ》二其行《ノヲ》一。又言《イハク》。「深信《クシンシ》二因果《インヲ》一不《ス》レ謗《ハウセ》二大乗《ヲ》一、以《テ》二此《ノ》善根《ヲ》一廻二願《スルニ》往生《ヲ》一、命欲《チスル》二終《ラムト》一時《トキ》、阿弥陀仏及与《ヒト》二化仏・菩薩・大衆一、一時授《ニケテ》レ手《ヲ》即生《チスト》二彼国《ノニ》一」。以《テ》二此文《ノヲ》一証《ルニ》、亦是仏去《レサテ》レ世後《ヲノ》大乗凡《ノ》夫《ナリ》。行業稍弱《ヤ、ヨハクシテ》致《イタス》レ使《シムルコトヲ》三終時迎候《オハルトキカウコウニアラ》有二異《イ》一。然《ルニ》初地《ヨリ》四地已来菩薩《ノ》、論《ロンスルニ》二其功用《ノヲ》一、如《キヤハ》二『華厳経』《ニ》説《トクカ》一乃是不可思議《チレフナリ》。豈藉《アニヨテ》三韋提致《ノスニ》二請一、方得《マサニエム》二往生《スルコトヲヤ》也。返二対《ヘンタイシ》上中《カワ》一竟《ヌ》。次対《ニスト》二上下《ヲ》一者《ハ》、諸師《ノ》云《ク》、是種性以上《レヨリ》至《ル》二初地《ニ》一已来菩薩《ノ》者《トイハカ》、何故《ソ》『観経』《ニ》云《フ》下「亦信因果《ヤクシンイント》」上。云何《イカナルワカ》亦信《トイフ》。或信《ハシンシ》不《ス》レ信《セ》、故名《ニテ》為《スヤクト》レ亦。又言《ク》。「不《ス》レ謗《セ》二大乗《ヲ》一、但発《タ、ス》二無上道心《ヲ》一」。唯此一句《ノ》以為《ツテノ》二正業《コフト》一、更《サラニ》無《シ》二余善《ヨセン》一。「廻《ラメ》二斯《ノ》一行《ヲ》一求二願《スルニ》往生《ヲ》一、命欲《チスル》二終《ラムト》一時、阿弥陀仏及《ヒ》与《ト》二化仏・菩薩・大衆一、一時授《ニテ》レ手即《ヲチ》得《ウト》二往生《スルコトヲ》一」。以《テ》二斯《ノ》文《ヲ》一証《スルニタ、》、唯是仏去《レサテ》二世《ヲ》一後《ノ》一切発《セル》二大乗心《ヲ》一衆生《ナリ》。行業不《スノコハカライタスシムルコトヲ》レ強致レ使三去時迎候《コシノカウコウニアライ》有二異一。若論《モシロンスレハ》二此《ノ》位中菩薩《ノノ》力勢《リキセイヲ》一、十方浄土随《ニテ》レ意往生《ニス》。豈藉《アニヨテ》二韋提《ニ》一為《ニ》レ其《ソレカ》請《ノ》レ仏勧《ツス、メテ》生《セシメム》二西方極楽国《ニ》一也。返二対《ヘンタイシ》上下《ヲ》一竟《ヌ》。即此三品去時有《チノサルトキリ》レ異一。云何《イカンカ》異《イナル》。上上去時《ハサルトキ》、仏与《ト》二無数化仏《ムシユノ》一、一時授《ニフ》レ手《ヲ》。上中去時《サルトキ》、仏与《ト》二千《ノ》化仏一、一時授《ニ玉フ》レ手《ヲ》。上下去時《サル》、仏与《ニト》二五百化仏《ノ》一、一時《ニ》授《フ》レ手《ヲ》。直《タ、チニ》是業《レコフニ》有《テカウニヤク》二強弱一、致《スシムルコトヲ》レ使三有《ラ》二斯差別《コノ》一耳《マクノミ》。（『全集』一九頁）

遇大乗の凡夫

これは、善導が上品上生から上品下生までの諸師の解釈というものに対して、『観無量寿経』の上品上生から上品下生のところに出ている経説を取意して、それによって、諸師の錯《あやま》りというものを正すわけです。

諸師は、上品上生の人は四地より七地に至るまでの菩薩だと言っている。ところが『観経』の上品上生のところの経文をみると、三種の衆生があって、まさに往生すると説かれている。三種というのはいったい何かというと、一つには、

但《ただ》能く戒を持ち慈を修す。(『全集九』一九頁)

二つには、

戒を持ち慈を修すること能わざれども、但能く大乗を読誦す。(『全集九』一九頁)

つまり、十分に戒を持ち十分に慈悲の実践をすることはできないけれども、ひたすら、大乗の経典を読誦するという行を修することができる人々である。三番目には、

戒を持ち経を読むこと能わざれども、唯能く仏・法・僧等を念ず。(『全集九』一九頁)

つまり、念仏念法念僧という、その念仏の行を行ずることができる人である。この三類の人々というのは、それぞれの自分の行ずる行を専ら修行して、一日一夜、もしくは七日七夜とこのように日を限り、時を限って不断にその行を修してゆく、そして、その行を廻向して浄土へ往生することを願う、やがて命終わらんとする時、阿弥陀仏及び化仏菩薩大衆が来て、光を放ち手を授けて、

「弾指の頃」ですから、指でピンと弾くくらいの短い間に、彼の国に往生することができると、このように『観経』には説いてあるわけです。

この文をもって考えてみると、これは仏が世を去って後、いわゆる、仏滅後の大乗極善の上品の凡夫だと言わなくてはならない。仏が世を去って後の大乗の教えにたまたま遇い得た、運のいい凡夫なのだと言わなくてはならない。だからして、その人々は、日数は一日一夜とか七日七夜とか短いけれども、その行業が非常に大変だと善導は言うわけです。ところが、聖道の諸師の理解したように、大乗の聖者で、しかも四地より七地までの菩薩だとすると、この人々の力用、つまり力量を考えれば、不可思議のはたらきを持っている人々である。それなのに、その人々がどうして一日一夜、あるいは七日七夜というように日を限って善を修し、その善によって来迎の蓮花台に遇うて、仏によって手を引かれて浄土に往生するというようなことをする必要があろうか、と言うわけです。自分で往生もできるのだし、自分で還来することもできる筈ではないかと、このように批判するわけです。

次に上品中生についても、諸師は初地から四地の菩薩だと言うているけれども、『観経』には「不必受持大乗」という。だから上品中生の場合は、「必ずしも」という一言で押えるわけです。大乗経典を読誦したり、あるいは読誦しなかったり、いわゆる若存若亡するというわけです。読む時もあるし、読まない時もある、だから「不必」と言うのだというわけです。そして、

但善解と言うて未だ其の行を論ぜず。（『全集九』一九頁）

つまり、よく領解するとは書いてあるけれども、必ずしも、その領いた如くに実践するという行はそこには書いてない。さらにどういうことが書いてあるかというと、深く因果を信じて大乗を誇らない、そして因果を信ずるということによって、その善根を積んで浄土に生まれようとする、そうすると、阿弥陀仏や化仏方が来迎して摂化してゆかれると、こういうふうに説いてある。

これで考えてみると、この上品中生の人々というのは、仏が世を去った、仏滅後の極善の凡夫ではないけれども、大乗の教えに遇い得た凡夫だということができる。だから上品上生の人々に比べて言うならば、行業がやや弱いからして臨終の有様に劣りがある。しかしながら、このような人々と、初地から四地までの菩薩方と一緒に考えるわけにはいかないではないか、初地から四地までの菩薩方は、その働きは不可思議なのであるから、別に韋提希の請うた教えによって浄土に往生するという必要はないではないか、と、こういうわけです。

次に、上品下生の場合も、諸師は種性以上初地の菩薩だと言うていますが、善導は『観経』の文によって今度は「亦信因果」ということで押えるわけです。

上品中生の人々は、必ずしも大乗の経典を読むとは決まっていないけれども、その大乗の経典を読んで能く領解している、しかしながら、行はそこには説いてない。ただ大事なことは、「深信因果」と説いてある。つまり、深く信ずるということがあって浄土に往生するわけです。

ところが、上品下生の人になると「亦信因果」と説いてある、というわけです。「亦信」ということは何かというと、因果を時によると信ずることもあるし、因果を信じないこともある、というわけです。たとえば、一つの不幸が起こったとすると、その不幸を、自分にとって納得のいくこととして頷くこともあるし、時には納得のいかないこととして、それを拒否するということもある。そういうのを「亦信」というのだ、と領解したのです。そのように本当は因果の道理に頷くことはできないが、上品下生の人々は、一筋に道を求めるということがある。つまり、大乗心を起こす衆生である。だから、この人々は「発大乗心」という、ただ一つのことによって浄土に生まれることができるというわけです。だからこういう人々と、種性以上初地に至るまでの菩薩と一緒にするわけにいかないではないか、というわけです。それを押えて、善導は、

斯の文を以て証するに、唯是れ仏世を去って後の一切大乗心を発せる衆生なり。行業強《こわ》からずして去時の迎候に異有らしむることを致す。若し此の位の中の菩薩の力勢を論ずれば、十方浄土に意に随って往生す。豈《あに》韋提に藉《よ》りて其れが為に仏を請して西方極楽国に生ぜしめん。上下を返対し竟んぬ。（『全集九』二二頁）

と、このように言うわけです。そして、さらに上輩三品の往生の有様について、

即ち此の三品去る時異有り。云何が異なる。（『全集九』二二頁）

と言って、上品上生の人々は、この世を去る時に仏が無数の化仏と一緒においでになると言っている。上品中生の人の往生の時は、仏は上品上生の場合と同じであるが、千の化仏という具合に限定がされている。上品下生の人々の去ってゆく時は、さらに五百の化仏というふうに限定されてゆくわけです。これは、いったい何を語っているかというと、浄土に往生する浄業に強い弱いがあるか

らして、その異りに従って来迎に異りがあると、このように説いてあるだけである、と言うわけです。

ここで言うのは来迎の相異ですが、来迎というのは救いの象徴でしょう。救済の象徴に差異があるということは、そこに、救済を求める実践の差異が現わされているわけです。来迎は救済の象徴ですから、救済の差異は、その実践の強弱によって決まってくるわけでしょう。自力の実践というものはそういうものです。だから、その救済の差異ということをもって、実は修道という実践の差異が象徴されているわけです。だから、上品上生から上品下生までの人々は、たまたま大乗に縁があって大乗に遇うても、極善の大乗の修業者と、次善の大乗の修業者と、最低の大乗の修行者という具体性があるわけであって、そういう差異をもって大乗に遇うた縁の姿を、象徴的に現わしただけなのだと善導はいうわけです。

これによって、善導が上輩の人々を決めるのは、どういう決め方をしているかというと、上品の人々というのは、大乗の教えに遇うた凡夫だと、このように決めているわけです。そして上品上生は極善の人々である。たまたま縁あって大乗の至極の教えに遇った人々である。上品中生の人々は中善の人々だ、縁あって極善の教えに遇い得なかったけれども、次の中善の教えに遇った人々である。上品下生は、それよりさらに下の善人となることのできるような縁に遇った人々である。結局は縁によって差異はあるが、みな大乗に縁を結んだ人々だということであって、その人々が偉いのではなくして、遇うた縁の決定である。だから大乗に有縁の凡夫であると、決定するわけです。

(2) 中輩段

次対《ニタイセ》㆓中輩《ノ》三人《ヲ》㆒者《ハ》、諸師《ノ》云《ク》、中上《カ》是《ハレ》小乗《ノ》三果《ノ》者《ヒトナリ》、何故《ナンカソ》。『観経』《ニ》云《ハク》。「若有《シテ》㆓衆生㆒、受㆓持《シ》五戒・八戒《ヲ》㆒、修㆓行《ノ》諸戒《ヲ》㆒、不《ス》㆑造《ラ》㆓五逆《ヲ》㆒、無《ナカラム》㆓衆《モロモロノ》過患《クワクエン》㆒。命《チ》欲《スル》㆓終《ト》㆒時《キ》、阿弥陀仏与《ト》㆓比丘聖衆㆒、放《チ》㆓光《ヲ》㆒説《トイテ》㆑法《ヲ》来《テ》現《玉フ》㆓其前《ノ》㆒《ニ》。此《ノ》人見已《オハテ》、即得《チト》㆓往生《ヲ》㆒」。以《テ》㆓此《ノ》文《ヲ》㆒証《ス》、亦是《レ》仏去《サテ》㆓世《ヲ》㆒後《ノ》、持《テル》㆓小乗戒《ヲ》㆒凡夫《ナリ》。何《ナンソ》小聖《ナラムヤ》也。

中中者《カトイハ》、諸師《ノ》云《ク》、見道已《イ》前《センノ》内凡《ナイホントイハ》者、何故《ナンカソ》『観経』《ニ》云《ク》。「受㆓持《ノ》一日一夜戒《ヲ》㆒廻㆓願《スルニ》往生《ヲ》㆒、命欲《チスル》㆑終時《ト》、見《テ》㆑仏《ヲ》即得《チト》㆓往生《ヲ》㆒」。以《テ》㆓此《ノ》文《ヲ》㆒証《ルニ》、豈得《アニエム》㆑言《イフコトヲ》㆓是内凡《レナイホンノ》人《ナリトヤ》㆒也。但《タヽ》是《レ》仏去《テ》㆑世後《ノ》無善凡夫《ナリ》。命《ヲ》延《ノフルコト》日夜、逢《アヒ》㆔遇《アヒテ》小縁《ノ》授《サツクルニ》㆓其《ノ》小戒《ヲ》㆒、廻㆓願《ス》往生《ヲ》㆒。以《テ》㆓仏願力《ノ》㆒即得《チル》㆑生《コトヲナリ》也。若論《シロンセハ》㆓小聖《ヲ》㆒去《サルニ》亦《マタ》無㆑妨《シサマタケ》。但《タヽシ》此《ノ》『観経』《ハ》仏為《ニ》㆑凡説《ノク》、不㆑于《サルニハアラ》㆑聖《ノタメ》也。

中下者《カハ》、諸師《ノ》云《ク》、小乗《ノ》内凡已《イ》前《センノ》世俗《セソクノ》凡夫、唯修《タヽノ》㆓世福《ヲ》㆒求《モトムト》㆓出離《ヲ》㆒者《イハ》、何故《ナンカソ》。『観経』《ニ》云《ク》。「若有《シテ》㆓衆生㆒孝㆓養《シ》父母《ニ》㆒、行《セム》㆓世《ノ》仁慈《ニンシヲ》㆒、命欲終《ノ》時、遇《アハム》㆓善知識《ノ》為《ニ》説《ニ》㆓彼《ノ》仏国土《ノ》楽事四十八願等《ン》《ヲ》㆒、此《ノ》人聞已《キヽテ》即生《チセムト》㆓彼《ノ》国《ニ》㆒」。以《テ》㆓此《ノ》文《ヲ》㆒証《ルニ》、但《タヽ》是不㆑遇《ルアハサ》㆓仏法《ニ》㆒之人《レナリ》。雖《トモ》㆑行《スト》㆓孝養《ヲ》㆒、亦《マタ》未《タ》㆑有《ラ》㆓心希《ニケ》㆒求《クスルコト》出離《ヲ》㆒。直《タヽチニ》是《レ》臨終《ニ》遇《アフ》㆓善勧《ノスヽメテ》令《シムルニ》㆓往生《セ》㆒。此《ノ》人因《ヨテ》㆑勧《スヽメニ》廻《エノ》㆑心《ヲ》即《チ》得《ウ》㆓往生《スルコトヲ》㆒。又此《ノ》人在《テ》㆑世《ニ》自然《ニ》行《ス》㆓孝《ケフヲ》㆒、亦不《ス》㆘為《メノ》㆓出離《ノ》㆒故《ニ》行《セ》㆗孝道《ケウヲ》㆖也。(『全集九』二一頁)

遇小乗の凡夫

これが、諸師の中輩段についての理解に対する批判です。諸師は、中輩の最初の中品上生の人々というのは、三果の人だと言うているが、経典によると五戒・八戒を受持し、諸々の戒行を修行して五逆を作らない。そして諸々の過患に遇わない、命終わる時、阿弥陀仏が比丘聖衆と共に来迎しておいでになる、このように説いてある。これで見ると、この人々は、仏滅後において小乗の戒を持っている凡夫だということであって、いわゆる預流・一来・不還という三果の聖者だと言うわけにはいかないだろう、というわけです。

次に、諸師は、中品中生は内凡の人々だというように言ったけれども、『観経』では一日一夜の戒を受持すると言うている。一日一夜の戒を持って往生を願い、やがて浄土に往生すると説いてあると言うわけです。ところが、内凡の人々というのは、そんな一日一夜の戒を持つ程度の人々ではないわけです。そうすると、この中品中生の人々というのは、結局、仏が世を去った後の無善の凡夫だと言わざるをえないであろう。だから、その無善の凡夫であるから、自分の力で往生することはできないのだけれども、たまたま小乗の教えを聞く縁に遇い、小乗戒の一日一夜の戒を授かることによって往生を求めるようになった、つまり、仏の願力をもって往生することができるという人々であろう、というわけです。ところで、小乗の聖者もまた妨げなく往生はできるが、しかし、このように見てくると『観無量寿経』という経典は、決して聖者のために説いた経典ではなくして、凡夫のために説いた経典だということが明らかになってくるであろう、と善導は決めつけるわけです。

そして最後に、聖道の諸師は、中品下生の人々は小乗の内凡以前の世俗の凡夫だと言っていますが、その世俗の凡夫だという考え方を、善導は批判するわけです。ここでは善導も同じようなことを言うのです。

ところが、小乗の内凡以前の世俗の凡夫だと、このように聖道の諸師が決めた時には、

世福を修して出離を求む。（『全集九』二二頁）

と決めているわけです。世福とは世間の善行です。世福を行じて、その行じた世福をもって生死出離を願っている人々だと、このように決めているわけです。だから聖道の諸師が言う意味は、中品下生の人々は確かに実践はしているが、その実践は仏道の実践だというわけにはいかない。戒律を守るというわけではなく、単なる世間の道徳倫理にまじめであるというだけである。しかしその人々は、道徳倫理にまじめであるという、その実践をもって出離生死という願いを持っている人々だ、単なる倫理を実践している人ではなくて、倫理的実践をもって生死を出離しようという求道心・菩提心をもっている人だと、このように決めているわけです。

しかし、善導は、『観経』にはそのようなことは説いてないと言うのです。『観経』に説いてあるのは、ただ衆生があって父母に孝養する、あるいは世間の仁慈を行じている。と書いてあるだけであって、その人が命終わる時たまたま善知識に遇うことによって、浄土の楽事四十八願、つまり法蔵比丘の四十八願の教えを聞いて、そして、彼の国に生まれる人になる、とこう説いてある。この経文を通して考えてみると、この人々は仏法に遇わない人々だと言わざるをえない、ただ世間の道徳倫理だけは知っているけれども、仏法に遇ったことのない人々だ、もし仏法に遇ったことのある人ならば、その命終わる時に善知識に遇うというようなことは説く筈がない、と善導は言うわけで

す。ただまじめに親孝行をしている、ただまじめに倫理的実践をしているという人であって、出離生死を求めるということではない。親孝行が良いということであるからして、親孝行をしているという人であって、出離を求めるために親孝行をしているという人々ではない。だから、臨終すなわち命終わろうとする時に、たまたま善知識に遇うことによって初めて仏法に気付いて、そして、浄土に生まれることができるというのだから、この人々は必ずしも菩提心を発して世善を行じている人々ではない。ただ一般の通途の義に従って、まじめに生きているというだけの人なのだから、仏法に遇わない人だというのが正しいだろう、と善導はいうわけです。

(3) 下輩段

次《ニ》対《セ》二下輩《ノ》三人《ヲ》一者《ハ》、諸師《ノ》云《ク》、此等《ラ》之《ノ》人《ハ》乃《チ》是《レ》大乗始《シ》学《ノ》凡夫《ナリ》、随《テ》二過《トカノ》軽-重《ニ》一分《ワカテ》為《ス》二三品《ト》一、未《タ》レ有《ラ》二道-位《キニ》一、難《シトワキマヘ》レ弁二階降《カイカウヲ》一者《ハ》、将《マサニ》謂《オモフニ》不《ス》レ然《ラ》。何者《イカントナラハ》、此《ノ》三品《ノ》人《ハ》、無《シ》レ有《コト》二仏-法《ト》世-俗《トノ》二-種善根《ノ》一、唯《タヽ》知《シレリ》三作《ナスコトヲ》二悪《ヲ》一。何-以《ナニヲテカ》得《ル》レ知《コトヲ》。如《シ》二下上文説《ニカ》一。「但《シ》不レ作《ス》二五-逆《ヲ》・謗法《ヲ》一、自《シ》-余《ヨノ》諸悪《ハ》悉《ク》皆具《ナツフサニツクテ》造、無《シ》三有《コトサン》レ慚-愧《クキ》乃-至一-念《モ》一。「命欲《スル》二終《ラムト》一時、遇《アフ》下善知識《ノ》為《ニ》説《テ》二大乗《ヲ》一教《ヘテシムルニ》令中称《スルコトヲ》仏《ヲ》二一-声《セ》上。尒時《ノ》阿弥陀仏、即遣《チツカハシ》二化仏・菩薩《ヲ》一来-迎《メ》此人《ノヲ》一、即得《チシム》二往生《ヲ》一」。但《タヽ》如《キノ》レ此《ノ》悪人、触《フルヽニ》レ目《メニ》皆是《ナレナリ》。若遇《シアヘハ》二善縁《ニ》一即得《チウ》二往生《ヲ》一、若不《シスハ》レ遇《ハ》二善《ニ》一定《テ》入《テ》二三-塗《ニ》一未《タ》レ可《ラ》レ出《イツ》也。下中者《カハ》、此《ノ》人先《サキニウク》受二仏戒《ノツ》一、受《ウケ》已《ハテ》不《スノ》レ持《チセ》即-便毀《チクキ反》《サルモノ》破《ソシリ反ヤフル反》《ハス》。又偸《ヌスミ》二常住僧物《ノ》・現前僧《ノ》物《ヲ》一、不浄説《ニ》-法《ノ》乃-至無《シ》レ有《ルコト》二一念慚《サン》-愧《クキノ》之心《ヲ》一。命欲《スル》二終《ラムト》一時、地獄《ノ》猛火一-時倶《ニトモニ》至《テ》、現在《ノアリ》二其前《ノヘニ》一。当《アタテミル》下見火時《ヒヲニ》上、即遇《チアハム》下善知識為説《ニトイテ》二彼仏国《ノ》土功徳《ヲ》一、勧令《テシムルニ》中往生《セ》上。此人聞《ノキヽ》-已《テ》即-便見《テ》二仏《ヲ》一、随《テ》レ化《ニ》往-生《ス》。初《ハシメ》不《サレハ》レ遇《アハ》善《ニ》獄《コク》火来迎《ス》、後逢《ニアウカ》善《ニ》故化《ニ》仏来迎《ス》、斯《コレ》乃《チ》皆《ナ》是《レ》弥陀《ノ》願力《ノ》故《ヘナリ》也。下下者《ハ》、此等《レラノ》衆生作《ツクリテ》不善業《コフタル》五逆・十悪《ヲ》、具《クス》諸《ノ》不善《ヲ》。此《ノ》人以《ノ》悪業《ヲ》故《ニ》、定《テ》堕《テ》地獄《ニ》多劫無《ルヘシキハマリ》窮。命欲終時《ノ》、遇《アフ》善知識《ノ》教《ヘテ》称《セシメ》阿弥陀仏《ヲ》、勧令《テシムルニ》往生《セ》。此《ノ》人依《テ》教《ニ》称《ス》仏《ヲ》、乗《ノ》念即《ニ》生《ス》。此《ノ》人若不《シスハアハ》遇善《ニ》、必《ヒツ》定《ソケ》下沈《チンスヘシ》、由《ヨテ》終《オハリニ》遇《アフニ》善《ニ》、七宝来迎《ス》。又看《ミルニ》此《ノ》『観経』《ノ》定善及《ヒ》三輩上下《ノ》文《ノ》意《ヲ》、惣是《レ》仏去《サテ》世《ヲ》後《ノ》五濁《ノ》凡夫、但《タヽシ》以《テ》遇《アフニ》縁《ニ》有《ルワイ》異、致《ス》令《シムルコトヲ》九品《ワノ》差別《アラ》。何者《イカントナラハ》、上品《ノ》三人《ハ》是遇大《ク》凡夫、中品《ノ》三人《ハ》是遇《レ》小《ク》凡夫、下品《ノ》三人《ハ》是遇悪《ノ》凡夫《ナリ》。以《ノ》悪業《ヲ》故《ニ》、臨《ノソンテオハリニ》終藉《ヨテ》善《ニ》、乗《シテ》仏願力《ニ》乃《チ》得《ウ》往生《スルコトイタテ》、到彼《シコニハナ》華開《ケテマサニ》方始《ハシメテ》発心《ス》。何得《ナンソエム》言《イフコトヲ》是始学大乗人也《ト》。若作《シナサハ》此《ノ》見《ヲ》自失《ラシチシアヤマタムタヲ》悞他。為《イタスコトカイツコレハナハタシ》害茲甚。今以《テ》一一出《ニシ》文顕《ヲ》証《セム》。欲使《スシメムト》今《ノ》時《ノ》善悪《ノ》凡夫同《ノ》沾《クウルヲサ》九品《ニ》。生《ノ》信無《ワナケレハ》疑《ヒ》、乗《ノ》仏願力《ニ》悉得《クウ》生《コトヲ》也。（『全集九』二三頁）

遇悪の凡夫

これは、下輩の三人について対破する一段です。この三人を大乗始学の凡夫であると聖道の諸師は決めたわけです。ところが、下品上生の文を見ると、五逆と謗法との罪はつくらないけれども、あとの悪は全部つくっている、と書いてある。だとするとこの人々は実は大乗に遇うたどころではなくして、悪縁に遇うた人々である。しかし、善知識にたまたま遇いえたから往生するのであって、もし遇いえなかったならば、当然堕地獄の業を積み重ねていくだけの人なのではないのか、と言うわけです。

下品中生の人々というのは、少々変わっています。この下品中生の人々というのは、破戒僧なのです。かつて一度は戒律を守ったことのある人々です。ところが、それを自分で捨ててしまった。つまり持ちえなかったというのです。持ちえないけれども僧の姿として生きているというわけです。どのような僧の姿をして生きているかというと、常住僧の物を偷み、現前僧の物を偷んで、不浄に説法するというのです。常住僧の物というのは、教団に所属するところの、言ってみれば不動産のようなものです。現前僧の物というのは、今でいえばお布施のようなものです。そのようなものを私有して、しかも不浄に説法するというわけです。

すべて仏法にことをよせて、世間の欲心もあるゆへに、（『全集四』三四頁）

と『歎異抄』にありますが、そのような人々のことです。

そういう人々は、死ぬ時に地獄の猛火が一時にやってくるという。その一時に猛火がやって来た時、初めて善知識の教えに遇うて、自分が仏法に遇いえた時、初めて往生が可能になるのであって、もし善知識に遇わなかったら、猛火の中に焼かれる以外に方法のない人々である。これが下品中生の人々だと言います。そうしますと、この下品中生の人々が浄土に往生するということは、全く仏の願力の然らしむるところであって、その下品中生の人々の問題ではないと言うわけでしょう。

下品下生の者とは、これは文字どおり五逆十悪という最大の悪を犯し、諸々の不善を具している人である。いわゆる善というものは一つも行ないえない人々です。その人々が臨終に善知識に遇うて、南無阿弥陀仏と念仏を称せしめられることによって往生する、と、こういうふうに説いてあるというわけです。

善導の九品観

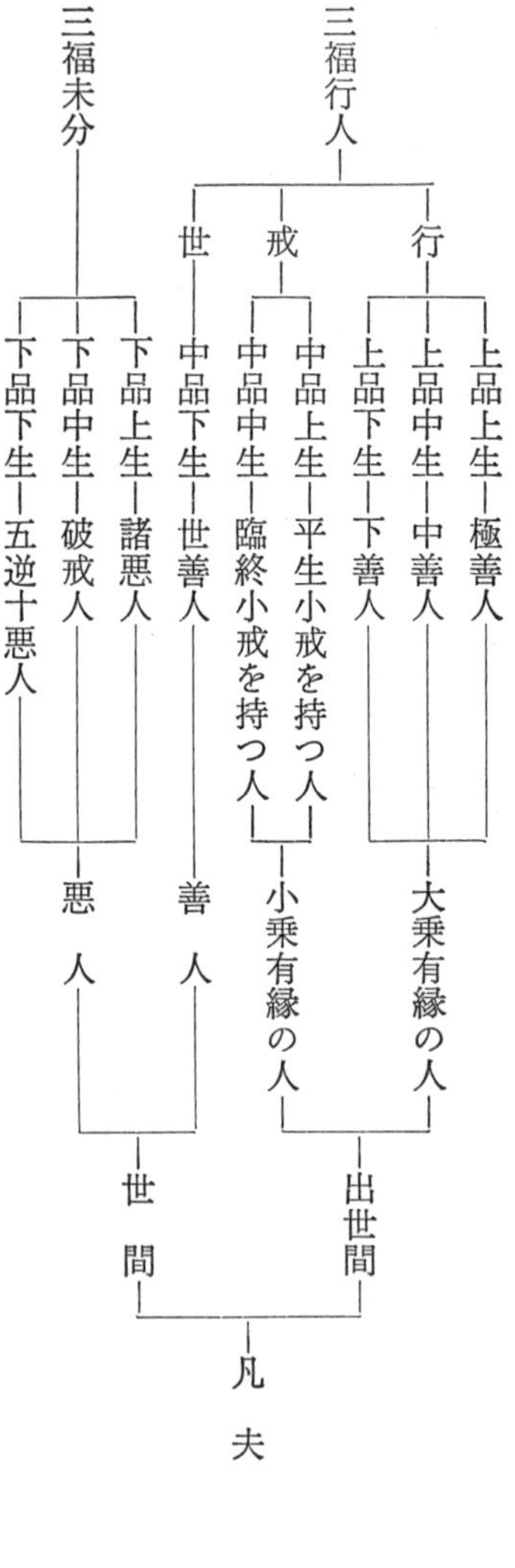

このような善導の押え方を通して、全体を押えてみると、上品と言えども、あるいは中品と言えども、そして下品と言えども、全部遇縁の凡夫だということで押えられるわけです。だから、善導が言うところの凡夫と、聖道の諸師が考えている凡夫とは、意味内容が違うのです。聖道の諸師の考えている凡夫というのは、聖者は偉い人、凡夫はつまらない者だという分類でしょう。ところが善導の言う凡夫は、単に位を並べての凡夫ではなくて、凡夫の性格を遇縁と押えるわけです。これが善導が言おうとする大事な一点です。何か煩瑣なことを言うているようですけれども、善導の言いたい一点はこれなのです。

いわゆる大乗の聖者だと言っても、実は、たまたま大乗に遇いえたということなのだ、小乗の聖者だとこう言うかもしれないが、それも、たまたま小乗に縁があったということである。それでは、悪人というのはいったい何かと言えば、たまたま悪縁にしか遇いえなかった人々であると、こう言うわけです。いわば、その凡夫というのは、善導の場合には遇縁性ということです。だから、遇縁ということが善導の言う凡夫の中身です。とすると凡夫という言葉は、単にその階級とか、序列というような一つの位置づけではないのであって、凡夫ということは人間ということです。人間の本性、つまり人間の具体的な在り方とは何かというと、縁の間に在るということです。だからそういう凡夫というものを、善導はここではっきりと押えるわけです。

このように、凡夫を明瞭に押えることによって、聖道の諸師が『観無量寿経』は聖者のために説かれたのだと考える、そして、さらに諸師は、『観無量寿経』という経典を大乗の経典だと位置づけているけれども、そういう考え方は間違いだと決めつけるわけです。だいたい、聖者の経典だから大乗経典なのではない。真に大乗の経典であるという意味はどこで言えるのか。それは、実は凡夫という人間、いわば、最も具体的な人間の凡夫性に対して、その凡夫性を一点のごまかしもなしに克明に明らかにして、その凡夫性のところに説かれる経典だから、大乗の経典という意味があるのだ、と言うわけです。

その凡夫性こそが、人間の最も具体的な観念をさしはさまない現実なのだと善導は言うわけですが、ということは、聖者と言おうが悪人と言おうが、人間はその凡夫性ということにおいて平等だと言うのです。その平等性のところへ教えがはたらきかけるのだ、人間の表面に顕われた差異のところに教えがはたらくのではなくて、人間の根底をなしている平等性、その平等性のところに教えがはたらくわけです。

そういう意味では、善導にとりましては、遇縁性の凡夫ということは、そのまま宗教性ということとイコールです。宗教的存在というのは何かと言えば、それは凡夫なのです。だから宗教の救いというものは、遇々ということです。こちら側に可能性を予想して宗教の救いがあるのではなくして、全く無縁なのです。こちら側から言うならば無縁です。全く与えられたものです。だから、

たまたま行信を獲ば、遠く宿縁を慶べ。（『全集一』六頁）

という感動が、宗教の救いの中にあるわけです。

ところが、聖道の諸師方は、宗教という言葉で言うならば、宗教というものの可能性をこちら側に考えているわけです。救いを予想して、その可能性の上に宗教を位置づけていくわけでしょう。ところが善導が言うには、文字どおり可能性はゼロだ、だからこそ、たまたま教えに遇いえたという感動のみが唯一の宗教の事実なのだ、また同時に遇いえたということは、親鸞の言葉を借りて言うならば、

もしまたこのたび疑網に覆蔽せられれば、かえってまた曠劫を径歴せん。（『全集一』七頁）

という深い恐れを持っているわけです。遇いえたという感動は、遇いえなかったらどうなるだろうか、という深い恐れが内にあるわけです。だから宗教の救いというのは楽天的なものではなくて、

遇いえたという感動の深さは、遇いえない自分への深い恐れが内に在るわけです。そこに、遇いえた喜びと、遇いえなかったならばという深い恐れとが重層しているところに、実は真実の宗教の救いの現実的な意味があるわけであります。

五　顕証破

第四《ニ》出文顕証者《トイハ》、問曰《ク》。上来返対之義《ヘンタイノギ》、云何《イカンカ》得《ル》レ知《ヿヲ》。世尊定《テ》為《ニ》二凡夫《ノ》一不《セスト》レ為《ニ》二聖人《ノ》一（マヽ）者《イハ》、未審《イフカシ》、直《タヽチニ》以《テ》二人情《シヤウヲ》《コヽロ》一準《シユンスルニ》二義《ニ》一、為当《ハタ》亦《マタ》有《リキ》二聖教来《キタシ》一証《スヤ》。答曰《ヘテク》。衆生垢重《ク》　智慧《ノ》浅近《センコンナリ》。聖意弘深《クナリ》。豈寧《アニムシロ》自輙《ヲタヤスクセムヤ》。　今者一一悉取《ニクトテ》二仏説《ヲ》一以為《テセム》二明証《ト》一。就《ツイテ》二此証中《ノノニ》一、即有《チリ》二其十句《ソノク》一。何《イカントナレハ》者、第一如《シ》二『観（マヽ）経』《ニ》云《カ》一。「仏告《ハク》二韋提《ニ》一。我今為《レニ》二汝《カ》一広説《ク》二衆譬《モロモロノタトヒヲ》一（マヽ）、亦令《シメムト》下未来世《ノ》一切凡夫《ノ》欲《オモハム》レ修《セムト》二浄業《ヲ》一者《モノヲシテ》、得《エ》レ生《トヲ》中西方極楽国土《ニ》上」（マヽ）者《イフハ》、是其一証也《レノノナリ》。二言《フ》下「如来今者《ハ》為《ニ》下未来世《ノ》一切衆生《ノ》為《ニ》二煩悩賊《ソクニ》一之所《ラレム》レ害《カイセ》（マヽ）者《ノ》、説《トクト》中清浄業《ノヲ》上」者《ハ》、是其二証也《レノノナリ》。三言《ク》下「如来今者《ハ》教《玉ヘト》中、韋提希及《ケヒ》未来世《ノ》一切衆生《ワメ》、観《クワンセンコトヲ》中　於西方極楽世界《ヲ》上」者《ハ》、是其三証也《レノ》。四言《フ》下「韋提白《ク》レ仏《ニ》、我今因《レヨルカ》二仏力《ニ》一故見《ニツ》二彼国土《ヲ》一、若仏滅後《シ》諸衆生等《ノノノ》、濁《チヨク》悪不善《ニシテ》五苦所《クニ》レ逼《レタテムセメラ》、云何当見《ノニルヘキト》中彼仏国土《ヲ》上」者《ハ》、是其四証也《レノノ》。五如《シ》二日観初《ノニ》云《カ》一。「仏告《ハク》二韋提《ニ》一。汝及衆生《チヒ》、専《モハラニセヨトイフヨリ》レ　念已下、乃至一切衆生自《ヨリハアラス》レ非《ニ》二生盲《マフニ》一、有《アラム》（マヽ）目之徒《メトモカラミヨト云ヨリ》見《ヨ》レ　日」已来者《ハ》、是其五証也《ノ》。六如《シ》二地観中説《ノニテフカ》言《ニ》一。「仏告《ク》二阿難《ニ》一。汝《ナンチ》持《チ》二仏語《ヲ》一、為《ニ》四（マヽ）未来世《ノ》一切衆生《ノ》欲《オモハム》レ脱《ヌカレムト》苦《クヲ》者《ノ、トクト》二説《ニ》（マヽ）是観地法《ノノヲ》二」者《イハ》（マヽ）、是其六証也《レノ》。七如《シ》二華座観中説《ノニカ》一。言《フ》下「韋提白《ク》レ仏《ニ》、我因《レヨテ》二仏力《ニ》一得《エツ》三（マヽ）レ見《コトヲ》二阿弥陀仏及《ヒ》二菩薩《ヲ》一、未来《ノ》衆生云《ハ》何《ソカウヘキト》得中見《コトヲ》上」者、是其《レノ》七証也。八次《ニ》下《ニノ》答レ請《フルシヤウヲ》中説《ニトイテ》言《ク》。「仏告《ク》二韋提《ニ》一。汝《チ》及《ヒ》衆生、欲《ハムト》レ観二彼仏《ノヲ》一者当《ヘシ》レ起《コス》二想念《ヲ》一」者《ハ》、是其《レノ》八証也。九如《ク》二像観《サウノ》中説《ニ》言《テイフカ》一、「仏告《ク》二韋提《ニ》一、諸仏如来入《ハ玉フ》二一切衆生《ノ》心想中《ノニ》一、是故《ノ》汝等《ニナン》心想《チニオモハム》レ仏時《ワトキト》」者《イフハ》、是《レ》其《ノ》九証也。十如《シ》二九品《ノ》之中《ニ》一一説《ニクカ》一。言《イフ》レ「為《メト》二諸衆生《ノ》一」者《ハ》、是其《レノ》十証也。上来雖《ニトモ》レ有《リト》二十句不同《ノ》一、証下明《スル》如来説《コトハ》二此十六観法《ノヲ》一、但為《タヽニノ》二常没《モチノ》衆生《ノ》一、不《アラサルコトヲ》中《ニ》于大小聖《ノノタメ》上也。以《テ》二斯文《ノヲ》一証《スルニアニ》、豈是謬《レアヤマリナラムヤ》哉。

（『全集九』二五頁）

経典の決定点

この一段は「出文顕証」といわれる所でして、『観無量寿経』の経文を出して顕証するというわけです。つまり自分の主張は、単なる恣意ではなく、実は仏意に依るものであるということを、明らかにしようとするわけです。その仏意によれば、『観無量寿経』は凡夫の為の経であって聖者のためのものでないという、その証拠となる経文を、十文引いているわけです。

第一番目の文は、散善顕行縁のところに出ている文ですし、二・三・四番目は定善示観縁のところに出ている文です。五番目からは、定善観です。まず五番目は日想観、六番目は地想観、七・八番目は華座観、九番目が像観です。そして最後の十番目は、散善九品の教えのなかに出てくる言葉です。

ここで大切なことは、『観無量寿経』の経文で押えられているということです。今まで聖道の諸師の解釈に対して、いちいち善導が聖道の聖典と言われるような経典を引いてみたり、あるいは善導自身の解釈をもって相対峙させてみたりして、『観無量寿経』は凡夫のためであって聖者のための経典ではないと、言ってきたわけですが、それをまた、わざわざ第四番目に出文顕証という一項を置いたということが大事なことなのです。それは何を意味するのかというと、そのことについては一番最後に言っておりますように、

上来に十句の不同有りといえども、如来この十六観の法を説くことは、ただ常没の衆生の為にして大小の聖の于にあらざることを証明するためなり。斯の文を以て証するに、豈これ誤りならむや。（『全集九』二七頁）

で、つまり諸師の解釈は全部が誤りだと言わざるをえないではないか、というわけです。これだけのことをいうているのです。ところが、これだけのことをいうだけであれば、今までも何回もいうてきたことなのでしょう。ところが問題はこれだけのことを言うのに、一番最初に問答を設けておるということが大事なことなのです。今の最初の、

上来返対の義、いかんが知ることを得る。世尊定で凡夫の為にして聖人の為にせずというは、未審、直ちに人情を以て義に準ずるに、はた亦聖教有りき来し証すや。（『全集九』二五頁）

こういう問いを一つ立てておるということです。このことで、出文顕証ということが、善導にとっては非常に重要な位置をもっておることが領かれるわけです。あるいは、善導の経典に対する姿勢を、ここでまた確かめておるということでしょう。それはどういうことかと言いますと、この前の項で、善導自身の解釈をもって諸師の解釈を破って来た。つまり、上来の返対の義で、確かに『観

経』は凡夫のために説かれた経典だ、と言われるかもしれない、けれども、世尊が定んで凡夫のために説いたものであって、決して聖人のために『観無量寿経』は説いたのではない、ということをどうして決定することができるかと、こういう問いなのです。いわゆる、経典というものは読む人の思想的立場、あるいは読む人の関心のあり方によって、どのようにも読めるものであって、これが決定的な経典の読み方だというわけにゆかないではないか、と、こういう一つの問題提起なのです。

いわば浄影寺慧遠の解釈も一つの説だと、あるいは、天台大師智顗の解釈もやはり天台という定義に立つ一説だと、あるいは嘉祥寺吉蔵という人の説は、これは三論宗という宗旨の学問に立った一説だとすると、善導の言うのも、これは浄土教の立場からの一説であって、別に決定論というわけにはいかないではないか、ということです。

ところが善導は、世尊は定んで凡夫のために説いたのであって聖者のために説いたのではないと、このようにこれまで力説をしてきた。けれども、いったいなぜに、そのように言えるのか、と、こういうふうにして、このような問いを立てて、

未審、直ちに人情を以て義に準ずるに、はた亦聖教有りき来し証すや。（『全集九』二五頁）

こういうふうに言っていますね。これが、善導の確認しているところです。テキストの読み方は少々面倒ですが、その意に添うてみると、「未審し」と、こういうておいて、「直ちに人情を以て義に準ずるや」と、こう確かめようというのでしょう。「直ちに人情を以て、義に準ずるや、為当《はた》亦聖

教有って来たし証するや」と、こう押えてゆくわけです。人情というのは、いわゆる義理人情という意味ではないのでしょう。人情というのは、一般に言うところの義理人情という意味ではなくして、いわば人間の感情です。個人感情です。私的感情です。義に準ずるというのは仏教の正意というものを推し量るということですから、つまり、個人感情をもって仏教の正意を推し量ろうとしているのか、それとも、そう言わすには、既に聖教そのものが仏教の正意を語り証しているのか、というわけです。聖教とは仏陀の教え、仏陀世尊の教えです。こういうふうに、人情と聖教ということで押えていくわけです。実はここに善導の確かめがあるわけでしょう。これまでやってきたことは、いわゆる立場の相違における論争ではないのであって、人情に立った論義か、それとも聖教において語った事柄かという確認がなくてはならない、ということなのでしょう。

その確かめを出発点とすることによって、何を明らかにしているのかというと、聖道の諸仏の説というものが、これはある人の説だ、これもある人の説だ、という立場で、もしも経文が読まれているとするならば、それは文字通り、人情によって義に準ずるということではないかというわけです。つまりこれは、天台の説である、あるいは、これは三論の説である、あるいは、これは摂論の説である、と、こう言うのであれば人情をもって経を読んでいるということです。人情をもって経を読むというのは、経よりも人間の方が偉いということです。経典よりも人間の理知の方が上位にあるということですね。だから、経典は経典であっても、人間の理知のもとに包まれているわけです。そういう立場を善導は批判しているわけです。

だから、善導自身のいうている、凡夫のためであって聖人のためではない、という決定も、もし主張していることとの全体が、人間の個人感情によって、ほしいままに経典を読んだのであったならば、それはもう、取るに足らない説になるわけです。これは、実はこれだけのことをやってきた善導の精神でもあると同時に、善導自身が自分に確かめていることでもあるわけです。

学仏者の基本姿勢

ここで、善導は改めて、今まで諸師の説に対する批判をしてきたが、はたして、自分が本当に仏意にかなっていうているのか、それとも、自分の個人感情なのかを自分自身に問うわけです。浄土教というておりましても、その浄土教という全体が個人感情で受け止めているのではないだろうかと、こういうふうに、一度自分自身を問うわけです。虚心に自分を問うわけです。そして、疑問というかたちを通して自己確認をするわけです。自己確認をして、それでもって学仏道の精神というものを、自分の内に明らかにしていく、と同時に、自分の内に明らかにすることが、さらには全ての人々の上に学仏道の精神を明らかにする、と、こういうことになっているわけです。

それに答えるかたちが、また明瞭にそのことを受け止めておるのです。すなわち、

答えて曰く。衆生垢重にして智慧浅近なり。聖意弘く深なり。豈寧ろ自ら輒くせむや。今は一一に悉く仏説を取て以て明証と為せむ。(『全集九』二五頁)

と、こういうふうに言っているわけです。だから、ここで善導が明らかにしようとするのは、垢は

煩悩ですから、衆生は煩悩が重くして智慧は浅近である。浅は浅薄ですし、近は卑近、つまり卑しいということです。聖意は弘深である。「豈にいずくんぞ、自ら輒くせんや」という、これが善導の仏説に対する姿勢です。

さきには、人情と聖教、こういうふうに対峙させて問題を明らかにしましたが、ここでもきちっと対比されているでしょう。智慧において人智は浅近である、聖意は弘深である。人智は浅近である、聖意は弘深である、という分限を明らかにしているわけです。

まず「人智は浅近なり。聖意弘深なり。」と言います。言葉では何でもないことのようですが、これがなかなかわからないことですね。実は言葉ではそういうていますけれども、やってることはどうかというと、いわば智慧浅近という事への無自覚ということにおいて、浅近というかたちをとりながら、弘深なものを探ってゆくわけでしょう。衆生、つまり人間は、いわゆる煩悩に覆われている、そして智慧浅近である。仏意は弘深である。いうならば智慧浅近であるという自覚が、実は仏意の弘深性を仰ぐわけです。たんに比べて言うているのではないのです。人間は浅いと、仏は深いと、こういうふうに比べて言うているのではない、人間の智慧が浅近だということは、観念でなくして現実です。その現実の頷きが弘深なる仏意を仰ぐのです。こういう一つの確認があるわけでしょう。

だからその、衆生の垢重くして智慧浅近だということと、如来の聖意弘深であるということが、一応かたちとしては対峙しているかたちをとっていますが、それは対峙した表現をとって、実はそこに生きた動きが語り出されているわけでしょう。衆生、つまり自己自身の智慧の浅近であるということを、現実のなかで知った心が、仏意の弘深なることを仰がざるをえない。だから、仏意が弘深だからしてわからないと言うのではないのであって、仏意の弘深なることを仰ぐが故に、その弘深なる仏意のなかで、自己自身を明確にしてゆくというわけです。こういうことがここで言われているわけです。

それが所被の機の決定ということです。機を決定するというのはそういうことです。客観的に、『観無量寿経』という経典は凡夫のためのものなのか、聖者のためのものなのか、というようなことを論ずるのではなくして、こういう、一つの大きな分限の自覚というものが、機を決定させてきたというわけです。そういうことが、ここではっきりと押えられているわけです。だから、ここでは、仏の聖意を人間の浅智で推求することの転倒性というものを、自他共に確認をしたわけです。

ところが、確認をして終ったのならば話しはそれまでですが、確認をしたことから出発するわけです。つまり、人智が浅近であるということにおいて、仏意が弘深であることを仰いだ、仰いだことにおいて、弘深なる仏意を推求する道はないのかどうか、ということです。これは大きな問題ですね。

そこで善導は仏意を知る方法が有るというわけです。浅薄卑近な人間の智慧をもって、弘深なる仏意を知ることはできない。しかし、浅薄卑近な人間に、仏意がわかるという方法が必ずあるというわけです。この浅薄卑近な人間の智慧をもって、仏意の弘深を測れば、弘深だというかたちにおいて、有限な底のあるものとしてしかわからない。ところが、浅薄卑近な自己自身に、仏意が弘深なるままに領ずけるという道があるというのです。その唯一の道を、実は、善導はここで明らかにするわけです。

その唯一の道というのは何なのか。言葉としては、ここに書いてありますように「今、一一に悉く仏説を取って以て明証とせん」ということです。丁寧な言い方でしょう。「今、一一に、悉く」と、これだけ念を押したわけです。今と現実を押えて、一つ一つ、そして悉くと言って、浅い人間の智慧で推し量るということをしないわけです。今現にであって、思い出として経典を思うのでもなければ、夢として経典を思うのでもなくて、今です。今、しかも一つ一つ、悉く一切です、何をやるのかというと、「仏説を取って、明証とする」というわけです。凡夫のためであって聖人のためでないという経意を、仏説をもって明らかに証明する、というわけです。

言うていることは、言葉としては何でもないことのようですが、「仏説を取って以て、明証とせん」というのは、仏説をもって証明するということです。人間の理知をもって、仏の説いておいでになる説が凡夫のためだというように説明するのではなくて、その仏意を仏説において証明するというわけです。仏意は仏説そのものが証明するのだということは、何でもないことのようですが、大事なことなのです。

仏の心を、人間の浅智をもって推し量るのではなくして、智慧の浅い人間の上に、仏の心が証明される唯一の道がある。それはどういう道かというたら、仏説、つまり仏の言葉をもって、その仏の心が証明されるという道であるというわけですが、この短かい言葉のところに、善導は非常な力を入れているわけです。「今、一一に、悉く。」こういうふうに押えます。

ちょうど、親鸞が『教行信証』の行の巻で、念仏成仏ということを明らかにするときに「皆な、同じく、斉しく」と、言葉を重ねるようなことですね。皆も同も斉も、たいした変わりはないでしょうが、三つ重ねることによって全てということを言おうとするのでしょう。

善導も「今、一一に、悉く」と押えて、仏説をもって仏意を明らかにするのだと、こういうわけです。こういうところに、善導の徹底した厳密さがあるわけです。

ここで、仏説により仏意を証明するということは、人間の手でアレンジしないということです。人間のほしいままな感情で、経典の精神を変えてしまわないというわけです。これは恐いような話しですが、現代流に表現するということがありまして、実に恐いことなのですよ。たとえば、わたしが教えを聞いたと言うたときには、昭和四十四年の私の言葉として語り出されるわけです。ところが、それがはたして、仏説を取って明証としたのか、それともわたしの人智がアレンジしたのか、なかなか容易にわかることではないでしょう。

耳根清徹

ところが、こうした際立った問題を、善導はここで押えていこうとするわけです。つまり「仏説を取って以て仏意を明証」さすということは、具体的にその仏説に遇うた者にとってはどういうことになるのかと言えば、仏説なのですから、それは、聞ということがどこまで徹底するかによって決まってくるわけでしょう。だから、そういう意味では、善導が仏説、仏説と言って力説しているということは、こちら側からして言うならば、いわゆる人間の浅智によって推し量るのではなくして、聞信の一点において、それを押えていこう、と、こういうわけです。これは実に容易ならざることだということを思うのです。さらに、その聞ということは、実は「耳根清徹」というところまで徹底させてゆくような内容のものなのです。つまり、人間の浅智というものを徹底的に切っていくわけです。

清沢先生は「破る」と言われますが、その厳しさは決して力んだ厳しさではないわけでしょう。身が承知しないというような厳しさですね。聞いた、そしてわかったと、そういうところで安心しておれないというわけです。安心しておれないというよりも、聞いたというところで、安心させないようなものが、現実というかたちで出てくるというわけです。それを『大経』では「耳根清徹」というような事柄として指し示すわけでしょう。そういうことを善導は徹底させようとするわけです。

だから、そういう意味では、善導が徹底して明らかにしようとしていることは、あくまでも、仏典とは自分にとって何なのかということです。仏教を領解するということは、自分にとって仏典はどういうものなのか、ということを明らかにすること以外にはないのだ、ということを徹底してゆくわけです。だから、いわば『観経』は常没の衆生のために釈尊が説いたのだと、こういうふうに経説が読めるということは、苦悩の自己自身が明瞭だということです。つまり除苦悩法を求める善導自身の求道心の明晰さであるわけです。除苦悩法として以外に経典を必要としない、そういう善導の求道心の明晰さがあって、はじめて常没の衆生のために説いたのである、という領解を述べることができるわけです。こういうところに、善導が古今楷定の師だといわれ、また親鸞がその精神に触れて、「善導独明仏正意」と、こう言うた意味があるわけでありましょう。

仏教の革命

これは、当時の聖道の諸師方の経典領解に対して、善導が個人として主張をしたということですけれども、もう少しその個人としての主張の意味を、仏道の歴史ということの上に立って明瞭にするならば、善導のやった仕事は、仏教の革命みたいなものだと思うのです。なぜかと言えば、いうまでもなく、仏教というものは、人生は苦なり、ということから始まるわけでしょう。人間苦から出発したものが仏教なのです。そうすると、人間苦ということに応えようとして明らかにされた仏教が、初めて人間苦という事実のところで問われたということです。

従来は、その苦というのは、苦集滅道という四諦の説がありますけれども、それが、仏教の論理的解明の中で、いろいろな解釈をされてきたわけでしょう。教理として解釈をされてきたわけです。ところが、教理として解釈されたものが、はたして人間の苦に触れるところで、仏教として生きていたかどうか、ということがあるわけです。そういう意味では、人生は苦なりとして、苦集滅道の苦で始まり、あるいは、十二縁起でいわれるように、無明というところに起点を置いている、そういう当然すぎるほど当然な仏教の出発点が、実は千何百年間、論理の世界といいますか、いわば理念の世界でのみ語られてきたわけです。現象でいえば、苦という現象の分析であったり、苦ということについての心理的分析であったりしてきたわけでしょう。ところが、一度も生ま身の苦に触れていなかったわけです。苦という現実には触れていなかったということは、仏教自体が、実は徹底していうならば、特殊者の手なぐさみになっていたということでしょう。そういう意味では、仏教が特殊者を中心としたあり方でしかなかったという事実、そういう仏教の在り方に対して善導が対決をしていったわけです。たまたま『観無量寿経』という一つの経典を契機として、善導は対決をしたわけです。

この対決はスケールの大きいものです。中国仏教の黄金時代を築いた、言わば中国仏教における代表者を相手取ったわけですからね。浄影、天台、嘉祥といった人々については、今日の仏教学においても、その思想がいろいろと問題になって、それをめぐって多くの学者が振り回されているわけでしょう。天台の教学という一つのことについてみても、その教学に多くの学者がくるくる舞いさせられているのでしょう。ところがそれに対して、それは特殊者のものだという、事実を事実として指摘するということは容易なことではない、ところが善導はそれをしたわけです。いわば特殊者のものだということは、特殊者が仏教の主人公であって、いわゆる、除苦悩法を求めずにはおれないような大衆は、そのおこぼれを頂戴するというかたちでしかなかったというわけです。

仏陀釈尊は、あの今日でも問題のあるインドのカーストの階級をも超えたような精神王国を願いとして、人生は苦なりというところから出発した教えを説いたのです。ですから当然その時には、仏教の主は大衆だったわけです。ところが、この特殊者の方が主になった時、大衆はそのおこぼれを頂戴せざるをえなくなったのです。しかし、そのおこぼれでも頂戴できればいいのです。おこぼれでも頂戴できればいいのですが、頂戴したものは仏教と似て非なるものであったわけです。教理としては一乗円融の教理だったのですが、その実は外道的なものを頂戴していたわけです。

本来、主体であるべき大衆が、教理をもって仏教の中核としている人々から頂戴をしていたものは何かと言えば、現世利益であり、現世祈禱であった、いわば仏教でないものをもらっていたわけです。もらった側から言うならば、仏教でないものをもらったことになりますし、やった側から言うならば、仏教を仏教として渡しえなかったというわけでしょう。逆に言えば、教理ではわかっていたけれども、渡そうとすると橋がなかった、いうなれば、手も足も出なかったというわけです。現実に触れると手も足も出ないけれども、ただ手も足も出ないと言っているわけにいかないのです。そのときにどこで結ばれるかと言えば、大衆のなかにある極めて現実的な欲望のところへ妥協するわけです。妥協するものが外道ですよ。親鸞が言うている、あの現実批判がそこにあるわけです。

ところが、そういうことを実は、最初に明確にしたのは善導でしょう。時代の批判から人間の実存の課題にまで深めていって、人間が何を求めているのかをつきつめていったのです。人間を宗教的実存という一点にまで押えていって、どんな平凡な姿をとっていても、人間が求めている根源的な要求というものは仏道だ、それに答ええない仏教があるとするならば、その仏教はもはや死滅したものだ、ということを言おうとしたわけです。

そういう意味では、善導が『観経』を中心として、『観経』は誰のために説いたのか、というような問題を提起して明らかにしようとすることは、非常に大切なことなのです。つまり、聖道の諸師方が教理に立って、いわば、教理というものに自分自身が、がんじがらめにされて、そして経典に出てくる、あの九品の人間の分類を一つの教理の枠に合わしていって、あたかも、数字のやり取りのようなかたちで配置して、ここまでがこれだ、ここまでがこれだというて済ましている。善導はそういうあり方を真正面に出して、それを一つ一つ批判していって、最後に仏説を取って、仏の精神というものを証明するのだと、こういった時に初めて、対決の意味が明瞭になったわけでしょう。

仏説は誰のためにあるのか、仏意は何を語ろうとするのか、と問うたとき、いわゆる特殊者を主とする仏教が、大衆を主とする仏教へと一転したわけです。仏教の革命と言いますか、いわば特殊者の仏教に止まるか、それとも大衆の仏教として生命を歴史のなかに復活するかという、その分かれ目をそこで決定したわけです。

だから、仏教がただ装いを新たにしたという意味ではなくて、苦悩の衆生の救済の法として生命を復活したわけです。そういうことが、この出文顕証ということの意味なのです。

『観無量寿経』に即していうならば、『観無量寿経』が説かれたのは、あくまでも苦悩の衆生のためであって、決して大小の聖者のために説かれたのではないという、その決定は、全部経典そのものが語っているのだ。だから、その経説そのものに素純に耳を傾ける姿勢があれば、実は『観無量寿経』そのものが、未来世の一切衆生のために、凡夫のために、説き語られていることが、おのずからにして頷かれるのではないか、というわけです。経文が語っているのに、経文の語るとおりに聞こえないのは、いったいどういうことなのか、という問題がここでは押えられているわけです。こういうことがずいぶん大事なことなのでしょう。

このようにして、十の証文をあげてくるのですが、その十の証文をあげた一番最後を善導が結んだ言葉が、上来十句の不同有りと雖も、この十六観の法というものは、如来の説である。つまり、如来がこの十六観の法を説くのは、常没の衆生のためであって、大小の聖のためではないということを、明らかに証明したのである。だからこの経文に従っていうならば、諸師の説が、いかに秀れた論理をもっていても、誤りと言わざるをえないではないかと、こういうふうに押えたわけです。ここにもやはり、善導の信念の強さが知られるのであります。今の問題の提起は、

世尊定で凡夫の為にして聖人の為にせずというは、未審、直ちに人情を以て義に準ずるに、はた亦聖教有りき来し証すや。（『全集九』二五頁）

と言うでしょう。これが前の定散料簡門と対応しているわけです。どう対応するかというと、今の

この文における問いの立て方は、世尊は定んで凡夫のために説いたのであって、聖人のために説いたのでないと、こう言うけれども、いぶかしい、わからない、それは人情をもって言うのか、それとも聖教あって言うのか、こういうふうに問いを立てたわけですね。ところが答えの方は、それに答えるのに「如来この十六観の法を説いて」と、こういうふうに「如来説」という言葉で受けてきたわけです。

「世尊定んで」と、こういうているときには一般論です。いわば仏教の教主である釈尊、推し進めていきますと、自分と同じ人間釈尊ということでしょう。人間の理知で押えられるものは、人間釈尊の言葉ですからね。とにかく、世尊が定んでそのように言ったというけれども、そういうふうに決定的なことは言えないではないかという、問の立て方です。つまり、「世尊定んで」というが、それは一説にすぎないではないか、一つの領解にすぎないではないかと、こういう立場は世尊というているが、その世尊をどう見ているかということが、既に問題になっているわけです。

この世尊とは、古代インドにおける宗教的偉人なのか。もしも偉人の説ならば、人間の解釈、または時代の相違によって、いろいろに解釈されるのは当然である。とすれば浄土教の領解も一説にすぎないことであって、諸師の解釈がまちがいだという決定的理由はどこにもない。だから、それを決定論としようとする善導の立場はいぶかしいではないかと、こういうわけです。

ところが、こういうのを受けてきて、仏説を取って、その仏の精神というものを証明していくというかたちで、『観経』そのものに語らせたわけでしょう。『観経』そのものに語らせることによって、最後には如来説だと、こう押えるわけですね。まさしく、定散料簡門で問題としたことを、具体的にここで内容まで押えてきたわけです。それが一つ大事なことでしょう。

だから、その『観経』における正宗分の全体、いわゆる『観経』における説相、つまり説かれていることの全体を押えて、実はそれが「如来如実言」だ、というかたちで押えているということです。決して宗教的偉人の説ではなくして、あくまでも「如来如実言」なのだと、こういうふうに押えてきているわけです。それが一つ注目をしておかなければならないことです。

むすび

もう一つは、これがあくまでも経論和会門であって、決して単なる九品の解釈ではなかった、という証拠を示しているわけです。つまり、「十六観法を説いて」と、こう言ってますね。単に九品の解釈ならば、散善だけでいいのです。ところが三輩九品について語ってきて、その一番最後へきて「十六観法を説いて」と、こう言うています。それはさきほどの言葉でいうならば、所被の機を決定することにおいて、仏説を決定したわけです。だから、日想観から始まって、下下品の十声称仏に至る全部の仏説を、所被の機の決定一つで明らかにした、と、こういうことがここに内在しているわけです。これだけのことをしておいて、次にうつるわけですが、実に周到な用意だと思いますね。

周到な用意をしておいて、そして、ようやく、そこから経論の相違を和会するという問題へうつってゆくわけです。これだけのことをはっきりさせておいて、では説かれている仏説の行とはいったい何なのか、と、それに名号六字釈をもって答えるわけです。願行具足の南無阿弥陀仏ということで、念仏の独立ということを明らかにするわけです。

善導は、経論和会という標題を揚げておきながら、以上四段を設けて、これだけ苦労して、ここまできて初めて二乗種不生の論難に答えることができるし、そして、唯願無行の論難に答えることができるというわけです。これをふまえずに答えたならば、それは宗派我で答えたことであるし、どんな精密な論理を組み立てても、それは自己弁護にすぎない、という問題が隠れているわけです。そういうことをとうして、実は浄土の問題と念仏の問題、行と救いということで、行においては六字釈をもって願行具足と言い、救い、つまり浄土については是報非化と、こういうことではっきり押えていくわけであります。

六　会通別時意

(1)　はじめに

善導の着眼

経論和会門の第五番目に出てくるのは、「会通別時意」という、いわゆる別時意を会通するという一段ですが、ここには非常に重要な内容が語られているわけです。ご承知のように、名号六字釈という、善導教学の中心になる課題も含まれていますので、本文に入る前に一応その別時意の論難とは、どのような意味を持っているのか、ということをお話ししておきます。

問題の在り場所は、『観無量寿経』の下下品に出てくるところの称名の位置を決定するということです。いわゆる、無著の『摂大乗論』を立場とする摂論家の人々が、『観無量寿経』の下下品の称名念仏ということは、結局は「唯願無行」である、つまり、ただ願だけあって行がない。したがって、その「唯願無行」で浄土に往生するということはありえない、と、こういうふうに論難をしてくるわけです。そういう批判に対して善導が答えるには、『観無量寿経』の下下品の称名念仏は「願行具足」だから必ず往生する、と、こういうふうに答えるわけです。絶対に相容れない問いと答えであるし、これは対決ですね。同じ南無阿弥陀仏一つを目の前にして、「唯願無行」という論難と、「願行具足」という答えとが対決しているわけです。こういう問題があるのです。

なぜ唯願無行だと言うのかというと、『摂大乗論』の中に四意趣という説があるのです。その中で釈尊の説法の一つのあり方として別時意趣、つまり別時意の方便説というものがあって、その方便説の摂大乗論解釈というものを基準にして『観経』の下下品を読むと、『観経』の下下品は唯願無行ということになると、こういうふうに摂論宗の人がいうてくるわけです。それに対して、この第五番目の別時意趣を会通するというところでは、善導は、まず『摂大乗論』で語られている別時意ということの論旨、性格を明瞭にしているわけです。

一つは、別時意趣と言うけれども、内容としては二つあると言うわけです。成仏という問題と、もう一つは往生という問題に関して別時意ということを立てているというわけです。だから、それを一緒にして考えてはならないという、大きな問題がここには隠されているという分析を、まずもって善導はするわけです。成仏についての別時意という考え方と、往生についての別時意という考え方と、二つの明瞭にしなくてはならない事柄が、この問題を解くに先立ってあるということを、まず明らかにしているのです。

だからして、まず最初に成仏の別時意という問題について、善導自身の意見を『法華経』と『涅槃経』とを引いて明らかにするわけです。そして成仏別時意ということについては、そのとおりであって、決して間違いだとは言わない。その論に賛成せざるをえない。ところが念仏成仏ということを、この『観経』では言うているのではなく、往生の問題をあつかっているのであるから、往生別時意ということになると、これは問題が異ってくるのではないか、と言うわけです。

その時にも、善導は非常に精密に押えるわけです。ただ間違いだと言うのではなくして、往生の別時意と、こういうふうに『摂大乗論』で言うている時の意味は、どういう意味なのかということを、まず最初に確めるわけです。そして、この『摂大乗論』で言うている意味のとおりだとすれば、往生の別時意ということも理論として間違いない、と言うわけです。ところが、『摂大乗論』の往生別時意の論理をもって、『観経』を読もうとするところに間違いが出てくるというのです。つまり、『摂大乗論』が間違っているのではないのであって、『摂大乗論』が問題としている問題は、そのとおりだ、ところが、この往生の別時意の論理を、そのまま『観経』の下下品の経文のところへあてはめて、だから『観経』は往生別時意の方便説だと、こう言おうとするところには大変な間違いを犯しているのだと、その一点を押えてゆこうとしているわけです。

そのために、善導は四番の問答を設けて押えていきます。この問答が大切なのです。「問うて曰く」と言って念を押したところは、必ず善導自身が、自己確認をしているところなのです。その四番の問答をもって『摂大乗論』に示されている別時意の説に関する、願と行との意味というものを明瞭にし、そして、その願と行との意味を受け止めて、『観経』の下下品とは願行具足だと決定するのに、六字釈という独自の方法を用いるわけです。

このようにして最後には、その独自な方法で明らかになった願行具足の意味というものをもって、聖道の諸師の経典に対する姿勢の過まちを正していく、そういうことになっているわけです。

四意趣

『摂大乗論』は、書いた人は世親の兄である無著です。論題のとおりに、『摂大乗論』であって、いわば大乗概論です。『摂大乗論』というのは大乗仏教概論です。これは大乗仏教興起の最初に、『倶舎論』で見られるような精密な論理をもった小乗の大系に対して、大乗概論というものを書いて無著が対決した、という意味では大事な論であるわけです。その『摂大乗論』の訳が中国で四つあるわけです。一つは、仏陀扇多の訳した魏訳、二番目が梁の真諦訳、三番目が隋の達摩笈多訳、四番目が唐の玄奘の訳です。問題は二番目の梁の真諦訳の『摂大乗論』が中心になるわけです。真諦の訳というのは、なんといいましても名訳です。真諦と玄奘とは相対峙する名訳ですけれども、その真諦が『摂大乗論』を訳した時に、中国にそれを中心として摂論宗という宗派が生れたわけですね。

ところが、その後出てきた玄奘が、その真諦訳の誤ちを一つ一つ指摘しだしたわけです。玄奘という人は実に威大な人だったのだと思いますね。今までの翻訳を全部吟味したわけですからね。いわば中国人の思想と言いますか、中国の人間にピタッと合う翻訳とは、これなのだというものを決めようとしたわけです。だから、玄奘以前の訳を旧訳といい、玄奘以降を新訳と言うでしょう。

その玄奘の訳を中心にしたのが『成唯識論』ですね。『成唯識論』は、それまでの『唯識二十頌』『唯識三十頌』の解釈というものを片っ端から批判していって、これが決定版だと、押えた論です。だから、その『成唯識論』が出てから法相宗という宗派ができたのでしょう。法相宗ができると、摂論宗は法相宗に吸収されてしまって、ついには摂論宗というのはなくなってしまうわけです。

ともかく、その真諦訳の『摂大乗論』が十一章に分かれているのですが、その第三章目のところに、四意趣の説というのが出てくるわけです。四意趣というのは、『摂大乗論』の作者である無著が、経典を整理して、釈尊の説法の仕方というものの範疇を四つにまとめたものなのです。十二部経というような範疇もありますけれども、そういう範疇と違って新しい観点から、無著が仏陀の教説の範疇を四つにまとめたものが四意趣です。

意趣というのは、字のとおりであって、意は意向の意です。心です。仏陀が経を説こうとする心が意です。趣というのは趣向で、向うところです。仏陀の心の向うところは何かということです。たとえば『阿弥陀経』では西方に浄土があると説いてあるけれども、そのように説く仏陀の意が、向うところはいったい何を指し示しているのか、というのが意趣ということです。たんなる形式という観点に立って仏教のあり方を区分したのでなくて、仏の意向、仏の意趣、いわばその意向趣旨という観点に立って、仏説というものを四つに分析したわけです。これはそういう意味では古い小乗の分類とちがって、新しい分類のしかたです。

その分類によると、第一の方法としては平等意というのがある。それは、位置の平等、つまり真如平等という立場に仏陀自身が立って、差別の見を破ろうというあり方です。そういう経説の一群があるというわけです。例は数えきれぬぐらいあるでしょうが、「一切衆生悉有仏性」というのはその一例です。平等ということによって、差別の見に執する人間を破ってゆくわけですから、そういう意味では平等意趣です。

第二には別時意趣です。これは衆生を本来の仏道に導くために、本当は別時に往生、成仏というようなことが可能になるのであるが、その別時を隠して、今の時の問題の如くに説いて、そして衆生を方便引入するという、方便の仏説です。

第三には別義意趣です。これは、仏の教を軽んずるという人々に対して、その障りを除こうとして説かれる説法です。いわゆる仏の教を軽んずる人というのは、言葉にとらわれて仏教を軽んずるのであるから、そういう言葉にとらわれて仏教を軽んずる人々の執着を破るために、別の意義を意趣するわけです。つまり説法の言葉は同じ言葉を使っていても、その言葉で語っている精神が全くちがう、というようなことを明らかにする方法をとるわけです。

たとえば、本生譚というのがあるでしょう。ああいう過去世のことをもって、今の大乗の精神を領解さすというようなものです。つまり過去世の事実そのものは、極めて妙な話が出てきます。ところが過去世のことをくぐって、現在の大乗が説こうとする法の道理というものを語ろうとしているのだという、このような方法を仏典はよくとりますね。

具体的に言いますと、「虎がおりました」というような説話がでてくるでしょう。「虎がおりました」ということは、何もそこに虎がとび歩いているという話しをしているのではないのでしょう。「虎に自分の体をやりました」というお伽話しをしているのではないのであって、言葉はそうであるけれども、義はちがうわけでしょう。そこに捨身ということをとおして、無我ということを教えているわけです。それが別義意趣です。

もう一つは、衆生楽欲意趣です。これは別欲意趣とも言いまして、文字どおり衆生の欲意に応じつつ解脱をさせるわけです。つまり人間というものは、いくら清浄の教えを説きましても、容易に領解できない。だからして衆生の楽欲に従って説きながら、説くことをとおして楽欲から衆生を解脱させよう、という説き方です。

たとえば、『薬師本願経』というようなものが、それなのでしょう。衆生の楽欲に従って、従いながら、やがて楽欲から衆生を解放しようというわけです。衆生の楽欲に順じて説きながら、説かれることを聞くことによって、むしろ衆生自身が、その衆生の欲望から解放される、そういう方法で仏説を説くわけです。以上のように仏の精神によって経典を四種に分類したわけです。

別時意趣に立つ論難

ここに別時意趣という言葉が出てくるわけですが、別時意趣そのものは何も問題はないわけです。教説分類上の一つですので、それは、それでよいのです。

ところが、問題は厄介な径路を経て惹起されてくるわけなのです。無著の『摂大乗論』を解釈した人が二人いるのです。世親と無性と、この二人の『摂大乗論釈論』があるわけで、これがまた同じ論を釈しておりながら、全く見解を異にしているところがあるわけです。

それはそれとしておきまして、ともかく、その世親の『摂大乗論釈』を真諦が訳した中に、問題の発端があるわけです。つまり、金銭の譬喩が出てくるのです。別時意という問題は無著の『摂大乗論』に出てくるのですが、その別時意を解釈する世親の釈論に、譬喩として金銭の話が出てくるのです。その譬喩をもって『観無量寿経』の下下品を見たのが摂論宗の人々の論難です。

どういうことかというと、たとえば一円のお金をためなさい、百万円になりますよ、というようなものだと言うわけです。一円を百万円にするまでに一日に一円ずつ蓄めていっては、一生かかっても無理でしょう。それを百万円になると言わなくてはならないところに、別時意という方法をとって、仏陀が説かなくてはならないという、言わば方便の苦労があるのだという例を出したのですね。その例につかまって摂論宗の人々は、『観無量寿経』の下下品の念仏というのはそれと同じだ、「十悪五逆具諸不善」というような人間が念仏して往生できるというが、そのようなことはありえない。ありえないけれども、そう言わない。これは別時意趣だと、こういうふうに言うたわけです。

だから問題は、実は『摂大乗論』の本論から逸脱して、この譬喩が問題をひき起こしたわけです。ところが、人間というのはそういうものですよ。本論から逸脱しておろうが逸脱しておるまいが、そんなことには関係なく、いったん言い出されると、それに振り回されてしまうわけです。それによってどうなったかと言うと、摂論宗が別時意の論難を持ち出したことによって浄土数は、百年、念仏の義が消えたと、こう言われるのです。これも少しオーバーな言い方ですが、これを言うているのが懐感です。あの懐感の『群疑論』の中にそういうことが書いてあるのです。

摂論ここに至ってより、百有余年、諸徳、咸《ことごと》くこの論文を見て、西方の浄業を修せず。（『釈浄土群疑論』巻第二・『浄土宗全書六』一三頁）

と、このように言うています。これによると、『摂論』が中国へ渡ってきたために、「諸徳」ですから、学者たちがみんな『摂論』を読み出した、それによって、西方浄土の浄業、つまり念仏を修する者が百余年間もなくなってしまった、と、こういうことを言うているのです。西方浄土の業を修する人が百年消えたかどうかはともかくとしましても、それほど大きな打撃を『摂大乗論』によって浄土教は受けたわけです。

しかも、その摂論の学者といえば中国仏教を代表するような学者であって、そのころ続々と出たのですから、その人々の意見によって浄土教は押えられてしまうわけでしょう。それに対して浄土教の人々も決して黙ってはいないのであって、皆がこれに対する反論をしています。少くともあの隋唐時代の浄土教関係の学者方は全部が反論しています。

たとえば、天台の『浄土十疑論』であるとか。もっともこれは天台大師のものではないのだそうですが、『浄土十疑論』にも出てますし、懐感の『群疑論』にも出ている、あるいは迦才の『浄土論』、あるいは元暁の『遊心安楽道』にも出ています。代表的なものとしては道綽の『安楽集』がありますように、摂論宗の学者に対する反論をしているわけです。ところがいろんな反論を読んでみましても、どうも適切でないものがほとんどですね。適切でないというのは、同じ次元で反論がされているわけです。

道綽の精神

ところがその中で、画期的な視点から別時意の論難を会通する、その先駆をなしたのが道綽です。道綽の『安楽集』の会通というものが先駆をなしたのです。これは迦才の『浄土論』、あるいは元暁の『遊心安楽道』、あるいは懐感の『群疑論』とは立場が違うというか、姿勢が違うのです。どういう姿勢をとったのかと言いますと、言うていることは極めて常識的なことを言うているように見えるのです。むしろ相手の主張に従って話しを進めているのです。しかし次元がちがうのです。

道綽の釈をみてみますと、別時意ということについて考えようとするのに、まず仏陀の説法には二通りの方法、いわゆる常途の説法と別途の説法とがある。常途の説法とは、前因後果共に説くというあり方です。こういう行を積めばこういう結果がえられるというように、因と果とを共に説いているというのが、常途の説法だと言うわけです。前因後果を並べて説くというのが、一般的な仏説のあり方である。ところが別途の説法というものになってくると、前因を隠して後果を説くという方法もあり、後果を隠して前因を説くという方法もある、というのです。

だから、前因後果共に説く常途の説法と、因と果とどちらかを隠して説いているという別途の説法とがある。そういうことを一度わきまえていなくてはいけない。ところで、この『観無量寿経』というのは、その常途の説法ではなくして、別途の説法なのだと、こういうふうに会通していくわけです。こういいますと、何だかこじつけのように見えますけれども、実は道綽がこれで言おうとしていることは、『観無量寿経』の下品下生で「十悪五逆具諸不善」の悪人が臨終に善知識に遇うて、そして「汝念ずることあたわずんば、無量寿仏の御名を称えよ」と教えられて、その声に応えて心を至して十念を具足して南無阿弥陀仏を称えて往生した、と、こう説いてある。これは因を隠してあるのであって、ここでは果が説かれてあるのだと言うわけです。

これは何を言おうとしているのかというと、教えに遇うたということです。遇うべくして遇うたのだということです。客観的にながめて言うているのではなくて、この教えに遇うて、そこに救いが見出された人が一人いるということは、その人は遇うべくして遇うたのだ。いわゆる曠劫多生の因縁によってこの教えに遇うて救いを成就していったのだと言うわけです。遇ったという事実は、遇うべき因をもって遇うたのだ、だから遇ったというその事実こそ、実は遠い宿縁というものが、この現実の中で領かれるのだと、これを言おうとするわけです。

それを受けて、道綽はもし因がなかったならば、善知識にすら遇えないだろうと、こう言っていますね。摂論宗の人は十念で往生できるというようなことはありえない、というふうに言うわけです。それに対して善導は、そうだと、そのとおりだ、ごもっともだ、十念で往生できるというようなことはありえない、十念で往生できることがありえないどころではない、善知識に遇うことさえありえない。ところが事実はありえないことがありえたのだというわけです。たまたま善知識に遇いえて、その善知識によって十悪五逆の人間が臨終に「念ずること能わずんば無量寿仏の名を称えよ」という教えに遇うて、念仏して往生できたのだと言うのです。ありうることがありえたのであれば、それは常識の話しだと、こういうわけです。

ありうることがありえた、という説明で仏典を解釈するのであれば、それはもう仏典の領解にはならない。ありえないことがありえたという、その感動において、仏説が成立するのだということ、これが道綽の姿勢です。そういう意味では、他の浄土教の諸師方とは精神が違うわけでしょう。

道綽が、

当今は末法にして、現に是れ五濁悪世なり、唯浄土の一門有りて通入す可き路なりと。(『真聖全一』四一〇頁)

と言うた時には、遇い難くして遇うたという感動を以って、『観経』下下品の教言に依って立っているわけでしょう。そこから解釈してみると、ありえないことが事実ある、自己の上に成就している、それは、まさに遠き宿縁の催しが、今日成就しているという以外に、領解のしようがないというわけです。

この領解の精神に善導は触れたわけでしょう。触れた時に、その念仏こそ願行具足だと、こう領いたわけです。唯願無行という常識論ではなくして、その念仏こそ願行具足だと、こう言おうとするのが道綽の精神を承けた善導の、別時意論への会通ということになるわけでありましょう。だから、そういう意味では、会通と言っていますけれども、会通という言葉は常途の義に従って言うているのですけれども、いわゆる会通ではなくて、そこには精神の転換があるわけです。その精神の転換こそは、実は今言うた、道綽の経典解釈というものが、先駆としてあったと、こういうところに、われわれは視点をおいて見てゆかなくてはならない大切な問題があるわけです。

(2)　往生と成仏の分位

第五会《ニエ》二通《スト》別時意《イワイハ》一者、即有《チリ》二其二《ノツ》一。一《ニ》『論《ロンニ》』云《ハク》。「如《トキ》三人念《ノスルカ》二多-宝仏《ヲ》一即《チ》於《オイテ》二無上菩提《ニ》一得《ウト》レ不《サルコトヲ》二退《タイ》堕《タセ》一」者《イハ》、凡《オホヨソ》言《イフハ》二菩提《ト》一乃《チ》是《レ》仏果之《ノ》名《ナナリ》、亦《マタ》是《レ》正報《ナリ》。道-理《リ》成-仏之《ノ》法要《ハカナラス》須《スヘカラク》二万-行円-備《ヒスレハ》一方《マサニ》乃《チ》剋《コク》-成《シヤウス》一。豈《アニ》将《モテ》二念仏一行《ノヲ》一即《チ》望《ノソマム》レ成《ツ》者《ハ》、無《ナケム》レ有《》二是《ノ》処《コトハリ》一。雖《トモ》レ言《イフト》二未《ミ》証《ト》一、万行之《ノ》中《ノ》是《レ》其《ノ》一行《ナリ》。何《ナニヲ》-以《テカ》得《ル》レ知《コトヲ》。如《キ》二『華厳経《ニ》』説《カ》一、「功徳雲《ウン》比丘語《カタテ》二善財《ニ》一言《ク》。我《レ》於《シテ》二仏法三昧海《ノ》中《ニ》一唯《タヽ》知《シレリ》二一行《ヲ》一、所《ユル》レ謂《イハ》念仏三昧《ナリ》」。

以《テ》二此《ノ》文《ヲ》一証《スル》、豈《アニ》非《スヤ》二一行《ニ》一也。雖《トモ》二是《レ》一行《ナリト》一、於《オイテ》二生死《ノ》中《ニ》一乃-至成仏《マテ》永《ナカク》不《ス》二退-没《モチセ》一。故《ニ》名《ク》二不《フ》堕《タト》一。問-曰《ク》。若尓《シシカラ》者《ハ》、『法華経』《ニ》云《ハク》。「一《タヒ》称《セン》二南無仏《ト》一、皆《ミナ》巳《ステニ》成《ス》二仏-道《ヲ》一」。亦《マタ》応《ヘシ》二成-仏竟《シオハレルナル》一也。此之《ノ》二文有《ル》二何《ナンノ》差別《カ》一。答《ヘテ》曰《ハク》。『論《ノ》』中《ニ》称《スルハ》レ仏唯《タタ》、欲《ス》三自成《ラナラムト》二仏-果《ヲ》一。『経《ノ》』中《ニ》称《スル》レ仏《ヲ》為《メナリケン》三簡《》二異《イセムカ》九十五種外道《ノ》一。然《ルニ》外道之《ノ》中《ニハ》都《スヘテ》無《シ》二称仏之《ノ》人一。但《タヽシ》使《シ》称《スルコト》レ仏《ヲ》一-口《クモスレハ》即在《チアテ》二仏道《ノ》中《ニ》一摂《ス》、故《ニ》言《フ》二「巳-竟《イキャウト》」一。二《ニ》『論《ノ》』中説《ニトイテ》云《ク》。「如《シト》下人唯由《タヽヨテ》三発《スニ》二願《ヲ》一生《スルカ》中安楽土《ニ》上」者《イハ》、久《ヒサシクヨリ》来《コノカタ》通《ツウ》-論之家《ロンノイエ》、不《ス》レ会《エセ》二『論《ノ》』意《コヽロヲ》一、錯《アヤマテ》引《ヒイテ》下品下生《ノ》十声称仏《ツ》上、与《ト》レ此相-似《レヒニタレハ》、未《タ》三即得《チエ》二生《スルコトヲ》一。如《キヤ》四一《ツノ》金銭《コンセンヲウルカ》得《コトヲ》三成《セントハ》二千《ヲ》一者、多日《ニシテ》乃得《チウ》。非《ス》四一日即得《チルニハ》三成《ナスコト》(マヽ)二千《ト》一。十声《ノ》称仏《モ》亦-復《マタ》如《シ》レ是《ノ》、但《タヽ》与《タメニ》二遠生《オンノ》一作《ナル》レ因《イント》。是《ノ》故《ニ》未《タ》三即得《チエ》二生《スルコト》一。(マヽ)謴《イフ》タフラカス反 ソウ反 下仏直《タヽチニ》為《ニ》二当-来凡夫《ノ》一、欲《ホシテ》四令《シメムトステ》三捨《ス》レ悪称《セ》二仏《ヲ》一、誑《タハフレ反》言《コンヲ》導《ノタマフ反》レ生《ルト》、実《マコトニ》未《タ》レ得《ヘ》レ生《コトヲ》、名《テ》作《ナルト》中別時意《イト》上者《ハ》、何故《ナンカ》『阿弥陀経《ニ》』云《ハク》。「仏告《ハク》二舎利弗《ニ》一、若有《シリテ》二善男子・善女人《ニ》一、聞《キカハ》レ説《ヲ》二阿弥陀仏《ヲ》一即応《チヘシ》三執《シフ》二持《チス》名号《ヲ》一、一日乃至七日一心《ニ》願《ス》レ生《レムト》。命欲《チスル》レ終《ラムト》時、阿弥陀仏与《ト》二諸聖衆《ノ》一迎-接《セウシ玉ヘハ》往-生《ス》」。次下《シモニ》十方各《ニ》如《キノ》二恒河沙等《ノ》一諸仏、各出《ノ》二広長舌相《ヲ》一、遍覆《クオホウテ》二三千大千世界《ニ》一、説《トク》二誠実言《ノ》一。「汝等衆生、皆応《ナヘシ》レ信《スレ》下是一切諸仏所《ロノ》二護念《シ下》一経《ヲ》上」。言《イハ》二護念《ト》一者《ハ》、即是《チレ》上文《ノ》一日乃至七日称仏之《ノ》名也《ナナリ》。今既《ステニ》有《リ》二斯《コノ》聖教《ノ》一、以為《テ》二明-証《ト》一。未-審《イフカシ》、今時《ノ》一切行-者、不《ス》レ知《ラ》、何意《ナニコヽロソ》凡小之論《ニハ》乃加《チクハヘテ》二信-受《ツ》一、諸仏誠-言《ヲハ》返《カヘテ》将《マサニ》妄-語《マウトスル》。苦《クルシキカナ》哉、奈劇《ナンソハケシク》能出《クス》下如《ノ》レ此不-忍之《ノ》言《ヲ》上。雖《トモ》レ然《リト》仰《アフヒテ》願《ハク》、一切《ノ》欲《スル》二往生《セムト》一知識等、善《ヨク》自思《ラシ》-量《セヨ》。寧《ムシロヤフリテコム》傷《ニ》二今-世錯《ノアヤマリヲ》一、信《スヘシ》二仏語《ヲ》一。不《ス》レ可《ヘカラ》下執《シフシテ》(マヽ)二菩薩論《ノロンヲ》一以為《テス》中指南《シナント》上。若依《シラ》二此執《ノシフニ》一者《ハ》、即是《チレ》自失《ラシチシ》悞《アヤマテム》二他《タヲ》一也。(『全集九』二七頁)

恣意の批判

最初に、

別時意を会通すというのは、即ち其の二つあり。（『全集九』二七頁）

と言っています。二つあるというのは、成仏についての別時意と、そして往生についての別時意と、この二つがあるということです。こういうことを最初に言っているところに、既に一つの意図があるわけです。それは何かというと、摂論宗の人々が、『観無量寿経』の下下品の十声称仏を別時意だと、このように批判した時に、そこには既にして、粗雑な姿勢をとっているという問題があるわけです。というのは、往生と成仏ということの意味についての吟味がなされないまま、論難を起しているということがあるわけでしょう。ところが、『摂大乗論』を見ると、往生についての別時意と、成仏についての別時意と二つが出ているわけです。『論』を注意深く読んでみると、そこには成仏に関する別時意、往生に関する別時意と、この二つの別時意の方便説というものが説明されているわけです。だからして、その成仏の別時意と往生の別時意ということの位置を明確にしておかなくてはならない。これが、善導が手がけようとする最初の事柄です。

それで、まず最初には、第一の成仏の別時意について、善導が非常に精密な論究をしているわけです。よく考えてみますと善導は妙なことをやっていますね。だいたい『観経』下下品の問題は往生別時意の問題なのですから、そのことについて明らかにすればよいわけでしょう。ところが善導はそれに先立って成仏の別時意という、『摂大乗論』に説かれている事柄を極めて厳密に、精密に論じていくわけです。

一つには『論』に云わく、「人の多宝仏を念ずるが如き即ち無上菩提に於いて退堕せざることを得」。(『全集九』二七頁)

という言葉があります。ある人が、多宝仏の名を称名憶念しているとすると、その人は多宝仏の名を憶念することによって無上菩提において、つまり仏果において退堕することがない。こういうふうにまず説かれているわけです。文字の通りに読めば、何も成仏できるということは書いていない。無上菩提において退堕せざることを得ると書いてあるわけです。

退堕というのは、退は後退ですし、堕は堕落ですから、後退堕落するということです。だから多宝仏を念ずる人が、多宝仏を念じておるならば、無上菩提において後退堕落することがないと、このように説いているわけです。これが成仏についての別時意なのですが、それを明らかに一度押えておくわけです。「凡そ菩提というは乃ち是れ仏果の名」である、「亦たこれ正報」である。つまり仏そのものであるというわけですね。だから仏果を求めるということになると、

道理成仏の法は要《かなら》ず須《すべから》く万行円備すれば方《まさ》に乃ち剋成すべし。(『全集九』二八頁)

と言います。このように、因果の道理にしたがって言うとおり、成仏の方法ということになるならば、必ずそれは万行円備して初めて成就するというのが、仏果菩提というものであるというわけです。それはそのとおりですね。だから万行が円備する、言わば、円備した万行の世界において、初めて成仏ということはあるわけでしょう。これが大事なことです。

円備する万行、すなわち、どんな行でも、その諸善万行のすべてが完全円満に備わって成就する、ということがなければ成仏ということはありえないわけです。これは仏教の道理であって、このことはとやかく言うべきことではないのです。そういう決定したことの上に立って、念仏の一行をもって、直ちに成仏ということに結びつけようとするのであるならば、それは「処有ること無けん」で、つまり道理に違反するということになる。これは当然のことである。だから、「未だ生せず」と、こう言うていいのだ、と、このように一応肯定するわけです。

だいたい、別時意の論難に対する善導の会通は、あくまでも姿勢は常識であって、決して特別なことを言うているのではないのです。だから、妙なものでして、普通、人間の世界においては常識を明瞭にするというか、あたりまえのことをあたりまえに言うと、かえってあたりまえでないように見えるのですね。だから善導はここでは、決して特殊なことを言うているのではないのであって、当然のことを当然だと言うているわけです。その当然のことを当然だと言われてみると、案外、当然のようにして今まで通用しておった言葉のなかには、ずいぶんと拡大した解釈がされている場合が多いわけです。

この場合もそうです。成仏の別時意については当然『論』が述べているとおりであって、成仏ということになれば万行円備してはじめて仏果菩提をうるというのは当然な仏教の道理である。それにも拘わらず、念仏一行をもって、成仏に直結せしめるということを考えようとするならば、それはまちがいだというのは当然至極のことだ、と、こう言うわけです。これはまた、やがて後の、往生の問題のところでもやはり善導はそういうふうに、正確に、当然すぎるほど当然なことを明瞭にしていくわけです。

そうするといったい、善導は、ここで何を批判しようとしているかというと、いわゆる恣意に立ったところの拡大解釈を批判するわけです。私心に立って拡大解釈をすることを批判する、これが善導の意図するところでしょう。

不退転の一行

そうすると、善導はここで、具体的に何をしているのかというと、円備の万行と、一行の念仏とを一応対峙させられているわけです。円備する万行に対して、一行の念仏を一応相対的に示すわけです。だからそういう意味では、円備する万行に対すれば、確かに一行の念仏は取るに足らないものであって、吹けば飛ぶようなものだということは、明瞭至極なことであると言っているのでしょう。したがって、万行が円備して成仏するものだということになれば、念仏一行で成仏できるというように考えることは、とんでもない錯誤を犯していることだと、一応は、はっきりと言うわけです。これが善導の一つの論法なのです。善導という人は、極めて常識的なところで、相手と同じことを言うていて、その言うているなかに大事なことも明らかにしていくのです。つまり、言うているところにもう既に歩みがあるわけですね。もう、ちゃんと相手を自分の土俵へ引きずり込んでいるわけです。

ここの論法もそうでしょう。摂論家の人の言うのは、念仏の一行ぐらいで、どうして往生成仏できるのかと、こう言うているわけです。だいたい諸善万行を積んでも往生成仏できないのに、念仏の一行ぐらいでどうして成仏できるのかと、こういうふうに言うていることが問題なのですよ。それに対して善導は、そのとおりだと、言うわけですね。円備の万行においてしか仏道は成就しない、にも拘わらず、一行の念仏で成仏できるなどと、もし考えているとするならば、とんでもない間違いだと言うわけです。

ところが、この摂論家の人々の発想のなかに大きな問題がかくされているわけです。一般にはそういう発想をするのでしょう。念仏一行みたいなもので、どうして仏になれるのか、やはり善行を積まなくてはだめではないかと、このように言うでしょう。そう言うている時、既に念仏の一行の、行としての性格を認めているわけです。そういう、言わば自己撞着を犯しているのです。人間の論理というものは、危ないものですね。現実を踏み外しておりますと、誰からも何も言われないことを仮想して言うているということになるのです。自分で勝手に解釈して、自分のなかで自分と相撲をとっているわけです。仮想敵ですね。摂論家から言うならば『観経』の下下品の、この説は、仮想敵なのです。仮想敵を自分のなかへ設定して、その仮想敵と戦って、これはだめだとこう言うわけですね。念仏の方が勝れているとは誰も言うた覚えがないことであって、摂論家の人々が勝手につまらないと言うているわけです。

善導はそれを受けて、そのとおりです、と言うわけです。念仏の一行が、円備する万行よりも勝れているというようなことは一言も言うた覚えもないし、経典にも言うていない。下品下生の十悪五逆具諸不善の者が臨終に善知識に遇うて念仏したと書いてあるだけで、それの方が偉いとは誰も言わないし、経典も言うていない。言うていないものを相手取って喧嘩しているのはいったいどういうことだ、と善導は言うわけです。言わば常識です。浄土教というのは極めて健康な常識です。健康な常識を見失うと、浄土教は浄土教でなくなるのではないかと思います。なぜかというと凡夫の道というのは健康な常識に立つものなのです。特殊な意識、あるいは特殊な感情でものを考えるのは凡夫ではないのです。特殊な状況に身を置かなくてはできないのは凡夫の道ではない。凡夫というのは叩かれると痛い、腹がへると辛い、それを凡夫というのでしょう。その極めて平凡なところに立って一歩も足を外さずに、しかもその叩かれれば痛いし、腹がへると辛いというような、泣いたり笑ったりしているそのことが、いったい全体どうなればいいのか。常識全体が問いになっておるようなのが、実は浄土教の基本的な問題なのです。だから、そういう問題がすでにここに出ているわけです。

だから、善導は言うわけです。念仏の一行で仏になるというようなことは、言ってもいないし、また言いもしないと、一応そういうふうに押えておいて、それから、「一行」という一点を追求してゆくのです。だから、その念仏の一行をもって、直ちに仏になるということを望むということになれば、これは道理に違反する。だから、それは未証というのは当然だ。しかしながら「未証と言うと雖も」と追求してゆくわけです。確かに念仏の一行では未証だ、だがしかし未証であるといえども、念仏の一行は万行のなかの一つだということだけは、あなた方もお認めにならざるをえないでしょうと、善導は言うわけです。誘導尋問みたいなものですね。

そこで、「何を以てか知ることを得る」と言うて、善導は『華厳経』を引用してくるわけです。この『華厳経』は、入法界品の取意の文です。善財童子が五十三仏を尋ねてゆくという物語の二番目に出てくる功徳雲比丘の説話の取意の文です。功徳雲比丘が善財に語って言うには、

我仏法三昧海の中に於て唯一行を知れり、所謂念仏三昧なり。（『全集九』二八頁）

と、こういうふうに『華厳経』で言うているとすると、念仏三昧という一行、それは正しく仏法中の一行であるということは明瞭なことである、というわけです。だから「豈に一行に非ずや」と、つまり仏法中の一行でないというわけにはいかないだろうと、こう言うて押えていくわけです。そして今度はその一行という性格を明確にするわけです。

是れ一行なりと雖も生死の中に於て乃至成仏まで、永く退没せず。故に不堕と名く。（『全集九』二八頁）

こう言っています。ここまで引っぱり込むわけですね。「是れ一行と雖も、生死の中に於て乃至成仏まで永く退没せず。故に不堕と名くる。」つまり、称名念仏は諸善万行のなかの一行だ、だから万行と一行とを比べるならば、数量の問題でいうならば、一行は取るに足らないものである。ところがこの一行は、仏法三昧海中の一行であって、生死の中において、乃至成仏まで不堕の一行だというわけです。いうなれば一行ではあるけれども、その一行が、その人の成仏まで不堕の行となっ

ている、つまり生涯を尽くす一行だと言うわけです。

先に問題提起しましたように、善導が往生別時意を明らかにしようとして、わざわざ往生別時意に先立って『摂論』の成仏別時意の問題を厳密に押えて言おうとする意味が、ここにあるわけです。ともかく、ここで善導は「是れ一行なりと雖も生死のただ中に於いて、乃至成仏まで永く退没せず。故に不堕と名ける」と、いわば、不堕一行ということを明確に押えるわけです。未証の一行であり、万行中の一行ではあるけれども、その一行こそは実は人間の生死のただ中にあって、成仏まで人間を導く一行である、言わばこの一行が不退転の行だということを性格づけてゆくわけです。

期待不要の実践

このように、念仏の一行が不退転の行だというところまで、ぐんぐんと引っぱり込むようにして追究してゆきますと、ここで、その念仏の一行というものの性格が明瞭になってくるわけです。それは何かというと、成仏ということを功利的に期待するようなものは念仏ではないということです。成仏ということを予想し、成仏ということを予測して、その予測された成仏に至るために行ずる行は念仏ではない、こういうことが一つ押えられているわけです。これはある意味では皮肉ですね。ずいぶん皮肉だと思うのです。

そうすると、逆に言うならば諸善万行というかたちをとっている時には、既に成仏を予測しているわけでしょう。予測されたものは成仏かどうかわからないわけです。仏に成ったことがないのですから、仏とは何かを知るはずがないわけであって、仏になったことのない者が仏になる道がたくさんあるというわけにはいかないでしょう。ところが、仏になったことが一度もない人間が、仏となるとはこういうことだと決めて、仏になる道がたくさんあると考えた、それが万行です。

実は、このように誘引していくことを通して、善導が明らかにしようとするのは何かというと、われわれは、成仏については一言も口をさしはさむ権利もなければ義務もないと、こういうことなのです。人間は成仏について語る何らの資格も持っていない、問題はどこにあるかというと、成仏について語る資格はないけれども、生死のただなかにあって乃至成仏に至るまで不退転の道を歩くかどうか、ということだけが決定的な問題だと言うわけです。これはずいぶん徹底した言い方だと思いますね。

こう言われてみると、諸善万行とか、あるいは高遠な修行とか、修道とか言うておりましたものが、全部影が薄れていきますね。成仏をめざしての諸善万行だと言うけれども、成仏をめざしてという時に、既に成仏そのものが影のようなものであって、何らかの意味で自己の思いで形成したものなのでしょう。その想像力によって作った成仏に向かって努力していくわけです。いわば蜃気楼を追ってゆくようなものです。ところが、それがなかなかわからないのです。そういうところに、聖道仏教といって浄土教が批判している観念論があるわけですね。しかし、蜃気楼を追いかけさせないものは何かというたら、現実なのです。

そうすると、問題は成仏という未だかつて触れたこともなければ、手をもってつかむこともできないことに向かって万行を修してゆくという、そういう在り方全体について、実は成仏別時意と、こう言ったのです。それ全体が成仏別時意なのです。

そうすると、その時、万行のなかの一行である念仏は、どういう一行なのかというと、成仏を予測しての一行ではなくして、生死のただなかにあって、乃至仏果まで自己自身を退落せしめない一行だと、これが現実というものです。その不退転の行となる一行、それが念仏だと、こう押えられてきますと、実に明瞭でしょう。このように論及しながら押えてくるわけです。

そして、念仏というものは、予測された成仏を彼方に期して、そこに向かってゆく行ではない、こう言うた時に、諸善万行と言われたもののなかには、その期待を隠した観念論がある。そういうことを見抜いているわけです。それと同時に、念仏という一行は、成仏まで人間を不退ならしむる行であると言うた時には、もう成仏は期待ではなくして、人間の終りまで人間を不退ならしめてゆく、実践であるということになるわけです。これがやがて親鸞のところへきて、

無上の妙果成じ難きにあらず。(『全集一』九六頁)

と、こう言われることなのでしょう。

「成じ難い」というのは当然のことなのです。仏を見たことがないのですから、見たことのないものは成じ難いに決っています。ところが親鸞は「成じ難きにあらず」と言うています。いわば成仏は問題にすべきものではないと言うたわけです。問題はどこにあるかというと、仏に成るか成らないかが問題なのではなくして、今どこを歩くかということが問題なのです。そこに不退転という

問題があるわけです。

そうすると、ここまで見てきますと、浄土教が一貫して問題にしていたことが、成仏にあるのではなくして往生にある、ということの意味がはっきりしてきます。と同時にそれは、やがて親鸞自身が見出してくる、龍樹の『易行品』が不退転というものを課題にして難行易行を分別するでしょう。そのことを言っているのです。不退ということが決まれば、成仏ということはもう問題のなかから消えるわけです。その不退の問題の追求が、実は往生という道を見出さしめてくる浄土教の基本線なのです。そういうことを、一つここではっきりさせなくてはいけないのでしょう。

そうしますと、万行円備の行においてなされるものが成仏だとするならば、一行の念仏で成仏ができないのは当然だと、一応言うておいて、だがしかし、その一行の念仏は万行の一つだということは認めるだろうと、このように導いていく。しかし、その一行というのは、一と十とでは一が少ないか知らないけれども、その一行こそは不退の行である。生死のただなかにおいて、実は乃至仏果まで退没せしめないのが、その念仏の一行だと言うわけです。

こういう押え方のなかに、既に万行の行と一行の行と、行ということの価値転換が行なわれているわけです。万行と一行とでは、行ということで比べるならば問題にならない、ところが、価値が一転するならば、逆に万行そのものはいったい何なのか。言うならば、夢に向かっての歩みのようなものになるわけです。一行そのものは何かというと、唯一の道、しかも自分が歩いている道だと、こういうことになってきます。

この行の価値転換が、実はまず善導が明らかにしていこうとすることであるわけでしょう。こういう一つの行の価値転換をなさしめたものは、いうまでもなく善導の現実でして、自力無効というようなリアリズムが一如を見出さしめたのです。万行という夢を見破ったのが、あの「出離の縁有ること無し」という深信です。万行に執している人間の夢を見破ったということは、夢見る自己にめざめたということです。夢見る自己にめざめてみたら、夢のなかにも、夢を見るような万行の宮殿というものから自己を解放してゆく、そういうことがあるわけです。

だからして、往生の別時意に先立って、成仏の別時意の問題を論じているということは、何か迂遠のようですけれども、そこでは、人間における行が万行円備するということは、一つの観念論だと、こういうふうに言おうとするわけです。人間の努力の延長上に成仏ということを夢見て、その夢見た成仏に向かって人間の努力を重ねていって、それが円備する、満足するというならば、それは観念論に立つ理想主義だと、こう言うわけでしょう。そこに、人間における行と、人間を支える行という、行の転換があるわけです。

外道化

ところが、ここにもう一つ『法華経』の文を引いて、妙な問答をしてますね。『法華経』の方便品に出てくる言葉ですが、

一たび南無仏と称せん、皆已に仏道を成す。(『全集九』二八頁)

と、こういうふうに書いてある。だとすると、これは成仏をし終ったのと同じではないのかと、こういうことを言っています。つまり、『法華経』を見ると、一たび南無仏を称する者は、皆仏道を成ずることができると、こういうふうに書いてある。それは、先ほどの『論』において、多宝仏の名を念ずれば仏となるというのと同じではないか、と、こういうふうな一つの問いを出してくるわけです。

これも、何でもないことのようですが、ずいぶん大事なことなのです。何が大事なのかというと、やはり、ここで摂論家の人々の粗雑な観念論が指摘されているわけです。どういうことかというと、『法華経』の文では「仏道を成す」と言うている、ところが『摂大乗論』では「仏を成す」と、このように言うているのです。これが一緒になっていて、分別されていないわけです。ところがこれを分別していないというのが普通なのでしょう。仏教一般では、仏道を成ずることと、成仏とは同じであるということになっているわけでしょう。しかし、仏道を成ずるということと、仏を成ずるということとが同じになるところに、観念論があるわけです。仏道は成じなくてはならない。ところが、それを直ちに仏を成ずることとイコールというかたちで結ぶとするならば、そこには夢があります。だからそれを一つ押えて、善導はここで解釈するわけです。『摂大乗論』のなかには、

仏を称するは唯自ら仏果を成らむと欲す。（『全集九』二八頁）

とある。だから『論』の方は、仏道を成ずるならば仏果を成ずるということだと言う。ところが『法華経』で言うているのはそうではない。仏を称するということは、九十五種の外道に簡異する

ということだ、外道のなかにはすべて称仏の人はいない、だから、もし一言でも一口でも仏を称するならば、それはすべて仏道のなかにいる存在であって、仏教を聞いた者だというふうに収めていく、という意味を語っているのだというわけですね。

そうしますと、文字通り一度でも南無仏と称えた人は、もうそれは仏教徒だと、こういうわけです。いわばこれは、外道と簡んだというわけです。だからして、ここで問題になるのは、外道に簡んだ仏道ということであるわけです。

善導が、ここで外道ということをわざわざ出してきたのには、大切な意味があるわけです。実は仏果を成ずるということを、先ほどから言うような人間の努力の延長の上に夢見る、そういう夢見る道は、やがて不知不識のうちに、外道に転落する必然性を持っているということです。だから一たび南無仏と称するという、その一行の念仏の意味は、外道化への転落の道を閉ざす唯一の道になるわけですね。だから「不堕」と、こう言うわけでしょう。

そうしますと、ここに成仏別時意ということを問題にしながら、それを丁寧に、丁寧に読んでいくことを通して、実は、摂論家の人々の言うている観念論と粗雑性とを指摘し、指摘しつつその本質に潜んでいるもの、つまり、人間の努力の延長の上に仏果を求めている夢、それを批判するわけです。批判することを通して具体的には、それがやがて外道化への源泉となっているという指摘をするわけです。外道化への源泉となるものは何かといえば、人間の努力の延長の果てに仏果を設定するという在り方です。それを善導は押えているわけです。

善導の立場は、あくまでも人間の努力の延長の上に仏果を夢見ない。なぜ見ないかというと、言うまでもなく自力無効と、遇縁性という二点において人間を見た時に、努力の延長の上に仏果を求めることは否定されざるをえないわけです。そこに、実はこの二つの視点を通して、一行三昧である念仏、その念仏一行こそは不退転の一行である。つまり生死のただなかにあって乃至仏果まで人間を退堕せしめない一行である。こういう性格をもつものである、と、このように念仏の位置を決めていくわけです。このように精密に見てゆきますと、ずいぶん大事な問題を押えているということがわかると思います。

そこで、この摂論家の人々が、念仏の一行くらいで仏になれるというような考え方は、これはとんでもない話しだと言うているのですから、とんでもない話しだと考えているような視点で、ものがいわれているわけでしょう。その基本的な一点を押えて、成仏とは何かと、押えるわけです。あなた方が成仏と言うている、その成仏とはいったいどんなものか見せて下さい、というようなかたちで押えていくわけです。そこで問題となるのはどういうことかというと、生死のただなかにあって、退転するかしないかという、その一点が、われわれの具体的課題ではないかということです。その課題をどう解くのか、と、こう言うて、たまたま成仏別時意と往生別時意との混乱をきたしている摂論家の人々の考え方の甘さ、観念論というものを破っていくわけです。だからずいぶん大事なことを言うているわけですね。

さて、このように、念仏の一行を決めておきまして、決めた上で今度は『摂論』に出ている往生別時意について、摂論家の人々が索強附会の説を立てていく、それを批判していこうというわけです。これも極めて常識的なやり方で押えていくわけです。

二つには『論』の中に説いて云く、「人唯願を発すに由って安楽土に生ずるが如しと」。（『全集九』二八頁）

とあります。これも「願を発すことによって安楽土に生ずるが如しと」、これだけ書いてあるのです。これだけの言葉をとらえて、摂論家の人々は別時意論というものを立ててくる、それに対して善導は、

久しくよりこのかた通論の家、『論』の意を会せず。（『全集九』二八頁）

と言うわけです。通論家というのは『摂大乗論』に通達した人々ということです。そこで善導は通論家の人々は久しきよりこのかた、「『論』の意を会せず」と言うのです。経の意を会せずと言わないで、論の意を会せずと言うています。皮肉ですね。『摂大乗論』の通論家だけれども、論の意がわからないと、このように言うわけですよ。通論の家の者が「久しきよりこのかた『論』の意を領解せず錯って」、その自分の錯った領解を立場として『観経』の下品下生の十声称仏ということがこれとよく似ているものだからして、「未だ生ずることを得ず」と、こう言うのです。その時に、先に申しましたように、真諦が訳した釈論のなかに出ている、お金の譬えを出すわけです。

「一つの金銭をもって千を成ずることを得る」と、こういうふうに説くけれども、それは他日、何日か経て得るのであって、一日で即ち千を成ずるのではないのと同じように、「十声の称仏も亦復是の如き」ものであって、「但遠生のための因」となるだけである。すなわち、いつか仏となることの遠い因とはなるかもわからないけれども、今仏となることではないのだと、こういうふうに、錯った自分の考え方を基準にして経典を読んで、そして主張しているというわけです。

善導はその錯りを正すのに、また経典をもってするのです。ここでは『阿弥陀経』をもってきています。『阿弥陀経』のなかには、仏が舎利弗に告げて、善男子善女人、阿弥陀仏の徳を聞いて、そして、その説にしたがって名号を執持すること一日乃至七日一心不乱に念仏していくならば、やがて命終わる時に、阿弥陀仏が諸々の聖衆と共に来迎して往生すると、こういうふうに説いてあるというわけです。

これは取意の文ですから、そのとおりに説いてあるわけではありませんけれども、『阿弥陀経』にそのように説いてある。つまり、念仏往生の事実について『阿弥陀経』自身が証明しているというわけです。それはあの「六方段」が証明しているというわけです。

次下に十方におのおの恒河沙等の如きの諸仏、おのおの広長の舌相を出して遍く三千大千世界に覆うて誠実の言を説く、汝等衆生皆応に是れ一切諸仏護念したもう所の経を信ずべしと。

（『全集九』二九頁）

このように『阿弥陀経』が言うている。その護念というのは、何をいったい護念と言うているのかというと、先の一日乃至七日の称仏のことを言うたのだ、このようにすでにこの聖教があって証明をしていると、こう言うわけです。

そうしておいて、ここで「未審し」と、こう言うわけです。おかしいではないか、一切の行者は、どういう心持ちでそのようなことをしているかは知らないが、

凡小の論には乃ち信受を加えて、諸仏の誠言をば返って将に妄語とする。(『全集九』三〇頁)

これは変ではないかというわけですね。平易に言いますと、善導は、誰でも知っている『阿弥陀経』を見なさい、あれを見ると『阿弥陀経』で釈尊が阿弥陀仏の浄土を教えているというわけです。そこでは、一日乃至七日一心不乱に名号を執持せよと教え、その念仏を称えると往生すると書いてある、それを諸仏が証明している。他の経が証明しているというのなら、少々厄介なことかもしれないが、『阿弥陀経』が証明している。『阿弥陀経』を見れば一目瞭然であるのに、通論家の人々が、自分らの錯った『論』の読み方を基準にして、『観無量寿経』の下品下生を批判している。凡小の人々の論には皆信頼をおいて、経典に説いてある諸仏の証明の言葉は、かえってまちがいだと、このように言う、これはいったいどういう心理状態なのか、不審だというわけです。

経典には実に明瞭に説いてある、にも拘らず、まちがったものの考え方を基準にし、しかも『摂大乗論』を読んでおりながら、『摂大乗論』の意の判らない人の説の方を信用して、経典に説いてある諸仏の誠言は疑っている。この事実は笑い話としては済まされないことだ、と言うわけです。そこで善導は非常に厳しい言葉をもってそれを誡めますね。

苦しき哉、奈《なん》ぞ劇しく能く此の如きの不忍の言を出す。（『全集九』三〇頁）

と言います。つまり凡小の論は信頼して、諸仏の証誠の方を否定するということは、耐えることのできないことである。少なくとも仏道に志す者にとって、そのことが看過してゆけることかどうか、と、つめよるわけです。

言うならば、一般的な論理には賛同していて、諸仏の証誠は疑いながら、しかも自分は仏教者であると自認しているとするならば、そういうことが許されるかどうかと言うわけです。そういう主張が滔々として時代を覆うているとするならば、それが果たして仏教界と言えるかどうか、と、こういう問題ですね。だから、こういうところに仏者としての善導の発言があるわけです。

ここで、善導が力説しているこの問題は、今日の問題でもあると思うのです。今日はこの批判が甘いのではないですか。「凡小の論」と言うと古い言葉ですからわかりにくいようですが、いわば文化主義とか歴史主義という立場ですよ。文化主義的、歴史主義的立場に立って、仏教を弁証しているというのが、今日でしょう。ところがまた、さらにそれらの方が仏説よりも尊ばれているのも、今日の状況ではないですか。

あまり適切な例ではないかもしれませんが、たとえば、文化人の書いた『歎異抄』についての書物はよく読むけれども、曾我先生の書かれたものは一部の人しか読みませんですね。いわば、その文化主義的なかたちでアレンジされた仏教というものは喜んで読むわけです。それは仏教を喜んでいるわけではないのであって、文化主義の一分野として、ある古典が取り上げられ語られているということを喜んでいるわけです。そういうことを看過しておれる仏教界というのは、いったいどうなっているのかということです。今日仏教界が不信の目で見られるのは、仏教界に仏教としての発言がないからですよ。仏教を文化主義的に解体せしめて、文化主義のなかで解体した言葉として発言することによって、ようやくそれを隠れ箕にして生きている、いわば、自己保身のために文化主義に仏教が身を売っているわけです。それが仏教不信ということの原因でしょう。現実が仏教界を信頼しないわけです。

そういう仏教の在り方、それがいわゆる凡小の論には信頼をして、諸仏の誠言に対しては、それを疑惑の目をもって見るというあり方なのです。このようなことが滔々として仏教全盛といわれる隋唐時代の中国にまかり通っている、これを耐えていけると言うならば、仏教はもう潰滅しているのと同じことではないか、と善導は言うわけです。これが浄土教のなかにあるリアリズム、浄土教の持っている現実性ですし、善導の批判は、そこからの批判であるわけです。

無私の謙譲

ところがその批判は、ただ批判が批判で終るのではなくして、そういう厳然とした批判ができるところには、善導自身の、人間に対する絶対の信頼が、その一面にあるわけです。いわば、文化主義的なことによって表面を覆ったものに耐えてゆけるほど、人間の現実は甘いものではないということです。人間の現実の根源にある要求は、そういう文化主義的なものによって解決できるほど甘いものではないし、それでいいというほど人間は甘くないのだ、というのが善導の人間観です。善導のというよりも、浄土教のもっている人間観でしょう。だから、その人間観が次に出てくるわけです。「然りと雖も」という言葉で受けてきますね。

然りと雖も仰いで願わくば、一切の往生せんと欲する知識等、善く自ら思量せよ。寧ろ今世の錯りを傷りて仏語を信ずべし。菩薩の論を執して以て指南となすべからず。若し此の執に依らば、即ち是れ自ら失し、他を悞まてん。(『全集九』三〇頁)

と言います。この現実は「不忍の言」だと言わざるをえない大きな問題である。「しかりといえども仰いで願わくは、一切の往生せんと欲する知識等」と、非常に丁寧な言葉で言います。この時の知識は、いわゆる師匠という意味ではなく、同行善知識ということです。このような言い方は、善導の場合にはしばしば出てきますね。代表的なのでは、あの二河譬のところに出てきます。二河譬喩を説こうとする最初のところに、

一切の往生人等に白さく、今更に行者の為に一つの譬喩を説いて信心を守護して、以て外邪異見の難を防がん。何者か是れなるや。譬ば人有って西に向かって百千の里を行かんと欲するが如し。(『全集九』一八二頁)

と、こう出てくるでしょう。あそこに、「一切の往生人等に白さく」と言っています。敬白です。これはどういうことを言おうとするのかというと、「譬ば人有って西に向かって行かんと欲するに」と、このように人という存在を、西に向かって行かんと欲する存在として押えているわけです。

この『観経疏』の場合も、

一切の往生せんと欲する所の知識等（『全集九』三〇頁）

と、こう言いますね。往生を願うということを、人間の基本的な欲求のところで押えているわけです。いわば、清沢満之先生が言われるような「人心の至奥より出づる至盛の要求」というところで、往生ということを押えている。これが、善導が往生別時意に応える基本的な姿勢であるわけです。

またあるいは、『観経疏』のいちばん最後、後序の文のところに、やはり善導自身は、

敬って一切有縁の知識等に白さく（『全集九』二一八頁）

と、こう言っています。あそこでは、はっきり「敬白」と言っています。そうしますと、「仰ぎ願わく」とか、あるいは「敬白」とか、非常に丁寧な言葉を使って人々に呼びかけていることは、何を呼びかけているのかというと、「自分に正直になって下さい」というわけです。何も特別なことを呼びかけているのではなくして、

仰いで願わくば、一切の往生せんと欲する知識等、善く自ら思量せよ。（『全集九』三〇頁）

と言っているように、「善く自ら思量せよ」という、この一言をいっているわけです。つまり、浮わついていてはいけないと言うわけです。「本当に現実の自己というものに正直になって下さい」という、これは浄土教を貫く言葉であるといえると思います。親鸞の場合にしても「化身土巻」に、

穢悪濁世の群生末代の旨際を知らず僧尼の威儀を毀る今の時の道俗己れが分を思量せよ。（『全集一』三一三頁）

と言います。ここでは「己れが分を思量せよ」と、さらに押えられています。また法然もよく「己が能を思量せよ」と言います。

このように、この言葉はよく使われるわけですが、「善く自らを思量せよ」ということで、何を言おうとしているのかというと、自己自身に還れと言うわけです。自己自身の現実に還れ、還ることによって明瞭になるのは往生を願う願いだ。つまり、往生を願うような存在であるところの自己の在り方というものが、明らかになってくるというわけです。その往生を願う願い、それに眼を開くならば、そこには「今世の錯りを傷りて仏語を信ずる」ということが成就するはずだと言うわけです。

今日の時代の錯り、つまり、仏教に対する誤解というものはどこからくるのかというと、特別な人が錯ったのではなくして、実は、善く自らを思量せざるところの観念論が仏教を誤またしめているのだ。本当に人間の大地に帰れば往生を願うということが何であるかは明瞭になってくるはずだ、と言うわけです。善導は「仰ぎ願う」とか、「敬って白す」という言葉で、そういう人間の根源的な要求というものに対して、それこそ諸仏の心だとして、それに身を捧げているわけです。いわば不忍の言に対する絶対の批判が、そのまま人間の根源的な要求に対する絶対の信頼と一つになっているわけです。

だから、一点も浮いた言葉というものを許さないわけでしょう。浮いた言葉の根まで切ってゆくわけです。浮いた言葉を徹底して切ってゆくことができるのは、人間の根源的要求に対する絶対の信頼があるからです。こういう絶対の信頼が実は浮いたものを拒否してゆくわけです。そういう意味では、「仰いで」とか「敬って白す」という姿勢は、文字通り、無私の謙譲です。どのような姿をして生活をしている人々に向かってでも、「仰ぎ願わくば」とか、「敬って白す」という言葉で語れるのは、上下の区別を見ているのではなく、人間であることの根源的な要求に対して、無私の謙譲をもって拝んでいるのです。だからして、その根源的な要求を犯す言葉に対しては、絶対の権威をもって切っていくことが可能なわけであります。

(3) 六字釈

問曰。云何《イカンカ》起《オコシ》行《ヲ》而言《イフヤ》不《スト》得《エ》往生《ヲ》。答《ヘテ》曰《ハク》。若《シ》欲《ハ》往生《セムト》者《ハ》、要須《カナラススヘカラク》行願具足、方《マサニ》可《ヘシ》得《ウ》生《コトヲ》。今此論《ノ》中《ニハ》、但《タヽ》言《イフテ》発願《ト》不《ス》論《セ》有《コトヲ》行。問曰。何故《ナンカ》不《ソサル》論《セ》。答曰《ハク》。乃至一念曾《モカツテ》未《タ》措《オカ》心《ヲ》。是《ノ》故《ニ》不《ス》論《セ》。問曰。願行之《ノ》義有《ル》何《イツレノ》差別《カ》。答曰。如《キ》『経』《ノ》中《ニ》説《カ》、但有《ルハ》其行《ノミ》行即孤《チコニシテマタ》亦無《シ》所《ロ》至《ル》。但有《ルハ》其願《ノミ》願即虚《チコニシテ》亦無《シ》所《ロ》至《ル》。要須《カナラスラク》願行相扶《ヒタスケテ》所為《ショキ》皆剋《ナコクス》。是《ノ》故《ニ》今此《ノ》『論』《ノ》中《ニ》、直《チヤニ》言《フテ》発願《ト》不《ス》論《セ》有《ルコトヲ》行、是《ノ》故《ニ》未《タ》即得《チエ》生《スルコトヲタメニオン》。与《ニ》遠生《ノ》作《ナルトイント》因者《イハ》、其《ノ》義実也《ナリ》。問曰。願《ノ》意云何《イカンカ》乃言《チイフヤ》不《スト》生《レ》。答曰。聞《キヽテタノトイテイフヲ》他説《ノ》言西方快楽不可思議《ナリト》、即作《チナシ》願言《ヲハク》、我《レモ》亦願《クハ》生《セムトイヒ》。導《ノコヲ》此語已更《ハテサラニ》不《ス》相続《ソクセ》、故名《ニク》願也《ト》。今此《ノ》『観経』《ノ》中《ノ》十声称仏《ハ》、即有《チリ》十願・十行具足《セルコト》。云何具足《カスル》。言《イフ》「南無」《ト》者《ハ》即是《チレ》帰命《ナリ》、亦《マタ》是《レ》発願迴向之《ノ》義《ナリ》。言《フ》「阿弥陀仏」《ト》者《ハ》、即是其《ノ》行《ナリ》。以《テノコノ》斯義《ヲ》故《ニ》必得《スウ》往生《スルコトヲ》。又来論《ライロンノ》中称《ニスルハ》多宝仏《タヲ》為《タメナリモトメムカ》求仏果《ヲ》、即是正報《ナリ》、下《シモニタヽ》唯発《ノ》願求《ツルハ》生《セント》浄土《ニ》即是依報《ナリ》。一正《ハ》一依《ハ》、豈得《アニエムヤサウシスルコトヲ》相似《ヲ》。然《ルニ》正

報難《ハシ》レ期《コシ》、一-行雖《トモ》レ精《セイナリト》 未《タ》レ剋《コクセ》。依-報易《ハヤスシ》レ求《モトメ》。所《コノ》-以《ユヘニ》一-願之《ノ》心《ミ》未《タ》レ入《ス》。雖《トモ》レ然《リ》 譬《タトヘハ》 如《シ》下辺《ヘン》-方《ハウニ》投《トルコト》レ化《ヲ》即易《チヤスク》、為《ナルコトハ》レ主《シユト》 即難《チカタキカ》上。今時願《ネカフ》ニ往生《ヲ》一者《ノハ》、並《ナラヒニ》是《レ》一切投《トウ》レ化《ヲ》衆生《ナリ》、豈非《アニ》ニ易《スヤキニ》一也。但能上《ク》尽《ニシ》ニ一形《ヲ》一、下《シモ》至《マテ》ニ十念《ニ》一以《テ》ニ仏願力《ヲ》一莫《ナシ》レ不《スト云フコト》ニ 皆往《ナユカ》一。故名《ニク》ニ易《イト》一也。斯《コレ》乃不《チス》レ可《ラ》ニ以《テ》レ言 定《コトハヲサタム》ニ義《ヲ》一、取《トル》レ信《ヲ》之者《ノ》、懐《イタク》ニ疑《ヒヲ》一（マヽ） 要《ス》引《ヒイテ》ニ聖-教《ヲ》一来 明《キタシアキラム》。欲《ス》レ使《シメムト》下ニ聞《キカム》之者《ヲ》一方《マサニ》能遣《クヤフラ》中惑《マヨヒヲ》上。

（『全集九』三〇頁）

孤願虚行

これまでお話してきた別時意の問題のところに、実は、六字釈が生まれてくる背景があるわけです。だから六字釈というのは単なる南無阿弥陀仏の解釈ではないのです。六字釈は、どうも一般に真宗学では、お念仏の解釈の方法のようになっていますけれども、そうではなくて、六字釈が生まれたということが、いわば仏教の革命なのです。仏教を観念論から現実へ一転さす革命が、あの名号六字釈です。いわば、行ということの意味の絶対の転換です。それを受けて、言葉として言えば、法然は「選択本願念仏」と言い、親鸞は「大行」という頷きをもって徹底しようとするわけでしょう。だから六字釈は単に念仏の解釈をしているわけではなく、往生とか成仏とかいうことに対する観念論を破って、現実へ立ち還らせてゆこうとする、いわば革命であるわけです。

ところが、善導はここでも非常に常識的なかたちで、四つの問答をもって、往生別時意で説いている事柄を指摘していくわけです。まず第一の問答では、

問うて曰く。云何が行を起こして往生を得ずと言うや。（『全集九』三〇頁）

と言います。念仏一行もやはり一応行であるのに、何故その行を起こしても往生を得ないと言うのかという問いです。それに答えて、

若し往生せんと欲はば、要ず須く行願具足して、方に生ることを得べし。今此の論の中には、但発願と言うて行有ることを論ぜず。（『全集九』三〇頁）

と言うわけです。つまり、若し往生せんと欲わん者は、必ず須く行と願とが具足して、はじめて正しく生ずることを得るのである。ところが、今この『摂大乗論』のなかに説いてあるのでは、発願という言葉はあるけれども、行という言葉がない、発願だけあって行が説かれていない。いわば、願行具足ということがないからして、往生を得ずと、こういうふうに言うているのでしょう。「まあ、そのとおりでしょうと」善導は言うわけです。唯願にして無行ならば往生することはできない、そのとおりだと、念を押していくわけです。念を押しておいて、そこで、

何が故ぞ論ぜざる。（『全集九』三〇頁）

と、一つ問いを立てる。つまり、それならばなぜ行ということが、そこに説かれていないのかと問うわけです。そして、

乃至一念も未だ曾て心を措かず。是の故に論ぜず。（『全集九』三〇頁）

こういうふうに答えていますね。「乃至一念も未だ曾て心を措かず」、何に心を措かないかというと、行ということを思いもしなかった、だから行が出てこなかったのだというわけです。いうならば、浄土へ往きたいなあ、という希望は持ったけれども、身体は動かなかったと言うのです。さらに言

えば、浄土へ往きたいなあと思ったけれども、身体を動かそうということを思ってもみなかったという、そういう問題がここに隠れているというわけです。

ところが、その問題はさらに追求されていくわけです。

問うて曰く。願行の義何れの差別か有るか。（『全集九』三〇頁）

願と行とはどのような差別があるのか。

答えて曰く。『経』の中に説くが如き、但其の行のみ有るは行即ち孤にして、亦至る所無し。但其の願のみ有るは願即ち虚にして亦至る所無し。要ず須く願行相扶けて所為皆剋す。是の故に今此の『論』の中に、直ちに発願と言うて行有ることを論ぜず、是の故に未だ即ち生ずることを得ず。遠生のために因と作るというは、其の義実なり。（『全集九』三〇頁）

と言うています。まず最初に、唯願というて、行が説かれていない、だからして往生はできないのだ。なぜ説かないのかというたら、発願だけはするけれども、行については一度も心を動かしたこともないからだ、だからして、行動が生まれるはずがない。では、願と行とはどのような関係なのか、またどのような意味をもつのかというと、行だけあって願がないのは、どこへ行くつもりなのかわからない、願のみあって行がないのは、足がないのと同じであって、願行相扶けてはじめて往生は可能になる。にも拘らず、唯願無行だということになれば、往生できない。これは当然の論であって、『摂大乗論』では往生別時意ととり立てて言うているが、何もまちがったことは言うていない、「其の義実なり」というわけです。

願の相続である行

ところが、そう言っておいて、もう一つ最後の問題を設けまして、

問うて曰く。願の意云何が乃ち生れずと言うや。(『全集九』三一頁)

と、ここで願の意というのは、唯願無行というところの唯願という意です。その「願の意云何が乃ち生れずというや」と、つまり、願だけではなぜ生ずることができないと、このように言うのかと念を押すわけです。それに答えるのには、その発願の内容が問題だというわけです。

答えて曰く。他の説いて西方の快楽不可思議なりと言うを聞きて、即ち願を作して言わく、我も亦願わくば生ぜんと。此の語を遵い已って更に相続せず、故に願と名づくなり。(『全集九』三一頁)

だから、唯願で無行だというのは、どういうことかというと、他の人が説いて西方の快楽不可思議なりと言うを聞いて、そして即ち自分も一度は願いを起こすわけです。しかし、「此の語を遵い已って更に相続せず」と、そういうのを唯願無行というのだというわけです。

ところが、これは非常に大事なことだと思うのです。なぜ大事なのかというと唯願無行ということを受けて、『摂大乗論』の論旨は、当然のことを言うているのだと、こういうふうに一つずつ善導は押えていったのですが、最後に、願ということと相続ということを言うわけです。発願ということは、その発願が相続するというところに、行という意味があるということです。だから、願行具足と言いますけれども、決して願という内容のものと、行という内容のものと二つあって、その

二つが一緒になると完全になるという話しではないと言うのです。

ところが、願行具足といいますと、まず願があって、そして歩き出すのだと、一般には考えるのでしょう。そこでは、歩みと願とが必然性を持たないわけですよ。しかしながら、必然性を持たなくても願と行とがあれば、往生できると普通考えるわけでしょう。そういう考え方を善導は否定するのです。そういう意味では、ここで既に、六字釈で明らかにするに先立って、行とは何かという性格づけがされているわけです。

行とは何かというと、願の相続だというわけです。これは大事なことですね。願の相続を名づけて行というのだ、いうならば、願に必要性を持たないような行は、行というに値しないというわけです。これは、会通別時意の最初の、成仏の問題のところへ帰るわけですが、万行と一行の問題と関連してくるのです。

そこでは、数の問題でいうと万行と一行とは問題にならないと、このように、いいましたけれども、万願で万行ならわかります。ところが、往生の願いは一願でしょう。一願が万行になるということはありえないことなのですよ。そうですね。一願が万行になるというのは、たとえば浄土へ往きたいけれども、歩くのはたくさんの道を歩くというようなものでしょう。いわば、その願は一願であるにも拘わらず、行が万行だということは大きな矛盾です。それは願そのものの不純性を表わしているということです。願が不純であるからして行が万行になるのです。

だからして、さきに万行円備するというようなことを言いましたけれども、実は諸善万行というかたちをとるところには、願の不純さがあるということです。願が明瞭であるならば、その願を相続させる道は、一行となるのは当然である。ということは、一願が万行になったところの願と行との関係は、偶然関係なのです。この願を満足する行はあれだろうか、これだろうか、これをやると当るかもしれない、というようなものですね。

ところが、一願が万行になるということは、もっと押えて言うならば、願が満足しないからです。人間は行が多くなれば喜ぶものですが、それではどこへも行けないわけです。行が多くなったことで喜ぶのは、実は人間的な問題です。人智の問題です。往生は必得超絶去ですから、人智の問題ではないわけです。

ところが、行がたくさんになったということは、実は願が満足していないということの証しなのです。それに気がつかないわけです。願が満足しない行は百万あっても、ゼロよりも悪いですよ。迷わないだけゼロの方がいいわけです。一願万行よりも唯願無行の方が迷わないだけ、はるかにましなのではないかと思いますね。

このように、善導は常識論のところで考えて、『観経』の下品下生の解釈をとおして、聖道の諸師の仏教観というものを否定するわけです。そして、願が真に明瞭であるならば、願の相続としての行は一行だ、願の相続としての行が二つも三つもあるはずがない、その一行はいったい何なのか、このように追求してくると、初めてそこに六字釈が出てくるわけです。

そういう意味では、ずいぶんと、この六字釈に入る前の別時意の論難のところでの善導のつめというものは、木目の細かいというか、徹底して押えているわけです。しかし、この六字釈のところを、われわれはあまりにも、いわば名所あつかいにしているのではないでしょうか、名所というのは「景色がいい所ですな」と言って、通過してしまうのですよ。ですから、大切なことが判らなくなってしまうのです。ところが、その六字釈の背景を押えてみると、実は一代仏教を背景にしているわけです。そして、その一代仏教のなかの一行を見つけようというわけです。一行が見つかればそれでいいのだ。その一行こそ、諸善万行と同質のところで、長短を比べる一行ではなくして、諸善万行は迷いだと言い切れるような、一行を見つけようというわけです。一願は一行になる、一行は生死のただなかにあって乃至仏果まで退堕しないような一行だ、その行というのはいったい何かという時に、南無阿弥陀仏という、それだけの言葉のなかで明瞭にしてゆくわけです。ここに善導の古今楷定ということがあり、親鸞をして「善導独明仏正意」と、こう言わしめる意味があるわけであります。

愚人を聞く

これからがいわゆる六字釈です。まず最初に、

今此の『観経』の中の十声の称仏は、即ち十願・十行具足せること有り。（『全集九』三一頁）

と、このように言い切るわけです。これが別時意の論難に対する善導の端的な答えです。ここではっきりと選んで押えております。「今此の『観経』の中の十声の称仏は」と言って他の経典の問題

でもなければ、あるいは、『摂大乗論』に出ている多宝仏の名を称えるというような問題でもない、今ここで明らかにしようとするのは『観無量寿経』の十声称仏の問題であり、「その十声称仏は即ち十願・十行具足せること有り」と、こういうふうに言い切る。これが善導の答えです。これで充分答え切ったわけです。ところで、この「有十願・十行具足」の読み方ですが、三通りあるのです。

一、十願・十行具足せること有り。(『全集九』三一頁)

二、十願・十行有りて具足す。(『真聖全一』四五七頁)

三、十願有りて十行具足す。(異本『全集六』二六頁参照)

このように先輩は三通りに読んでいます。『親鸞聖人全集』によると、親鸞自身は「十願・十行具足せること有り」と、このように読んだらしいのですが、従来は「十願・十行有りて具足す」という読み方がいちばん妥当な読み方だとされているわけです。ところが、わたしは三通りとも読めるのではないかと思うのです。三通りに読んだということは、やはり三通りに読めるのではないかと思うのです。

「十願・十行有りて具足す」というのは、確かにいちばん妥当な読み方といいますか、いちばんわかりやすい読み方ですね。「十願」という「十」の字は別に意味があるわけではなく、十声称仏と言ったから「十」の字をつけたわけですね。「具足十念称南無阿弥陀仏」というでしょう。だから十念を具足して南無阿弥陀仏と称すると言って、そこに「十」という字があるからして、その字がついたのであって、実は願行具足ということをいうわけです。ですから、「十願・十行有りて具足す」、つまり、「願行有りて具足す」というのは、願行が具足しているという意味だから、それはいちばん意味としては妥当なんでしょう。

ところが、親鸞がここで読んでいるように、「十願・十行具足せること有り」という読み方は、非常に大事だと思うのです。「十願・十行有りて具足す」と言うのではなくて、「十願・十行具足せること有り」、説明無用なのです。南無阿弥陀仏とは何かというと、「願行具足すること有り」と言うわけです。願行があって、南無阿弥陀仏に具足するという説明ではなくして、「願行具足すること有り」、どこに、南無阿弥陀仏に、とこのように展開するわけでしょう。だから、やはり「十願・十行具足せることあり」と、あえてこのように読んだ読み方のところに、親鸞の領解というものがあるわけです。

そういう意味では、「十願・十行有りて具足す」というのはわかりやすい。しかし、わかりやすいだけに説明できないという面があるのではないかなと思うのです。もう一つの「十願有りて十行具足す」、というのは、これは願あれば行ありということですね。逆に言えば願あって行なしということはありえない。つまり「唯願無行」ということはありえないというわけです。聖道の諸師は、『観経』の下々品は唯願無行だと言うけれども、唯願無行ということはありえないわけで、願あれば行がある、願があっても行がないということは、名は願だけれども願でなかったのだと言うわけですね。だから「十願有りて十行具足す」という、この読み方も適切に問題を明らかにしていると思うのです。

そうすると、この三つの読み方というのはどれが良いということではなくして、三通り読むことによって、願行具足という意味が、内容的にも実践的にも明らかになってくるということがあると思うのです。

ところで「今此の『観経』の中の十声の称仏は、即ち十願・十行具足せること有り」、これが端的な善導の答えなのですが、この答え方はもう既におわかりのように、浄土教の諸師方が答えた、あの「修」という意識の答えとは全く意味を異にしているわけです。押えるならば、その起点は「今此の『観経』の中の十声称仏は」と、このように言ったこれだけのところにあるわけです。今この『観経』の中の下品下生のところで説かれている十声の称仏、と規定しているわけです。他のところに説かれている十声の称仏でもなければ、他の経典に説かれている念仏の問題でもない。今この『観経』の下々品のところに説かれている十声称仏はと、こう押えたのです。「今此の『観経』の中の十声の称仏」と押えた時には、何が押えられているのかというと、あの『観経』の下々品に、

或いは衆生有りて、不善業たる五逆・十悪を作り、諸の不善を具せん。此の如きの愚人、悪業を以ての故に、応に悪道に堕し、多劫を経歴して、苦を受くること無窮なる。（『真聖全一』六五頁）

という経説の文があります。問題は十悪五逆の愚人ですが、その十悪五逆の愚人というのは、経典の教えですから、『観無量寿経』の下々品で教えているのは、十悪五逆の愚人を教えているのでしょう。だとすると、その十悪五逆具諸不善の愚人を教えている、その教えに触れた者にとっては、

今この『観経』の十声称仏はどういうことになるのかということが問題なのです。

ところが、その教えに触れない者、いわば、第三者的な傍観者の立場に立つ者に言わすならば、五逆十悪具諸不善の愚人とは、単に愚昧の人間ということでしょう。未自覚な、仏法に縁のない、何のてだてもない愚か者というわけです。その愚か者が、念仏を称えて救われるなどということはありえないことだと言うわけでしょう。これは当然のことですね。客観的にはその通りです。

だから、ここで押えられなくてはならぬことは、愚昧の人間として、客観的にながめている人々にとっての問題か、それとも、教えを聞きつつその愚人を教えられた人間の問題かということです。大切なことは愚人が教えを聞くのではなくして、愚人を教えられるわけですよ。これは大事なことです。愚かな者が教えに遇うのだと、このように申しますが、それは実はうぬぼれです。愚かな者が教えに遇うのだというのはうぬぼれであって、愚かなものが教えられるのです。愚かということが教えられるわけです。

一般に愚かな者のための教えだと言いますけれども、教えに遇わない前に、すでに自己の愚かさがわかるはずはない。そうではなくて、愚人であるという、その愚人が教えられるのです。いわば、智慧第一の法然房が十悪の法然房だと教えられるわけです。親鸞が愚禿釈親鸞だと教えられるわけでしょう。だから愚禿釈親鸞という名は、親鸞の自覚の名ですが、その自覚そのものが教えのなかにあるわけです。愚か者が教えられるのではなくして、愚であるということが教えのなかのできごとなのです。

ですから、善導が押えるのは、「五逆十悪具諸不善」という教えに触れて、その愚かさが教えられた者にとって、十念の念仏とはいったいどういうことになるのかということです。その愚人ということが教えとして聞きとられた者にとっては、その愚人に仏は、

汝若し念ずるに能わずば、応に無量寿仏と称すべし。（『真聖全一』六五頁）

という、その教えが端的にひびくわけです。そこに教えられるところの「十声称仏」を、摂論家の人々が言うように、別時意趣と受けとることができるかどうか、と、これが善導の答えなのでしょう。善導は非常に明瞭なのです。

招喚に遇う

たとえば、善導の二河譬の三定死のところは、この問題を押えているわけです。二河譬において、

我今廻るとも亦死なん、住すとも亦死なん、去とも亦死なん。一種として死を勉れざれば、（『全集九』一八三頁）

という、あの三定死のところに聞こえてくるのが発遣と招喚の声ですね。あの三定死の問題というのが、どこから出てくるのかというと、この下々品です。下々品は臨終の時のできごとですからね。臨終ということは、もう一歩も先がないということですから、最後というわけです。その時、後悔してみても始まらないような過去を背負うている、かといって前へ進むわけにもいかない。死を目の前にしているのですから、これから教えを聞いて心を改めるというわけにもいかないわけです。

その死を目の前にしている人間に対して、釈尊の教えとして念仏が与えられるわけでしょう。いわば、釈尊自身が自分の生命をそこにかけるようなかたちで教えるわけです。その念仏のなかに阿弥陀の本願の声を聞いていくという姿が、二河の譬喩です。その二河の譬喩では、やがて招喚の声のところで、

汝一心に正念にして直ちに来たれ、我能く汝を護らん。(『全集九』一八三頁)

と「汝」と呼びかけています。この「汝」について、親鸞は『愚禿鈔』のなかで、

「汝」の言は行者なり。斯れ則ち必定の菩薩と名づく。(『全集二』四六頁、一〇〇頁)

と言うています。これはどういうことかというと、「汝」と喚びかけられて「我」とそれを引き受けていく、そういう声に遇うた者、それを行者と言うたわけです。汝の言葉は行者だということは、「汝」とこのように喚びかけられたという、その事実が、喚びかけられた人間をして、行者たらしめるのです。つまり、汝という喚びかけのなかに、初めて人間が行者になるわけです。

これを六字釈のところへ返して言うならば、いわゆる願行が具足するわけですよ。そういう行が成就するのです。「汝」と喚びかけられた姿においてのみ成就する行、それによって人間の救いがあるわけでしょう。「我」という意識においてとらえている修行によって、人間が救われるのではなくして、その「我」が終わりに立って「汝」という喚びかけに遇うわけです。その「汝」という喚びかけを刻々に聞いて生きていく。それが救いの行なのです。

ですから、汝という声が届いている事実はこちらにあるわけですが、喚ばれているという事実を、

喚ばれたという意識でとらえるわけにはいかないわけです。そういう意味では、ここでいう行とは、刻々に「汝」という喚びかけのなかに生きていく事実としての行です。言葉を換えて言うならば、行そのものが人間における自我否定道になるような行です。

自我の我執の否定道として、どこかに立てられた行ではなくて、行そのものが人間の生活のただなかにあって、人間自身の我執を、行それ自体の運動として否定していくような事行です。このような、汝という喚びかけを内容とする行に立った者を、念仏者というわけです。だから親鸞は「汝の言は行者なり」と言い切ったのであります。

声にまでなった阿弥陀の事実

このように、阿弥陀の救済の法が成就していく事実、つまり無限なるものが、現に有限なるものの救いとなって成就していく、その成就の事実を、善導は六字の釈義というかたちで答えていくわけです。そういう意味では名号の六字釈というのは、決して名号の六字を分析して解釈しているのではないのです。いわば有限なる存在の上に行として働く、つまり現行する無限の事実が南無阿弥陀仏です。さらに言えば、衆生の上に行となったところの阿弥陀の事実です。衆生の上に行として生きて働くところの阿弥陀の事実を、南無阿弥陀仏の六字において明らかにしようとしたわけです。だからして、南無阿弥陀仏の解釈が、そのまま「称南無阿弥陀仏」の事実の領解になっていますし、南無阿弥陀仏を称えるということが、また限りなく南無阿弥陀仏という事実に還っていくという運動を持っているわけです。

だから、南無阿弥陀仏の六字の解釈が、そのまま南無阿弥陀仏を称えるということの解釈になっているわけです。ですから、「唯願無行」という批判、つまり、南無阿弥陀仏を称えることが成仏の行になるかという問いに対して、「願行具足」だと言うのは、南無阿弥陀仏のなかで答えるわけです。「称」については善導は何も言うていません。では称については答えないのかというと、そうではなく、南無阿弥陀仏のところに既に「称」という問題があるわけです。つまり衆生の称名となった阿弥陀仏の現実を南無阿弥陀仏というのです。阿弥陀がわれわれの称名にまでなった、いうならば阿弥陀が有限なるわれわれの声にまでなったというわけです。無限の阿弥陀が有限のわれわれの声にまでなった、その事実を南無阿弥陀仏という。だから、「称」という問題は、「南無阿弥陀仏」という六字のなかにすっかり摂まっているわけです。

だから、善導は「今此の『観経』の中の十声の称仏は、即ち十願・十行具足せること有り」と、「称仏」とはっきり言うのでしょう。聖道の諸師が、十声の称仏は唯願無行だと言うのに対して、善導は、この『観経』に限っては、十声の称名は十願十行あって具足する。つまり願行具足だと、このように答えるわけです。

そこで「云何が具足する」と、あえて一つの問題を出すわけです。

云何が具足する。「南無」と言うは即ち是れ帰命なり、亦是れ発願廻向の義なり。「阿弥陀仏」と言うは、即ち是れ其の行なり。斯の義を以ての故に必ず往生することを得。(『全集九』三一頁)

「云何が具足する」と問うて「南無と言うは即ち是れ帰命なり、亦是れ発願廻向の義なり」と、こういうふうにまず言いますね。文字のとおりに読めば、南無というインドの言葉を正しく中国語に訳すと帰命になる。その帰命ということには、また発願廻向という義も備わっているということですね。誰が読んでもこのように読めるでしょう。

ここで南無というのは帰命だと、これはそのとおりです。ところが「亦是れ発願廻向の義なり」と、このようなことが言えますかね。南無というのは正しく翻訳すると帰命だ、その帰命ということには発願廻向の義がある、と、これは無理なことでしょう。帰命が発願廻向の義を備えているということは、字書からは出てきません。帰命は帰命ですし、発願廻向は発願廻向であって、これは言葉としては別のものです。ところが善導は「言南無者即是帰命、亦是発願廻向之義」と言っています。南無とは、「即是帰命」ですし、「亦是発願廻向之義」と、即に選んで亦と言っているのをみましても、単に翻訳云々という問題だけではないということは、はっきりしています。

帰命の実義

そうすると、なぜ善導がこんなことを言い出したのか、と申しますと、言うべき伝統があったのだと思います。特に言うべき伝統があったということを思わせるのは、「亦是発願廻向之義」の「義」ということです。おそらく「義」というのは道理でしょう。ところが、単に南無には発願廻向という道理もあるのだという意味の道理ではないと思います。どういうことかと言いますと、こ

のような「義」の使い方が『論註』の讃嘆門釈にあるのです。まず天親の『浄土論』でみますと、

彼の如来の名を称すること、彼の如来の光明智相の如くし、彼の名義の如くし、実の如く修行し相応せんと欲うが故に。（『真聖全一』二七一頁）

と言うています。ここで「彼の如来の名を称する」というのは「彼の如来の光明智相の如く」、つまり光明智の相の如く、「彼の名義の如く実の如く修行し相応す」と、こう言うでしょう。ここに「名義」という言葉があります。「名義」とは名《な》の義という意味でもありますが、いうならば、名というのは如来の名ですし、義というのは光明智相です。光明と名号です。

この場合にも、彼の如来の名を称するということは、彼の如来の光明智相の如くに称えることです。光明智相の如くにというのは、阿弥陀の光明の働きを、そこに感ずる如くに名が称えられるというわけでしょう。それを言い直して、「彼の名義の如く」と言うわけです。だから名と義ということであって、名は名号ですし、義は光明をさしているわけです。義は光明をさしているということは、いうならば名の他に光明があるのではなくて、称名のところに光明の事実があるということです。曇鸞が『論註』で釈して、

「称彼如来名」は、謂く無㝵光如来の名を称するなり。（『真聖全一』三一四頁）

と、このように押えています。明瞭ですね。彼の如来の名を称えるということは、即ち無㝵光如来の名を称えるということである、と言うわけです。さらに、

「如彼如来光明智相」は、仏の光明は是れ智慧の相なり。此の光明は十方世界を照らしたもう

に鄣㝵有ること無し、能く十方衆生の無明の黒闇を除く、(『真聖全一』三一四頁)

このように言います。だから、光明というのは智慧の相だと、では光明ということは具体的には、よく十方衆生の無明の黒闇を照らすという事実だというわけです。照らす働きが光明にあるのではなくて、光明というた時には、すでに照らすという事実をさして言うのだというわけでしょう。そして、それを最後に「彼の名義の如く実の如く修行し相応する」という『論』の言葉を押えて、

彼の無㝵光如来の名号は、能く衆生の一切の無明を破し、能く衆生の一切の志願を満てたもう。(『真聖全一』三一四頁)

と、このように言います。そうすると、あの讃嘆門のところで「名義の如く実の如く修行し相応する」と言うた時に、彼の名を称える、つまり称名は、衆生の一切の無明を破り、衆生の一切の志願を満つるという働きを、そこに持っているというわけです。その働きが義としての光明です。

だから、名としての無㝵光如来を称えるということは、事実としては破闇満願という義をそこに持つということです。だから「その義」というのは、いわゆる道理とか論理とかいう義ではなくて、いわば実義です。現実ですよ。名を称えるところに事実として現われる現実を光明というわけです。光明と名号と言いますけど、名号の事実を光明と言うのです。これは非常に大事なことです。

このように、曇鸞が讃嘆門の釈に名と義ということを言いますけれども、善導は意識したか意識しないかはわからないけれども、おそらくそれに触れたものがあるわけでしょう。ですから「亦是発願廻向之義」とは、帰命には発願廻向という実義を持つというわけでしょう。発願廻向という実

義は、帰命という相を持って現実の人間の上に働き出す、というわけです。

帰命と願生

さらに押えて言うならば、『浄土論』に、

世尊我一心　帰命尽十方　無㝵光如来　願生安楽国（『真聖全一』二六九頁）

という建章の四句があります。この「帰命尽十方　無㝵光如来　願生安楽国」という言葉を、五念門に配釈していくわけですね。「帰命」というのは礼拝門、「尽十方無㝵光如来」は讃嘆門、「願生安楽国」は作願門だと、このように配釈をしています。その時、「帰命」という言葉を礼拝門だと、こういうふうに言って、曇鸞は、

天親菩薩既に往生を願ず、豈に礼せざるべけんや。（『真聖全一』二八二頁）

このように言うています。つまり、天親菩薩は既に往生を願っている。だからしてどうして礼拝しないでおれようかと、こういうふうに言うています。つまり、礼拝門を解釈する時に願生心で解釈しているわけです。しかもそこで曇鸞はさらに注意をして、

故に知んぬ、帰命は即ち是れ礼拝なり。然に礼拝は但是れ恭敬なり、必ず帰命にあらず。（『真聖全一』二八二頁）

このように押えてあります。そうすると、天親がなぜ礼拝するのか、それは天親自身が既に往生を願うからであると、往生を願う者がその心情として礼拝しないということがありえようかと、こう

言っておいて、それを押えて、しかしながら礼拝するということだけならば、それはただこれ恭敬であって必ず帰命ではない。ところが、帰命の心は礼拝を必ず具するものだと、こういうふうに言うているわけです。

そうすると、帰命は礼拝だと言うているけれども、押えていることは、帰命は願生心の表現だというわけです。だから、頭を下げているけれども帰命にならないわけです。なぜかといえば、願生がないからです。願生していない限り、どこまで行っても自分の自我の範疇内における利益追求と同じことであるわけです。願生というのは、彼国の願生であって、願生我国ではないのですから、願生我国である限りにおいては、いくら頭を下げていても、根源にほんとうに頭が下らないものがあるわけです。

ところが、曇鸞が言うように「帰命は必ず礼拝」だと言うた時の、帰命という相をとらしめたものは何かというと、願往生の心でしょう。いわゆる彼国に願生するという心です。その根源にあるものは、二種深信につらなるような自覚があるわけです。ともあれ、帰命を礼拝門で押えた時、その礼拝の文を解釈するのに「天親菩薩既に往生を願ず、豈に礼せざるべけんや」と言うて、願生心ということで礼拝の意味を押えているわけです。

ところが、今度は文字通り願生を明らかにする作願門のところの解釈では、逆に曇鸞は、

天親菩薩の帰命の意なり。（『真聖全一』二八三頁）

と言うています。そうしますと、帰命のところでは願生の心の表現だと言い、願生のところの解釈

は帰命の意の表現だと、こう言うているわけです。つまり、帰命ということと願生ということとは表裏をなしているわけですね。帰命という相は願生の心の表現だと、願生というのは帰命の意の現われだと、このようにお互いに両方合わせて言うているわけです。おそらく、善導がこの「南無と言うは即ち是れ帰命なり、亦是れ発願廻向の義なり」と押えたところには、曇鸞の帰命と願生との深い領解というものが、内面に憶念されておったのだと思います。この辺は注意しておく必要があるのではないかと思います。

曇鸞と善導とは無関係ではないわけです。というのは、『観経』を、曇鸞の『論註』の精神で解釈しているのが道綽でしょう。それを承けながら、善導自身は曇鸞の言葉を表には出しませんが、少なくとも曇鸞が見つめていた視点というものは、善導に受けつがれています。それが、善導のなかにどのように具体的に動いてきたのかということを見ていかなくてはいけないと思うのです。

その重要な一点が、天親の「帰命尽十方　無㝵光如来　願生安楽国」という言葉に対する曇鸞の領解が、そのまま善導のところへくれば、六字釈の「南無と言うは即ち是れ帰命なり、亦是れ発願廻向の義」であると、このように押えられてきていると、こう言うていいのでしょう。

そういう意味で善導は、その帰命を成就するものは願生の心だという内容を、「亦是れ発願廻向の義」だと押えたわけです。帰命を真に成就する、つまり頭を下げることの絶対にできない人間に、頭が下がる、いわば五体投地という事実が起こるのは、いったいなぜかというと、それは願生の心がそれを起こさすのだというわけです。それが、南無とは帰命である。そして「亦是発願廻向之義」だという善導の立体的な領解なのです。

しかし、そういうことはむしろ親鸞のところまでこないと、表現としてほんとうには徹底しないわけです。親鸞は『尊号真像銘文』（略本）のなかで帰命の解釈をしておられます。その帰命の解釈のところでは、

帰命はすなわち釈迦・弥陀の二尊の勅命にしたがひ、めしにかなふとまふすことばなり。（『全集三』五三頁）

と言うています。二河譬でいうならば、発遣と招喚に遇うということが帰命です。いわば帰命という事実は、真に教えに遇うた事実でありますし、阿弥陀の本願にめざめた事実なのです。だから、「釈迦・弥陀の二尊の勅命にしたがひ、めしにかなふ」というのが帰命だというわけですが、その釈迦・弥陀二尊の勅命にしたがい、めしにかなうというような帰命は、人間のなかから生まれ出てくるものではないということは、本人自身が徹底して自己のなかに見ている問題ですね。にもかかわらず、恭敬の礼拝を超えて、帰命が成就するということが可能だとすると、その帰命はいったい何なのかと、このように押えてきて、親鸞には、「帰命というのは本願招喚の勅命」だという領解が出てくるわけです。

ここで注意しなくてはならないのは、ちょうど善導において、六字釈と二種深信とが照応する如く、親鸞の場合にも「行巻」の帰命の釈と、そして「信巻」の三一問答とが呼応していることですね。そのようにしてみますと、三一問答のなかで、勅命という言葉の出てくるのは欲生心のところ

だけです。
　欲生と言うは則ち是れ如来諸有の群生を招喚したもう勅命なり。（『全集一』一二七頁）
と言うています。帰命は「亦是発願廻向之義」と善導が言うた発願廻向というものは、この親鸞の領解のところまできますと、三一問答のところでは阿弥陀の欲生心だというところへ摂まっていって、その阿弥陀の欲生心とは何かというと、如来が諸有の群生を招喚したもうの勅命の表現が阿弥陀の欲生心、即ち廻向心だというのでしょう。その廻向心は、具体的にどこに働くのかというと、衆生の上における南無というところに、本願招喚の勅命として働くわけです。こういう一つの展開があって、親鸞のところまで一貫して押えられてくるわけです。

不回向

　もう一つ注意してほしいのが不廻向ということです。これは『教行信証』では「行巻」の終わりの方にきて、いわゆる重釈要義というところの前に一ヶ所出てきます。『選択本願念仏集』の文が引用され、それを承けて、
　明らかに知んぬ是凡聖自力の行に非ず故に不回行の行と名づくるなり、大小聖人・重軽悪人・皆な同じく斉しく選択大宝海に帰して念仏成仏すべし。（『全集一』六七頁）
と言われています。そうしますと、親鸞は法然の領解を承けて、それを「明らかに知んぬ」と、このように親鸞自身に頷いて、その頷きのなかから「故に不回行の行と名づくる」という。そこに具

体的には、大小の聖人、重軽の悪人が皆同じく斉しく選択の大宝海に帰して念仏成仏するということがあると、このように言うています。

ところが、もう一ヶ所不廻向ということが出てくるところがあるのです。それはいうまでもなく「信巻」の欲生心釈のなかに出てくるのですね。「信巻」の欲生心釈のなかでは、

誠に是れ大小凡聖定散自力の回向に非ず、故に不回向と名づくるなり。（『全集一』一二七頁）

という言葉があります。そうすると、これだけ言うただけで、わたしが言おうとすることのヒントはわかるでしょう。いわば親鸞にあっては、「如来諸有の群生を招喚したもうの勅命」とあるように、招喚の勅命という言葉は欲生心釈のところに出てくる。そして、それが具体的に勅命として働く事実は「帰命というは本願招喚の勅命」だと、帰命のところに出てくるのです。そうすると、それが帰命のところに出てくるということは、不廻向ということをそこで押えているわけでしょう。その不廻向は一方においては、やはり欲生心釈のところに出てくる。その欲生心釈に出てくる不廻向の義は具体的にどこに現われるのかというと、南無阿弥陀仏という念仏の領解のところに現われてくる、と、こういうふうになっているわけですね。

しかもそれが、一方は不廻向という言葉で、一方は勅命という言葉で出てくるわけです。その勅命と不廻向とはいったい源はどこにあるのかというと、善導の「南無というは帰命、亦是れ発願廻向の義なり」という、帰命と発願廻向の義というものが、勅命と不廻向ということを開いてくる源なのです。発願廻向とは何か、押えれば不廻向だ。帰命とは何か、招喚の勅命だと、こういう領解

が、親鸞のところでは、はっきりしてくるわけです。

そういうことに親鸞が気づいたのは、親鸞の己証といいますか、親鸞の独自の領解であるには違いないのですが、ただ独自の領解だというわけにはいかない、と思うのです。やはりそれに気づかしめたのは法然です。法然の『選択集』のなかに称名念仏を語る「二行章」という一章があるでしょう。あの「二行章」のなかで法然が、念仏と諸行との得失ということ、いわゆる正雑の得失ということを論じています。その時に法然は、五番の相対ということで押えますね。

正雑二行について五番の相対あり。一には親疎対、二に近遠対、三に無間有間対、四に不廻向廻向対、五に純雑対也。（『全集六』二三頁）

この五番の相対のなかで、特に法然が注目している相対は廻向不廻向対でしょう。少なくとも五番の相対のなかで、法然が独自の領解を示しているのが廻向不廻向ということです。この五番のなかで親疎という相対も、近遠という相対も、無間有間という相対も、純雑という相対も、善導の領解のなかにあるわけです。三縁釈に出ています。ところが、廻向不廻向だけは善導にないわけです。そしてこの法然独自の廻向不廻向の相対のところで、それを証明するものとして、法然は名号六字釈を出してくるのです。善導の言う「十願・十行具足する有り」というところから、ずっと引かれて名号六字釈が出てくるわけです。

そうすると、この廻向不廻向という相対、つまり、不廻向の行だということを端的に表わしているものが、あの名号六字釈だと、このように法然は領解しておられたわけですね。その領解が、親鸞のところへきて「明らかに知んぬ」という頷きを通して、不廻向ということの意味を「行巻」と「信巻」との両方で押えていく、ということになっているわけです。だから、そういうことが「南無というは即ち是れ帰命なり、亦是れ発願廻向の義なり」という。これだけの領解のなかに、曇鸞によって既に先駆的に明らかにされたものが、やがて「偏依善導一師」と言うた法然によって的確に押えられ、その法然の領解を承けて親鸞が改めて行と信との両面で、その意味を押えている、それだけのことがこのなかには含まれているわけです。

無限の現行

そうすると、そういう帰命の行、いわば発願廻向ということを内に含んだところの帰命の行、端的に言えば如来の招喚の行であると同時に、如来の廻向の行である。そういう行というのは、いったいいかなることかというと、

「阿弥陀仏」と言うのは、即是其の行なり。(『全集九』三一頁)

という、次の言葉がそれを明らかにしているのです。ここで「其の行」と言うています。「其の」と言うからには何かを指しているに違いないですね。いったい何を指しているのかというと、いうまでもなく「其の」は先の帰命を指しているのでしょう。南無というのは帰命、亦是れ発願廻向の義である、阿弥陀仏というのはその南無の行だと、こういうわけです。阿弥陀仏とは何かというたら南無の行だと、こういうわけです。

ここで、一つ問題があるわけです。六字釈を語る場合、四字と六字ということは、六字に離れられぬ四字であり、四字はその六字に離れないのだと、一般にこのように言いますね。「阿弥陀仏者、即是其行」とあるように、阿弥陀仏は即ち行だと言うけれども、阿弥陀仏が行だと言うのではわからない、それは上に南無という字がついているのだ、実は南無阿弥陀仏は行だという、「南無」はかっこに入れて阿弥陀仏は其の行だと、このように言うのだと、こういうふうに領解されているわけです。だから「阿弥陀仏」と四字で語っていても、それは「南無阿弥陀仏」という六字のことなのだと、こういうふうに言っているのですが、それでわかればそれでいいのです。ところが、そう言うにはそう言うだけのものがなくてはいけないのでしょう。「あ、そうか」というわけで素通りしていくわけにはいかないのではないですか。やはり「阿弥陀仏者、即是其行」と言うているのであって、南無阿弥陀仏は其の行だと言うてはいないのです。「阿弥陀仏即是其行」と言うている限り、その言葉に忠実でなくてはいけないでしょう。

つきつめていけば、阿弥陀仏が行だということは、南無阿弥陀仏が行だということと同じだというところにいくのでしょうけれども、答えを先に言うわけにはいきません。やはり「阿弥陀仏は即ち是れ其の行」だと言う限りにおいて、阿弥陀仏が行だという意味が明らかにならなくてはいけないのでしょう。やはり阿弥陀仏は即ち其の行だという限り、「其の行」だという「其の」はいったい何を押えているのかと尋ねざるをえないと思うのです。

そうすると、その「其の」はわかります。「其の」は何を押えたかというと、いうまでもなく南無です。阿弥陀仏は其の行だということは、阿弥陀仏は南無の行だというわけです。親鸞の領解を通して押えてみますと、阿弥陀仏というのは帰命の行だ、それは本願招喚の勅命の実践だというわけです。「諸有の群生を招喚したもう勅命」の実践が阿弥陀仏だと、こういうふうに押えていきますと、阿弥陀仏は南無阿弥陀仏だと、このように会通しなくても、阿弥陀仏が行だという意味は案外近く領解できるのではないですか。

勿論、善導の『観経疏』のなかでも「釈名門」で、『仏説無量寿仏観経』一巻という題名を解釈したところに、無量寿というのはこの地の漢音だと、こう言うておいて、それを解釈するのに「南無阿弥陀仏と言うは」と言うておりますから、阿弥陀仏が南無阿弥陀仏だということは、その通りでいいだろうと思いますけれども、ただここで一つ押えておきたいのは、阿弥陀仏が其の行だという、つまり阿弥陀仏が帰命の行だと、こういうことの具体的な意味なのです。いうならば、南無の機の上にのみ成就するところの阿弥陀の行だということを押えたいわけです。

だから、帰命の機というものがない限り阿弥陀の行というものは成就しないのです。これは大事なことですね。帰命しようがしまいが、南無阿弥陀仏という行はあるように思いますが、それは文字通り唯願無行であって、帰命の機の上にのみ成就する阿弥陀の行が南無阿弥陀仏なのです。もっといえば、帰命の機の上に成就する行を阿弥陀仏と言うのです。帰命の機の上に成就しないような行は、阿弥陀というても観念なのであって、有限の分限の自覚の上に成就する無限の相、それを「阿弥陀仏とは即ち其の行」と押えたわけです。

そういう意味では、善導は有限の自覚のところに働く無限ということで、南無阿弥陀仏の意味を押えたのです。だからそれは、具体的な相はいうまでもなく南無阿弥陀仏ということですけれども、南無阿弥陀仏が行だということの意味は、有限のめざめの上にのみ成就するところの無限なのです。だから、有限というもののめざめなくして無限ということが語られたり、考えられたならば、それは悪無限なのです。無限というものは、有限のめざめのところにしか触れることのできないものであるわけです。考えることはどうにでも考えられますが、触れるということになれば、有限のめざめのほかに無限ということはありえないのです。有限のほかのどこかに無限があるのではなくて、有限のめざめ、それが無限の行の成就です。さらにいえば無限が行として成就するのです。

その時の行は、もう少し言葉をつけ加えますと、無限の現行です。無限という事実はこの肌で感ずるような事実なのです。清沢先生のお言葉を借りると、

我等の大迷は如来を知らざるにあり。如来を知れば、始めて我等の分限あることを知る。（『清沢満之全集七』四八六頁）

ということです。その分限のめざめ、つまり有限が有限にめざめる、それが帰命ということであるわけです。その帰命のところに成就する無限の実動、それを阿弥陀仏というわけです。

行である仏

こういうふうに見てきますと、やがて親鸞のところへきますと、南無の解釈と阿弥陀仏の解釈と

が「行巻」には二つになっているわけですね。南無の解釈が中心になっているのが先の「帰命とは本願招喚の勅命」であり、「亦是発願廻向之義」ということを解釈しているのが、

如来已に発願して衆生の行を廻施したもうの心なり、即是其行というのは即ち選択本願是れなり。（『全集一』四八頁）

ということでしょう。ところが「行巻」の終わりの方にきますと、名義釈というて、阿弥陀仏を中心にしての解釈があります。

何に況んや・十方群生海斯の行信に帰命すれば・摂取して捨てたまわず故に・阿弥陀仏と名づくると是を他力と曰う。（『全集一』六八頁）

と言うています。この文を見ますと「この行信に帰命すれば」とあるように、重複した表現をとっていますね。行信と言えば帰命ということと同じでしょう。行というのは南無阿弥陀仏ですし、信というのは南無の心、願生心なのですからね。

そうすると、ここではこの「行信に帰命すれば」ということは、もし言葉を改めていうならば、この帰命に帰命すればと言うているのと同じことです。この帰命の行、この帰命の心に帰命すれば、と言うているのと同じことになるでしょう。ところが、親鸞はあえてこのような厄介な表現をとったわけです。だいたい行信に帰命するなどという言葉はないですよ。行信が帰命の心なのですし、行信が帰命の実践なのですから、その帰命の心、帰命の実践にまた帰命するというようなことは、ほんとうに奇妙なことであって、言葉になっていないことです。

そのような無理な表現を親鸞はあえてとって、何を言おうとしているのかというと、行信になったような阿弥陀が、そこに現わされているわけです。逆に言えば、有限の行信になった事実としての阿弥陀以外に阿弥陀はないということです。つまり南無のほかに阿弥陀がないということです。南無、それが阿弥陀の現行態だとすると、南無というところに阿弥陀はどういう相をもって働くかというと、摂取して捨てずという相をもって働く、それを阿弥陀というのだと言うわけです。阿弥陀仏に南無すると、その南無した者が阿弥陀仏に救われるのではなくて、南無のところにもう阿弥陀仏が働いている、南無のところに阿弥陀仏の事実がある、どういう相であるかというと摂取不捨という相であるというわけです。『歎異抄』のいちばん最初の言葉にしたがって言うならば、

弥陀の誓願不思議にたすけられまいらせて往生をばとぐるなりと信じて、念仏もうさんとおもいたつこゝろのおこるとき、すなわち摂取不捨の利益にあづけしめたもうなり。(『全集四』三〜四頁)

ということです。すなわち「摂取不捨の利益にあづけしめたもうなり」という、その摂取不捨の利益にあづけしめたもうということのほかに、阿弥陀仏という仏はありえようがないわけです。南無のところに南無の衆生を摂取して捨てずという事実としてある仏、それが阿弥陀仏なのです。だからわたしはそれを「生きて働く仏」というのです。行として働く仏というわけです。阿弥陀仏が行になったのではなくて、行として働くような仏、南無の機が摂取不捨という、そういう事実のなかに生きる存在となる、そういう仏、それが阿弥陀仏なのです。だから阿弥陀仏の行ではなくして、

阿弥陀仏が行なのです。厄介な言い方をするようですけど、阿弥陀仏が摂取不捨という事行なのです。

阿弥陀さんがどこかにおって、網でもパッと投げて、摂取して捨てずというのではないのであって、摂取して捨てずという全体が阿弥陀の働きです。いわば有限を自己としている無限が阿弥陀なのです。さらに言えば、有限のほかに阿弥陀があるのではなくて、有限を自己として有限のすみずみにまで有限を十全に生かしめている、その働きを阿弥陀というのです。

ところが、だからというて有限は無限かというとそうではない。有限の方から仰ぐならば、帰命という相をとらざるをえないのです。有限にとっては無限は永遠の彼方なのです。有限においては永遠に手の届かない彼方だからして、帰命ということが成就するわけです。ところが帰命ということが成就すると、その帰命のところに、有限を自己とする阿弥陀として現行する、そういう働きを南無阿弥陀仏というわけです。

本願名号正定業

そういう意味で名号六字釈というのは、以上のような現実的な、一点の観念も入らない救いの事実、救いの成就を南無阿弥陀仏という六字のなかで押えてきたわけです。釈名門のところで、当流の本尊は阿弥陀仏ではなくて、南無阿弥陀仏だと言いましたが、そういうことがここで明らかにされているわけです。

だから、逆に言えば、南無阿弥陀仏が本尊だという、その具体的な事実が端的にわれわれに領解できなければ、名号六字釈はわからないのではないかと思うのです。相対的に他者なる阿弥陀仏が想定されて、その阿弥陀仏に帰命する、そういう実践である限り唯願無行なのではないですか。いくら追いかけていっても唯願無行になるのだと思うのです。そうではなくて、南無のほかに何にも要らないのです。南無というところに、実は摂取不捨という阿弥陀があるのです。だから南無のほかに阿弥陀仏をどこかに探すのではなくて、南無となった阿弥陀、それが摂取不捨です。だから南無となった阿弥陀ということは、有限なるわれわれが彼岸に無限を仰ぐことができるという、その事実です。その事実が、押えていうならば、実は阿弥陀の摂取不捨の光のなかにある事実になるというわけです。だからそういう意味では、

「言阿弥陀仏者」といふは、「即是其行」とのたまへり、即是其行はこれすなはち法蔵菩薩の選択の本願なり、安養浄土の正定の業因なりとのたまへるこころなり。(『全集三』五四頁)

このように、『尊号真像銘文』(略本)で親鸞は言うています。阿弥陀仏とは即ち是れ其の行だと言うたが、即是其行というのは法蔵菩薩の選択の本願だと、このように親鸞は言いますね。そうすると即是其行ということは、一つは選択の本願だという意味で親鸞は押えている。ところが、その選択の本願だということは、「安養浄土の正定の業因なり」と、こう言います。とすると二番目には正定の業因、つまりどこかに選択本願があるのではなくして、われわれが安養浄土へ往生する正定の業因なのだと、こう言うているわけです。

ところがもう一つあるのです。その正定の業因とは何かということを親鸞が押えて、

正定の業因はすなわちこれ仏名を称するなり（『全集三』六一頁）

と、このように言うています。いかがです。これだけ押えていくわけです。即是其行というのは選択本願だ、選択本願というのは、衆生が浄土に往生する正定の業因なのだ、その正定の業因とは具体的に何かというたら、仏名を称することであると、このように言っています。これは名号六字釈の字義に触れて、そして称名ということの意味をそこまで徹底したわけです。

親鸞は、そこまで徹底してきたわけですけれども、実は、別時意の論難で問題になったのは、仏名を称することは行でないということから出発したわけでしょう。ところがそれに対して、行ということの意義が百八十度転換して、南無阿弥陀仏そのものが行だということへ徹底していかざるをえなくなったわけです。そうすると南無のところに阿弥陀仏が現行する、そういう事実を南無阿弥陀仏というというのですが、それはいったいどこで押えるのかというと、阿弥陀が本願として働く事実以外にないわけです。本願は有限と無限との約束なのですから、有限が無限に触れるのは本願を通してしか触れることはできないし、無限が有限を包むのは本願においてしかないわけです。そうすると、そこに本願ということにおいて初めて衆生の正定の業因としての仏名を称する、念仏というものの意味が徹底してくるわけです。そこまできたとき親鸞は端的に、

本願の名号は正定の業なり。（『全集一』八六頁）

と言いますが、あれは六字釈の領解です。

そうしますと、善導は本願の名号、つまり阿弥陀の本願の名のりが、実は有限なるものの正定の業因となるというその事実を名号六字釈をもって明らかにしたのだと、こういうことになるわけです。そこで善導はそれを承けて次に、

斯の義を以ての故に必ず往生することを得。(『全集九』三一頁)

と言うように、必得往生の道理を南無阿弥陀仏そのもののなかに見とってきたわけでしょう。ところが、それに触れた法然は、

選択本願念仏集、南無阿弥陀仏、往生之業、念仏為本。(『真聖全一』九二九頁)

と、これだけの言葉で言い切ったわけです。選択本願の念仏というのは南無阿弥陀仏だ、南無阿弥陀仏というのは何かというと、往生の業は念仏をもって本とするということのほかにはない、というわけです。

そういう意味では、法然の領解というのは、端的で、説明がなくて何も解釈が加わっておりません。ところが、親鸞からふり返ってみますと、法然は、親鸞が言おうとすることの源を直覚的に全部押えられているわけですよ。だから六字釈の領解が廻向不廻向というところで押えられたのも法然ですし、そして、その六字釈が選択本願の念仏だということを押えたのも法然ですし、それが正定の業因だということを押えたのも法然です。ところが法然には説明がないわけです。親鸞はそれを今度は全部善導のところへ返して、善導の言葉で押えたわけです。

ところが親鸞は、法然に触れることを通して釈家善導の深意に触れて、その領解を「行巻」と

「信巻」に展開したわけです。そういうふうに見てゆきますと、「行巻」の中心が六字釈であり、「信巻」の中心が本願の領解であるところの三一問答である。そして、わたしのいつもの言葉で言うと、宗教的実存の自覚が三一問答で明瞭にされ、そして純一なる宗教的実践の表白が「行巻」の六字釈だということになってくるわけであります。

むすび

以上で、いわゆる名号六字釈と呼ばれる釈義は終わるのですが、すでに見て来ましたように、こうしたきわめて独自な善導の釈義は、もともと『摂大乗論』を論拠として提起された論難に応えるものでした。善導は、ここまで深く論難の根っ子を押えることによって、そうした論難そのものが、非仏教的な戯論に過ぎないことを鋭く指摘したのです。しかし、別時意趣ということにおいて、善導が明らかにしようとしている論点は、往生と成仏の分位を明らかにする、ということでした。すなわち、善導は、摂論家の論難のなかに、往生と成仏との混乱があることを指摘し、この『観経』下々品の十声称仏は、あくまでも往生における事柄であるということを、明瞭にしようとしているのであります。で、そのことを明らかにすることによって、この論難に対する批判を終わろうとするわけです。そこで、まず、

又、来論の中に多宝仏を称するは仏果を求めんが為なり、即ち是れ正報なり。下に唯だ願を発して浄土に生ぜんと求むるは、即ち是れ依報なり。一は正、一は依、豈に相似することを得む

や。（『全集九』三一頁）

と、問題の所在を明らかにするのです。「来論」というのは『摂大乗論』のことですが、その中の文で、いまの論難の根拠とされている「多宝仏を称する」ということは、あくまでも正報、すなわち、仏果に向ってのことであり、いま、ここで会通されるべき主題は、依報である浄土に往生せんとすることである。すなわち、成仏の問題ではなく往生の問題であり、往生と成仏とを混乱させてはならないということを、はっきり押えているのです。そして、成仏については、

然るに正報は期し難し、一行精なりと雖も未だ剋せず。（『全集九』三一頁）

と言います。このことは、すでに、

菩提と言うは乃ち是れ仏果の名なり、亦是れ正報なり。道理成仏の法は要ず須らく万行円備すれば方に乃ち剋成すべし。（『全集九』二七頁）

と述べていることです。ところで、どうして成仏は「万行円備」ということが「要須」とされ、「一行精なりと雖も未だ剋せず」とまで言われるのでしょうか。ここに、善導における求道のリアリズムというものがあるのだと思います。つまり、善導にとりまして求道する人間の地体は、遇縁性を自己として生死する凡夫の他にはありません。したがって、遇縁を生きる凡夫にとって、成仏ということは、凡夫なる自己においては、どのような意味においても予期したり予測したりできるような事柄ではなかったのでしょう。凡夫において予期されたり予測されたりするような成仏は、それ自体、凡夫の夢想以上には出ないのであります。善導は、自らの求道において、そのことをは

っきりと頷いていたのです。ですから、この善導の醒めた眼を以てするとき、それがどのような修道であっても、成仏を予測するかぎりにおいて、観念の遊戯でしかないと、言い切らざるを得なかったのです。そこに「一行精なりと雖も未だ剋せず」という厳しい断定がなされる所以があるのでありましょう。

そのかぎり、凡夫を地体とする人間存在にとって、唯一なる普遍性をもつ仏道は、その凡夫をして浄土への往生人とする道のみであります。どうしてかといえば、凡夫を往生人たらしめるのは阿弥陀の本願だからです。阿弥陀の本願は念仏往生の願なのです。一切の衆生をして念仏往生人たらしめようというところに、阿弥陀の本願がはたらくのであります。言い換えますならば、阿弥陀の本願にめざめて生きる凡夫、阿弥陀の本願に喚び醒まされて今日を生きる凡夫、それが、念仏往生人なのであります。阿弥陀に願われ、阿弥陀に招喚されて、阿弥陀の世界である浄土へ生れ往く凡夫、それが浄土へ往生する凡夫です。それを善導は、摂論家による別時意の論難を受けとめ、その論難のなかに見落されている事柄を通して語るのです。つまり、まず第一には、ここで問題にすべきことは、あくまでも往生についての別時意ということであって、成仏についての別時意は論外なのだ、ということをはっきりさせるのです。その論外ということは、念仏の一行だけで成仏できると考えることだけが論外だというのではなく、いかなる行にあっても同断だということでしょう。つまり、成仏とは仏のみしろしめすことだからであります。このことをはっきりさせたうえで、問題は往生についての別時意というところにある、と、その所在を明瞭にさすのです。すなわち、

「唯だ願を発して浄土に生ぜんと求むるは即ち是れ依報」であって、したがって、

依報は求め易し。（『全集九』三一頁）

と、その往生浄土の必然性を明らかにするのです。その必然性の確かめのうえで、別時意の課題を解くのです。つまり、「依報易求」という道理のうえで、

一願の心のみ未だ入らず。（『全集九』三一頁）

と押える。これはちょっとわかりにくい読み方ですが、

一願の心のみならば未だ入らず。（『真聖全一』四五七頁）

と読めばわかるでしょう。つまり、ただ願うだけでは浄土へ往生することはできない、というのです。これが、往生における別時意ということですね。しかし、ここで「一願の心のみならば未だ入らず」ということは、先の成仏について「一行精なりと雖も未だ剋せず」ということとは、全く異るのです。成仏の場合は、道理としての不可能性を明らかにしているのですし、今は道理としては「依報易求」と知られることの上で「未だ入らず」と言うのです。ですから、往生においては、唯願にして無行ということはあり易ない、ということが明らかにされているのです。徹底して言うならば、唯願無行ということは、成仏に関してのみ語られることであり、往生についてそれを語るということは、もともと往生ということへの認識が全く間違っているという他ない、と、そういう指摘がここにあるわけでしょう。そのことを善導は、

譬ば辺方に化を投《と》ること即ち易く主と為ることは即ち難きが如し。（『全集九』三一頁）

と、ひとつの譬喩に托して示すのです。親鸞は「辺方に化を投《と》ること」と読もうとしているようですが、おそらく、その気持は、阿弥陀の世界において摂化を得ること、という領解であろうと思います。まあ、普通には、

辺方化に投ずるは、（『真聖全一』四五七頁）

と読みます。これですと、辺鄙な地方で人民となって王化にあずかること、という意味ですね。ですから、どんな浄土の辺地にあっても、それが、阿弥陀の浄土であるかぎり、阿弥陀の摂化にあずかることは間違いがない、ということでしょう。しかし、「主と為ることは即ち難」して、国王となることはできない。つまり、阿弥陀となることはできない、というのです。この、国王となるのか、国王の統摂する国土の民となるのか、という譬喩に托して善導は浄土往生するということをはっきりさせているのです。浄土へ往生するということは、阿弥陀の世界の民となることであり、阿弥陀の世界の民となるということは、阿弥陀の摂化によって生きる存在となる、ということなのです。ですから、その往生において行といわれることは、往生人のうえは現にはたらく阿弥陀摂化の実用の他にはないのでしょう。つまり、仏願力のみが衆生を往生浄土の人たらしむる唯一無二の行なのであります。端的に言えば、阿弥陀の世界へは阿弥陀の働きにおいてのみ生れることができるのであり、それは万人にとり平等のことなのである、というのでありましょう。だからこそ、往生においては、唯願無行ということはあり得ないのです。しかし、有限が即事的に無限になるということは決してない。無限において、生きる有限となることは、万人にえらびなく成就することであ

るが、有限が無限になることはできない。こういうことを、往生と成仏ということのうえで明確にしているのでしょう。したがってまた、往生のみ決定すれば、成仏は自然のこととなる、ということができるわけであります。

このような領きにおいて、善導は、

今の時往生を願う者は、並びに是れ一切化を投《と》る衆生なり、豈に易きに非ずや。(『全集九』三一頁)

と言い、そのことを、

但能く上一形を尽し、下十念に至るまで仏願力を以て皆な往かずということ莫し。(『全集九』三一頁)

と決定して、その決定のうえに立って、以上のような論難をする人々の惑いを、はっきり正して、

斯れ乃ち言を以て義を定む、信を取る者の疑いを懐く、要ず聖教を引いて来し明らむ。聞かむ者をして方に能く惑いを遣《やぶ》ら使めんと欲す。(『全集九』三一頁)

と結ぶのです。「言を以て義を定む」ということは、言葉にとらわれて勝手に意味を決定する、というようなことで、まさに論難者の態度を批判しているのであり、それを批判するに聖教によってことを明らかにするのは、仏道を万人のまえに公開しようとするためであり、人々の惑いを破るために他ならないのである、と、善導は結ばれるのであります。

七　二乗種不生

(1)　はじめに

回向と酬報

先の別時意趣の論難に対する会通は、『摂大乗論』と『観経』の会通であり、それは修因の行についての論定でしたが、この二乗種不生の論難についての会通は、『浄土論』と『観経』との会通であって、それは感果の浄土についての論定であるわけです。

修因の行というのは、いわゆる宗教的実践です。つまり浄土教の念仏というようなものが、はたして宗教的実践というに値するかどうかというのが、別時意の論難であって、その修因の行についての論難に善導が応えたわけです。

今から確かめていこうとする二乗種不生というのは、浄土の問題です。修因の行という言葉に対して言うならば、感果の仏土です。宗教的実践によって感得するところの宗教的境界と、このように言い直してもいいでしょう。だから別時意の論難の方は、南無阿弥陀仏という称名念仏というようなものが、はたして宗教的実践と言うに値するかどうか、という論難に応えて、名号六字釈というかたちで「願行具足」ということを言うたのが、別時意の論難に応える善導の姿勢であったわけですね。それに対すると、今度のは、二乗種不生という論難に対して善導は、「是報非化」という言葉で押えてゆくわけです。

この「二乗種不生」というのは、『浄土論』に出ている言葉です。その『浄土論』に出ている二乗種不生という言葉と、そして『観無量寿経』、もしくはその背景にある『大無量寿経』に説かれる浄土との問題です。『大経』には、いわゆる声聞無数の願というのがありますから、阿弥陀の浄土には二乗が生まれている。そうすると二乗の生まれるような浄土は、つまらないというか、低い浄土だというわけです。それは応仏土、つまり応化の土なのではないか。こういう論難です。

それに対して、善導は、その二乗種不生という『浄土論』の言葉と、そして『大無量寿経』、もしくは『観無量寿経』に説かれている浄土という問題について、ここで応えようとするわけです。そういう意味では、善導は、先の方では因の行について応え、これから読んでいくところでは果の浄土について応えると、こういう二つの面から明らかにしようとするわけです。

だから、別時意の論難と、この二乗種不生の論難というのは無関係ではなく、実は同一の課題を因と果という二面から明らかにしているわけです。その場合、修の意識で宗教的実践を捉える限りにおいては、その宗教的実践によって報いられる宗教的境界に差別がある、これは常識論ですね。むしろ差別があるのが当然なのです。

だとすると、その「修」、いわゆる宗教的実践の秀れたものによって報いられた浄土は高いし、宗教的実践の劣ったものによって報いられる浄土は低い、こういう差別が生まれてくるのも当然なわけです。宗教に関する、いわゆる人間的関心をもって阿弥陀の浄土という問題を論じ、称名という問題を論じて、論難をしてくるのが、善導が相手取っておる聖道の諸師方の論難なのでしょう。

それに対して、善導が応えようとするのは、修の意識を一方においては払おうというわけです。宗教的実践のなかにある修という意識は、やはり倫理的なものでしょう。自分の努力を積んでゆくのですから、わかりやすいわけです。自分の努力を積んでゆくというのは、はっきり申しますと、有限の努力の蓄積ということです。有限の努力の蓄積をもって、無限の世界に向おうということがあるわけです。ところが、それは有限の努力の蓄積によって無限の世界に到達しうるという、一つの予定がありまして、その予定の上に立って実践を行なおうとするわけでしょう。

だから修というのは、普通われわれが常識的に考えるような修行であって、高い修行、低い修行ということが当然出てきます。とすると、念仏を修の意識で捉えるならば、これは問題にならないわけです。南無阿弥陀仏を称えるのと、滝に打たれて荒行を修するのと、どちらがたいへんな行かといえば、それは滝に打たれる方がたいへんな行に決まっています。そういう意識で、念仏とその他の実践とを、同じ次元で捉えてしまうならば、むしろ論難の起こる方が当然であって、起こらないのが不思議であるわけです。

それを同じ次元でとらえて答えようとすれば、それは無理な答え方であって、いかに念仏の方が勝れていると言っても、問題にならないわけです。そうなってくれば、たくさん称えなくてはならないというようなことになってくるのでしょう。

そこで、一つ明らかにしなくてはならないのは、宗教的な実践というものの本質が解明されなくてはならないわけです。それと同時に、宗教的境界というものの本質が明らかにならなくてはならない、という問題がそこには隠れているわけです。それを善導は明らかにしようというのでしょう。だいたい、今日のわれわれに至るまで一貫してある、宗教に関しての常識論というのは、非実践的な論議です。自分が身をそこに置いていない論議ということです。だからその常識論には挫折はないのです。つまり客観的に見ている論ですから、常識論には絶望ということはありえないわけです。

ところが、善導がここで明らかにするのは、そういう論議と同じ次元で問題を論ずるのではなくして、そういう常識論を根底的に撤回させてゆこうというわけです。それが善導の、この二つの論議なのです。だから、いわば阿弥陀の世界に到達する実践は、阿弥陀の行でなくてはならないというわけです。無限の世界へ到達する実践は、無限の行でなくてはならない。だからそれをもっと徹底して言うならば、善導が前のところで明らかにしたように、有限の身の上に成就したところの無限の実践が、実は念仏だというわけです。有限の努力の積み重ねが無限に到達さすのではなくて、有限が有限の身において感得し、有限をそこに成就するような実践が南無阿弥陀仏という実践である。だからその南無阿弥陀仏こそ、阿弥陀の本願に乗ずる行だと、こう言うのでしょう。

そうしますと、阿弥陀の世界は、阿弥陀の本願に乗託する実践においてのみ生まれることのできる世界であるのは当然のことだという、この論議がここで出てくるわけです。そこには、往生ということの実体感が既に善導のなかでは払われているということがありますね。同じように往生という言葉を使っておりましても、有限の実践を積み重ねて、その積み重ねた努力の結果をもって生まれるのだということについての実体感が、善導のなかには既に払われているわけでしょう。

無限の表現としての念仏において、無限の浄土へ生まれるという、その往生は、単に実体的に同じような世界に生まれるのではないわけです。もし無限の世界が有限の彼方に実体として有るものならば、いくら無限と言うても有限です。こういう問題を善導は押えているのでしょう。

さらにいえば、今の果の方も因の方も、両方とも、中心にあるものは阿弥陀の本願なのです。阿弥陀の本願が、いわゆる宗教的実践として成就した時を回向というのでしょう。阿弥陀の本願、つまり、無限なる願いが有限の上に、有限を救う行として成就した時を回向成就と、このように言うのでしょう。その阿弥陀の本願が回向成就する、いわば宗教的実践として有限の上に成就した、その有限が感得してゆく世界が阿弥陀の世界であるわけです。その時の成就を酬報と言うのでしょう。因の方の成就は、本願が表現された、つまり回向表現と、このように言いますが、酬報の方は荘厳でしょう。荘厳象徴です。曾我量深先生の言葉を借りれば、「回向表現、荘厳象徴」ですね。いわば阿弥陀の本願が衆生、つまり、有限なるものを救う行として表現せられた。その表現せられた行、つまり、宗教的実践によって感得する世界は、阿弥陀の本願が報いた世界だ。だから本願の成就が、一方においては回向としての成就であり、一方においては酬報としての成就だということであるわけです。だから阿弥陀の本願、いわば無限なる世界の呼びかけのなかに生きるという、そういう宗教性というものを純粋にしてゆこうということが、善導の意図のなかにあるわけでしょう。

諸師の主張

そこで問題となってくることは、いうまでもなく『観無量寿経』、『大無量寿経』の阿弥陀の浄土に声聞とか縁覚という二乗が往生していると示されているが、天親の『浄土論』には「二乗種不生」という文がある、これはどう会通するかということです。

『浄土論』の二十九種の荘厳のなかで、初めの器世間の荘厳の第十六番目に大義門功徳というのがあります。大義門というのは、大乗の道理によって開かれた世界ということですね。その大義門功徳の文には、

大乗善根の界は等しくして譏嫌の名無し。女人及び根欠と二乗との種は生せず。（『真聖全一』二七〇、二七三頁）

と、このように書いてある。問題は最後の「二乗種不生」という文です。「浄土は」という字がこの上にあるわけでしょう。阿弥陀の浄土は大乗善根の世界である、その大乗善根の世界は、等しくして譏嫌の名がない。いわゆる嫌うべき名がない、したがって平等の世界だというわけです。だからしてそこには、女人及び根欠、そして二乗の種は生じない、と、このように書いてあります。

この大義門功徳のなかの、「二乗種不生」という文をとらえて問題にしたわけです。問題というのは、『浄土論』には、阿弥陀の浄土は大乗善根界であるからして、二乗の種は生じないと書いて

ある、ところが、経典、たとえば『大経』の第十四の願というのは声聞無数の願であって、浄土には声聞がたくさんいるということが、阿弥陀の願としてあるわけです。そうしますと、これは矛盾したことになるというわけです。

もし『論』の方の立場に立って、『観経』もしくは『大無量寿経』というものを見てゆくならば、二乗がいるような浄土は、当然劣った浄土だと言わざるをえないというわけです。二乗が生まれるような浄土は劣った浄土である、ましていわんや、凡夫の生まれるような浄土はいうに及ばずだ、というわけでしょう。

そのような阿弥陀の浄土は、無限なる世界であり本願に報いた報土だというが、二乗も生れ凡夫も生れる世界は報土というが、実は応化土である、そういう見解に立った論難が一つあるわけです。ところが、もし反対に阿弥陀の浄土が、いわゆる本願に報いた世界、つまり真に無限なるものに報いた報土であるならば、報土は勝れているはずだからして、二乗だとか凡夫は生まれるはずがないというわけですね。両方からの論難であるわけです。

二乗や凡夫の生まれる世界ならば、応化土でなくては道理に合わない。ところがもし応化土でなくして報仏報土だとするならば、二乗は生まれるはずはない。こういう両方から論難がきているわけです。

そういう両方からの論難に対して、善導の答え方は全く質を異にしているのです。二乗の生まれるような世界ならば、それは応化土だと言うたのに対して、阿弥陀の浄土は「是報非化」だと、このように言います。これは善導の大きな主張ですね。

そしてもう一つの方の、もし報土だとするならば二乗は生まれるはずがないではないか、ましてや凡夫は生まれるはずはない、この論難に対して善導は「五乗斉入」と、このように答えています。つまり真に報土なるが故に五乗簡びなく、いかなる存在もみな平等に生まれるのだと、このように言うわけです。

問いの方は差別で問い、答えの方は平等で応える、このようにして、善導は宗教性というものに対する意識の転換を要求しているわけです。

いわゆる選民的な意識をもって宗教を論ずること、そのことが実は非宗教的だと言うわけです。とりもなおさず、それは人間の差別意識だというわけです。だいたい差別意識で苦しんでいるのが人間ですから、宗教が人間を救うということは、その差別の意識から人間を解放するということでなくてはならないわけです。それを善導は因と果、いわゆる宗教的実践と宗教的世界という両面で答えたのです。その宗教的世界の問題が、ここでは「是報非化」、「五乗斉入」という、全く宗教に対する常識を破った視点で答えられてゆくというのが、この「二乗種不生」の論難に応ずる善導の答え方です。

あまり善導という方は理屈を言わない人ですが、ここではずいぶん善導自身の学問の深さというものをチラチラとさせながら、論を進めているようですね。

本文に入るに先立って、もう一つだけ言うておきます。善導が相手取っている聖道の諸師というのは、代表的には摂論宗の学僧である浄影寺慧遠です。この慧遠は阿弥陀仏についても、また阿弥陀仏の浄土についても、一つの見解をもっているわけです。

慧遠の書いたものを見ればわかりますけれども、阿弥陀仏というのは、無量寿だと一応は言うのです。しかしながら、それは一応のことであって、阿弥陀仏の寿命が無量であるというのは、凡夫だとか二乗だとかいう智慧の浅いものからは測り知ることができない、という意味で無量寿と言うたのであって、本質的に無量寿ではないのだ、と、こういう理解をもっているわけです。

だから、無限なる寿というても、一般的にわれわれが無限というような無限であって、二乗の者や凡夫の智慧をもっては測ることができないという消極的な意味での無限なのです。積極的に阿弥陀それ自体が無限だというわけにはいかないと、こういう論議を立てたのです。だから、「有量の無量寿」というようなことを慧遠は言うていますが、その観点から仏教で言うところの仏の三身を見ていくわけです。

仏教においては、仏を三つの身ということで分類します。法・報・応の三身ということを言うでしょう。法身仏、報身仏、応身仏と言います。応身仏は化身仏とも言いますが、初めも限りがあり、終りも限りがあるような仏のことです。応というのは応ずるということですから、具体的に申しますと、釈迦牟尼仏のような仏です。釈尊は釈迦牟尼仏という仏であるが、しかし生れた時があり死ぬ時がある、いわゆる初めがあり終りがあるからして応身仏だと言うわけです。

報仏というのは、願いに報いた仏という意味ですから、願いが無限なる願いであれば、その無限なる願いに応じた仏は無限であるし、その願いが有限であれば、有限なる願いに報いたものは真に無限なるものとは言いえないというわけです。

法身というのは、いわゆる諸法実相というような道理を身という言葉で顕わしているわけです。

そこで、慧遠は阿弥陀仏は報身か、応身か、という問題をたてるわけです。いうならば、阿弥陀仏は一応は本願に報いたということになっているからして、そういう意味では報身ということはできる。しかし、寿に限りがないと言うわけにはいかないというて、その主張の根拠にもってくるのが『観音授記経』という経典です。

『観音授記経』の経文によると、阿弥陀仏は涅槃する時があるということが説いてあるのです。それから見ると、一応阿弥陀仏というのは、阿弥陀の本願に報いた仏だという意味では報身だけれども、やはり涅槃に入る時がある、終りがあると説かれている限り、やはり有限だと言わなくてはならない。そうすると報身だけれども、実は真の報身ではなくして応身の仲間に入れなくてはならない、このように断定しているわけです。したがって、阿弥陀仏の浄土というのも、真に無限なる世界、つまり報仏の世界と言うわけにいかないのであって、実際は応化土なのだと、こういうことを背景にもって論難をしてくるわけです。

以上のようなことを一応念頭に置いて本文を読んでいきたいと思います。

(2) 是報非化

第六会《ニ》通《スト》二乗不生義《ノ》者《ヲハ》、問曰。弥陀《ミタノ》浄国《ハ》為《ハタ》当是報《レナリトセムヤ》、是化《レナリトセム》也。答曰。是報《レニノ》非《ス》化《ニ》。云何《カ》得《ル》知《トヲ》。如《シ》『大乗同性経《ニ》』説《カ》。「西方安楽阿弥陀仏《ノ》是報《ハレ》仏報土《ナリ》」。又『無量寿経《ニ》』云《ク》。「法蔵比丘、在《ノ》世饒王仏所《ノミモトニ》、行《玉シ》菩薩道《ノヲ》時、発《シキ》四十八願《ヲ》。一一《ニノ》願言《ハク》、若我得《シレ》仏《ニ》、十方衆生《ノ》称《ノ》我名号《カヲ》、願《ノ》生《レムト》我国《ニ》、下至《テ》十念《ニ》、若不《シス》生者《レハ》、不《シト云ヘリ》取正覚《ヲ》。今既《ステニナリ玉ヘリ》成仏《ニ》。即是《チレシユイン》酬因之《ノ》身也《ナリ》」。又『観経《ノ》』中《ノ》、上輩《ノ》三人、臨《ノソンテ》命終時《ノニミ》、皆言《フ》阿弥陀仏及与《ヒト》化仏来迎《シ玉ヘリト》此人《ヲ》。然《ニ》報身兼《カネテ》化《ヲ》共来授《トモニキタテサツク》手《ヲ》、故名《ニテ》為《ス》与《ヨト》。以《テ》此文《ノヲ》証《ス》、故知《ニヌ》是報《レナリ》。然《ルニ》報・応《ノ》二身者《ハ》、眼目之《ノ》異名《ミヤウナリ》。前《サキニハ》翻《ホン反》《ヒルカヘシテ》報作《ツナシ》応《ト》、後《ニハ》翻《ホン反》《ヒルカヘシテ》応作《ヲス》報《ト》。凡言《ソイフ》報《ト》者《ハ》、因行不《スノ》虚《ムナシカラ》定招《テマネク》来果《ヲ》、以《ノ》果応《クワスルヲ》因《ニ》故名《ニテ》為《スト》報。又三大僧祇所《ソウキノシヨ》修《シユノ》万行、必《ヒチ》定《ノ》応《ヘシウ》得菩提《ヲ》。今既《ステニ》道成《ス》、即是《チレ》応身《ナリ》。斯乃《コレ》過《チクワ》・現《ノ》諸仏弁《ニヘン》立《リウスルナリ》三身《ヲ》。除《ノソイテコレヲ》斯巳外更無《ニニ》別《シ》体《ノタイ》。縦使《タトヒ》無《ム》窮《クウノ》八相・名号塵沙《チンシヤナレトモ》、剋《コクノ》体《タイツ》而論《ロンスレハ》衆《コトゴトク》帰《ククキノ》化摂《ニセフス》。今彼弥陀現《ニ》是報《レ》也《ナリ》。(『全集九』三二頁)

報仏・報土の客観的論証

まず第一の問題ですが、阿弥陀の浄土は、報仏土というた方がいいのか、化仏土というた方がいいのか、こういうふうに問いを立てて、それに対して善導は「是報非化」、是れ報にして化に非ずと、このように答えているわけですね。

その「是報非化」ということについて、善導はここに『大乗同性経』という経典と、『無量寿経』

の本願の意を取意した経文と、『観無量寿経』上輩の三品のところに出ている経文の意を取って文章にしたものと、その三つを証文にして、「是報非化」ということをまず応じていこうとするわけです。

諸師の代表者である慧遠等が、阿弥陀の浄土を化土だという論拠は何かというと、『無量寿経』とか『観無量寿経』とか『阿弥陀経』とかいう、いわゆる浄土の三経をもって、阿弥陀の浄土が化土だということを言うているのではないのです。特に『観無量寿経』に説かれている阿弥陀の浄土を決定するのに、『観音授記経』というような浄土の経以外の経典をもってきて化身化土だと言うているのでしょう。

だからして善導も、いわゆる浄土の経典をもって浄土の経典の本意を証明するというよりも、他の経典に敢えて立って、そして浄土の経典に説かれている阿弥陀の浄土を決定するという、いわば客観的論証というのを一応ここで試みるわけです。

だから、最初に『大乗同性経』という経典を、善導は引いてくるわけでしょう。『大乗同性経』には、はっきりと、西方の安楽阿弥陀仏は、是れ報仏報土であると説いてある、このように端的に答えるわけです。

ところが、善導がこの『大乗同性経』を引用してくるもう一つの意味があるのです。ここで浄影寺慧遠達が考えているように、阿弥陀の浄土は、一応は本願に報いているという意味で報仏土だと言えても、本質として押えるならば、やはり応化土だと、そういうことを言わしめておる論拠があるのです。

それは直接ここには出ておりませんけれども、『悲化経』という経典がある。この経典は釈迦牟尼仏の願について説いている経典なのです。釈迦牟尼仏がまだ因位の修行をしておられた頃に、五百の大願を発して、その五百の大願に応じ報いて釈尊は仏陀となられたと言うわけです。

そういう意味では、釈尊は願に報いたのであるからして、報仏と言わねばならない。しかしながら釈尊は八十才で命を終っていかれたではないか、と言うわけです。だとすると、願に報いたからというて何もかも報仏だと言うわけにはいかない。その最も端的な例が釈尊である。釈尊はやはり応身仏だろう。その意味では阿弥陀仏も、それと同じことが言えるのであって、願に報いただけで報仏と言うわけにはいかないではないか、と言うわけです。

もう一つ押えて言うならば、人間に感知できる世界において仏に成ったものはやはり応身だと、そういう意識がそこに隠れているわけですね。

だとすると、阿弥陀仏も阿弥陀の世界も、凡夫にすらわかるような仏であり、凡夫すらも生まれるような浄土だとすると、最も人間に近いところの仏であり、仏土である。だとするとそれは本願に報いたというても、やはり人間の世界における報い方だろう。いわば『悲化経』における釈迦牟尼仏と同じような意味をもつものだろうと、こういう論拠が慧遠の見解の背後に隠れているわけです。

それに対して『大乗同性経』というのは、どういう経典かといいますと、特に『大乗同性経』の特徴は、阿弥陀仏は西方極楽世界において成仏したということを主張しているのです。つまり阿弥陀仏は人間の世界で仏に成ったのではない、西方浄土において仏に成ったのが阿弥陀仏だと、こういうことを特に言うている経典が『大乗同性経』なのです。

だから、善導は敢えて『大乗同性経』の経文を引いて対抗するわけです。いわば相手が心の中に持っている、いわゆる論難の根拠というものを善導は既に見取って押えたわけです。だから他の経典に選んで、「西方安楽の阿弥陀仏は是れ報仏報土なり」という『大乗同性経』の経文をもって、『悲化経』に出ている釈迦牟尼仏と、『観経』乃至は『阿弥陀経』に出ている阿弥陀仏、及び阿弥陀仏の浄土とを混乱することは、実は基本的な誤ちを犯しているのだと、こういう批判をもって応えたわけです。

報仏・報土の主体的論証

ところが、それだけで善導は終らずに、その次に『大無量寿経』を持ってきた、これが大事なことなのです。この『大無量寿経』をもってはっきりさせようとしたのが、本願に報いるということです。ここでは本願そのものを端的に明らかにしておかなくては、『悲化経』で言われるようなことと混乱してしまうような問題が出てくるわけでしょう。だから『大無量寿経』を引く時に、

法蔵比丘、世饒王仏の所に在して、菩薩の道を行じたまいし時、四十八願を発しき。(『全集九』三二頁)

と、『大無量寿経』という経典を本願の経典だと、このように押えてしまったわけです。そうして法蔵菩薩が四十八願を発した、その願について、

一一に願じて言わく、若し我れ仏を得んに、十方の衆生、我が名号を称して、我国に生れんと願じて、下十念に至って、若し生れずば、正覚を取らじとのたまえり。(『全集九』三二頁)

という、これこそが実は本願なのだと押えるわけです。

前の別時意の論難に応えたのと同じ応え方をしているわけですね。別時意の論難で「唯願無行」に対して、「願行具足」と答えた時の願というのも、やはりこれと同じように、本願で答えたわけです。ここでも阿弥陀の本願で応えているわけです。まず阿弥陀の本願ということをはっきり押えておいて、

今既に仏に成りたまへり。即ち是れ酬因の身なり。(『全集九』三二頁)

と言うています。これが善導の答え方です。このような答え方というのは、理屈ではわからない答え方ですね。「今既に仏と成りたまへり」という証明は、実は善導自身の上にあるのです。これが大事なことなのです。

いちいち『大無量寿経』という経典にはこのようなことが説いてある、ということではなくて、『大無量寿経』という経典は四十八願が根本となっている経典だ、四十八願というのは、一一の表現は違うけれども、その願の意は「ただ念仏せよ」ということ以外にない、それが本願だと言うわけです。「ただ念仏せよ」というのが阿弥陀の本願だ、つまり、阿弥陀の無限なる願いが有限の上に

表現する言葉が「ただ念仏せよ」という言葉なのです。

とすると、その「ただ念仏せよ」という阿弥陀の本願が成就したということ、つまり今既にその願が報いたということはどういうことかというと、念仏者が誕生したということです。

『大無量寿経』に説かれてある四十八願というのは、一一の願を文字で拾ってゆけば、いちばん最初は無三悪趣の願ですし、いちばん終りは得三法忍の願ですから、全部願文の内容は違うわけです。しかし善導は、言葉は違うけれども貫いていることは、全部「設我得仏、十方衆生、称我名号」であって、「我が名を称えよ」というのが阿弥陀の本願だ、いわば「有限なる存在よ、無限なるものの御名を呼ぶ存在となれ」というのが阿弥陀の本願だと言うわけです。さらに言うならば、有限者よ、無限にめざめよ、無限に触れよと、こういうふうに呼びかけるのが阿弥陀の本願だと言うわけです。

ところで、その阿弥陀の本願、無限なる願いが酬因という、いわゆる因に報いるというかたちで成就したということはどういうことかというと、念仏者が生まれたということであります。そのことを、もっと押えて言うならば、善導が念仏者となったという、その事実以外に阿弥陀の本願の成就はないということである。この確信が『大無量寿経』の経文を、このように領かしめているわけです。これが善導独自の、経文に対する領解のしかたです。だから、

今既に仏に成りたまへり。即ち是れ酬因の身なり。（『全集九』三二頁）

と、もう絶対の自信をもって言うているのです。何かに書いてあるからまちがいないだろうという

ようなことではなく「今既に仏に成りたまへり」と言うのですから、確信がなければ「今」とは言えないですよ。その確信はどこにあるかというと、確証がなくてはならないわけです。その確証とは何かというと、善導自身が念仏者となったということです。念仏者となることにおいて、善導自身が阿弥陀の本願に触れているという事実があるわけでしょう。

親鸞の言葉を借りて言うならば、「親鸞一人」を通して、そこに酬因の身、つまり因に酬いたところの身としての阿弥陀を感得しているわけです。いわゆる有限なる善導が、有限を尽しきることができる、そういう宗教的人間としての覚醒として、酬因の身は領かれていくわけです。

そういう意味では先の『大乗同性経』は、他の論難に対して真正面から応えたものですし、その応える根拠は決して、単なる論理的な対論ではないのであって、むしろその宗教的なめざめにおいて答えているという、その姿勢の証が『大無量寿経』であるわけです。

報仏・報土の傍証

次は『観無量寿経』の文を引用してきます。『観無量寿経』の九品段の最初の上輩の三品のところで、上品上生、上品中生、上品下生の者が、それぞれの行を積んで、命終わろうとする時に、どういう現象が現成するかというと、化仏と共に阿弥陀仏がやって来て、その行者を浄土へ迎えていく、というふうに説いてあるでしょう。いわゆる「阿弥陀仏及び化仏と此の人を来迎したまへり」と、こういうふうに説いてある。ここで問題になるのは、阿弥陀仏が化仏を連れてくるということとです。お供に連れてくるのは化仏だと書いてあるからして、化仏を連れて来る仏は化仏ではない、というわけです。これは理屈みたいなことですが、化仏を共に連れてくるのは、やはり化仏をお供にするような仏でなくてはならない、とするとそれは報仏だというわけです。法身仏は道理そのものだから法身仏だというわけにはいきません。法身仏でないとすれば阿弥陀仏こそ報仏だと言うわけです。

だから善導は「故に名けて与と為す」と言っているように、「化仏と」という「与」という字が付いている限り、阿弥陀仏が主格になるわけです。その阿弥陀仏は化仏でないとすると、これは報仏だと、こういうふうに言うのです。

このように、最初には『大乗同性経』をもって、いわば客観的に阿弥陀仏は報仏であり、阿弥陀仏の世界は報土だと言い、次には『無量寿経』をもって、願の成就、いわゆる宗教的な自覚という一点で「是報非化」を明らかにし、それを押えた上で、問題の出てくる経典である『観無量寿経』の「阿弥陀仏及び化仏と」という、その「化仏と」の「と」という一字を押えて、化仏を共に連れて来る仏は報仏だというのは、理の当然なものではないかと、こういうふうに答えているわけです。

報・応・化の混乱

さて、次に言っていることは、今までいろいろ言うてはきたが、次に述べるようなことは言うても言わなくても大したことではないではないかというようなものです。ところが、これが大したことなのです。なぜかと申しますと、浄影寺慧遠は、善導から言うならば、ミスを犯したからなのです。つまり、経典の読み誤りをした。それを善導は見落とさなかったわけです。そのミスを犯した一点を、これから善導は追求するわけです。

此の文を以て証す、故に知んぬ是れ報なり。（『全集九』三二頁）

と、このように押えておいて、

然るに報・応の二身は、眼目の異名なり。前には報を翻して応と作し、後には応を翻して報と作す。（『全集九』三二頁）

こういうふうに言っていますね。ちょっと読んでみても何を言っているのかわからないですね。報身というのも、応身というのも、「眼目の異名」だと言うのです。「眼」と「目」に違いがありますか。同じものでしょう。いずれも物を見る働きをするものを指す言葉であって、体は一つです。報身というのも応身というのも、目と眼と字が違うのと同じであって、体は同じことなのだと、こう言うているのです。

何でこのようなことを言いだしたかといいますと、浄影寺慧遠が阿弥陀仏を報身ではなくして応化身だと言うた時に、浄影寺慧遠自身の学問のなかで、応身に対する領解に粗雑な一点があったのです。それを善導は押えたわけです。だから善導がこのように言うている言葉の背後には、『大乗義章』を作った学匠である慧遠の学問のなかにあった、粗雑な一点を見落とさないで押えていく善導の目があるわけです。

それはどういうミスかといいますと、ここには二つの問題があります。一つは、仏教では法・報・応の三身という決ったかたちで言うていますけれども、この三身については、経典や論によって、同じものを違う言葉で表わすことがあるのです。

煩瑣になりますので図示してみます。

	『十地経論』	『金剛般若経』	『合部金光明経』
三身分別	法　身	法身仏	法　身
	報　身	報　仏	応。身。（応報身の意）
	応。身。	化　仏	化　身

このようにして『十地経論』と『金剛般若経』を対応さしてみれば、『十地経論』の法身・報身・応身に対して、『金剛般若経』は法身仏・報身仏・化仏と言うていますので、応仏と化仏と言葉は違いますけれども、同じことです。ところが問題は『合部金光明経』です。この経典では、報身に当たるところを応身と言うているのです。とすると、『十地経論』もしくは『金剛般若経』では報仏、報身と言うのですから、これは報という言葉で押えられますが、『合部金光明経』では、同じ仏を指して応身と言うているのです。そうすると『十地経論』の報身というのと、『合部金光明経』の応身というのとは同じことを言うているわけですね。

これについてはずいぶん細かい論議があるのですが、大ざっぱに言うてしまいます。だいたい浄影寺慧遠はいろいろな経典を組み合わせて、仏の三身、四身ということを研究していたわけです。

特に『大乗義章』のなかで詳しく研究しているのです。ところが研究しているうちに間違えたわけです。何を間違えたのかというと、『十地経論』の応身と『合部金光明経』の応身とをイコールで結んでしまったのですね。字が同じですから、このような間違いを犯したわけです。案外緻密な学問をしている人でも、こういう間違いを起こすことがあるのではないですか。

よくみれば、当然『十地経論』の報身と『合部金光明経』の応身とがイコールになるはずのものを、前者の応身と後者の応身とをイコールにしたものですから混乱がおきたわけです。この混乱がもとになって、阿弥陀仏の浄土は、報土か化土かという決定をする時に、実は報・応という言葉の使い方に二重の意味を考えついてしまったわけです。だから、意識のなかに混乱が起こったわけです。それを善導は見落とさなかったのです。

そこで、善導は報身というのも応身というのも、実は翻訳の時代の違い、あるいは経典、論の違いである。いわば、これは眼と目との違いと同じことであって、文字は違っていても同じ内容のものであると言うわけです。言葉をつけ加えて言うならば、『合部金光明経』で言うところの応身は、報応身、あるいは応報身なのです。応というのは応ずるということですから、報いるということでしょう。ですから、ここで言う報身と応身は同じ意味なのです。だから『合部金光明経』の応身は決して応化身の意味ではなくして、『十地経論』の報身と同じものを指しているのだと言うて、善導は相手の論議の根拠にある誤ちを正しているわけです。

慧遠の問題点が二つあると言いましたが、もう一つは、もっと身近なところで善導はその混乱を押えたのです。それはあの浄影寺慧遠が自分が拠って立っているところの『摂大乗論』で押えるわけです。この『摂大乗論』は、浄影寺慧遠のころまでに三つの翻訳があるわけです。その三つの翻訳に、実は翻訳の用語がまた違っているのです。図示しますと

『摂大乗論』	扇多訳（魏）	真諦訳（梁）	笈多訳（隋）
三身分別	真　身	自性身	自性身
	報　身	応　身	共用身（報身）
	応　身	化　身	化　身

このように、同じ『摂大乗論』の仏の三身を翻訳するのに、それぞれの時代の翻訳者によって違っているわけです。先の経典の場合と同じように、浄影寺慧遠が拠って立っている『摂大乗論』の翻訳の上においても、やはり翻訳された時代によって、言葉は同じでも指し示す内容が異っていたり、また言葉は違っていても内容は同じであったりするわけです。それを取りあげて、善導は指摘し、だめ押しをするわけです。

たとえば、同じ『摂大乗論』の翻訳なのに、扇多訳と真諦訳を見ますと、扇多訳の方は報身で、これにあたる真諦訳の方は応身となっています。これは同じものを見ているわけでしょう。ですから、扇多訳の応身を真諦訳の応身と混同したならば間違いです。そのような点を押えて善導は、

報・応の二身は、眼目の異名なり。前には報を翻して応と作し、後には応を翻して報と作す。

（『全集九』三二一頁）

このように、「前には」「後には」というのは、翻訳について、前の翻訳においては、後の翻訳においては、という意味です。

ところが、昔から二つの解釈のしかたがあるのです。漢文の読み方によって違ってくるわけですが、

前には報を翻して応と作し、後には応を翻して報と作す。(『全集九』三三頁)

と言った時には、真諦訳と笈多訳について言うたのだというわけです。報身を前の、つまり梁の時代の翻訳では応身と言うた。そして後の隋の時代の翻訳では、応を翻して共用身と言うたのだというのです。共用身とは報身のことですから、「後には応を翻して報と作す」と言うわけです。

もう一つの解釈があるのです。それは、

前には報を翻して応と作る、後には応を翻して報と作る。

と、報を翻せば応となると、こういうふうに読みなおしてみるわけです。そうすると、前には報身と訳したけれども、翻してそれを言うならば、それは応身のことだと、後には応と訳したけれども、応身を翻して言うならば報身のことなのだと、こういう意味になる。このように見ますと、扇多訳と真諦訳の前後関係になりますね。このような二つの読み方がありますが、どちらから見ても、これは同じことを言うているのであって、善導は「眼」と「目」の違いと一緒だと、このように言うわけです。これだけのことが文章の背後に隠れているからして、この善導の文章を読んだだけでは何のことかわからないわけです。

そういう意味では、善導は得意になっておられたかどうか知りませんが、相手の専門の分野で反論しているわけですね。慧遠の拠って立っている『摂大乗論』の訳を三本もち出して報と応の問題を解明しているわけで、あたかも敵刃によって敵を斬るようなかたちで、『摂大乗論』の翻訳の問題まで持ってきて相手の論議の間違いを正しているわけです。

これが善導の主とする論議ではないのですけれども、こういう間違いをあなたは犯している、しかのみならず、宗教的問題についてまで、人間の権智をもって宗教的問題を論定しようとする基本的な間違いを犯している、だから二重の過ちを犯していると言うのですね。いうならば、仏者としての過ちを犯しているとともに、仏教学者としての過ちをも犯していると、こういう指摘です。これはずいぶん厳しい指摘をやっているわけでしょう。こういうところに善導の着眼の鋭さというだけではなく、善導自身の姿勢の厳しさがあるわけですね。

応現する化仏

「是報非化」を論証するために、『大乗同性経』を出して相手の根拠をまず崩し、そして『無量寿経』をもって主体的に報仏ということを押え、そして問題になっている『観経』の「阿弥陀仏及び化仏と」という「と」の一字を押えてくる。そしてさらに、報と応とについての仏教学的な過ちというものを指摘する、これだけのことをやってきたわけです。このように押えてきまして、次に、

凡そ報と言うは、因行虚しからずして定んで来果を招く、果因に応ずるを以ての故に名けて報

と為す。（『全集九』三三頁）

と言うています。この時には、「果因に報ずるを以ての故に報となす」と、報という字を明らかにするのに、あえて「応ずる」という言葉で明らかにしたわけですね。その次には、

又三大僧祇の所修の万行、必定して菩提を得べし。今既に道成ず、即ち是れ応身なり。（『全集九』三三頁）

ここでは、「報」ということを「応」という言葉で押えております。前は「報」という字で押え、後は「応」という字で押える、この点非常に緻密な、しかも配慮の行き届いた押え方ですね。

そこで「斯れ乃ち」と承けて、過去の仏も現在の仏も、仏は法・報・応という三身の他にはないのだ、とすると「斯れを除いて已外」、いわゆる「阿弥陀仏及び化仏」と、こう言うた時に、阿弥陀仏を報仏だと押えるならば、「これを除いて已外」つまり三身の他にはさらに他に仏はないのだと言うわけです。

たとひ無窮の八相・名号塵沙なれども、躰を剋して論ずれば衆く化に帰して摂す。（『全集九』三三頁）

と、こういうわけでしょう。だからたとえ、その仏が衆生を教化するために、いわゆる八相示現、つまりすばらしい表現の方法をもって現われたとしても、あるいは、その仏の名が今まで聞いたことのないような新しい名で語られたとしても、その体を押えて言うならば、実は全部、報仏と共にある仏は化仏なのであって、化に摂めてしまわなくてはならない、というわけです。とすると、こ

こで言うところの『観無量寿経』の「阿弥陀仏及び化仏と」という化仏のなかには、阿弥陀仏は入らない。だからして阿弥陀仏は報仏だ、その他の仏は法身でない限りにおいては全部化仏だと言うわけです。

そういう意味では化仏という考え方は、分類学的発想で言うところの仏の分類ということではなくて、今日でもやはり人間に応同して現われ、人間の救いを約束するものは、やはり化仏のなかに摂ってしまうのではないですか。ここで善導があえて「無窮の八相・名号塵沙なり」と言うのですから、善導は「どんな姿であなたがたの周辺に、仏が化仏として現われるかわからないから、予定観念をもって仏教を考えていると、予定観念を外されますよ」と言うわけです。

ですから「無窮の八相・名号塵沙なれども、躰を剋して論ずれば衆く化に帰して摂す」と言うているなかには、化仏はどのような姿で現われているかわからない。しかし今まで見たこともない、いわば予定観念を超えた仏が現われたからというて、それを特殊な仏だと思うてしがみつくと、とんでもない過ちを犯す、という問題が実はここに隠れているわけです。

こういうところに、われわれの問題もあるのではないですか。仏教を学ぶと言うていますけども、仏教を学ぶことにおいて予定観念をますます固めてゆくのであれば、実は仏教をやらない方がいいですよ。実は予定観念を払うことが大事なのでしょう。予定観念を払うてその正体を見極めるような、そういう澄んだ目を必要とするわけです。それが、「躰に剋して論ずれば」という押え方の上にうかがわれるわけです。

この点を憶念しながら見れば、浄影寺慧遠は確かに秀れた学生でありますけれども、秀れた学生であるだけに一つの執われがあったのでしょう。それは、仏の三身ということは決ったものだという、三身ということに対する固定観念を持っていたわけです。その規定から出られなかったのでしょう。だからいろいろな経典を見て戸惑うわけです。

たとえば『観音授記経』を見ると、阿弥陀仏は涅槃すると書いてあるわけです。そうしますと、涅槃する仏は報仏だと言うわけにはいかないという、その予定観念のなかへ阿弥陀仏を摂めて、だから化仏だと、こういうふうに言うたのでしょう。ところが、その予定観念を払って阿弥陀仏に触れるという宗教的な実践をくぐるならば、たとえ『観音授記経』に文字ではそのように書いてあっても、『観音授記経』が説いている精神は、そこにはないことを見抜くことができるはずでしょう。これが、善導が批判してゆく基礎にある精神であるわけです。

そして、最後に押えて、

今彼の弥陀現に是れ報なり。（『全集九』三三頁）

と言うて、今・現・是と確実に押え切っていくわけです。

(3) 五乗斉入

問曰。既言《フ》二報《ト》一者《ハ》、報身常住《ニメ》永《ナカク》無《シ》二生滅一。何《ナンカ》故《ツ》『観音授記経《ニ》』説《トクニ》下「阿弥陀仏亦有《ニマタリト》中入涅槃時《ネチハンノ》上」、此之一義《ヤ》若為《イカムカ》通釈《ツウシヤクセムヤ》。答曰《ク》。入不入義者《ノキハ》唯《タヽ》是《レ》諸仏境《ノ》界《ナリ》、尚《ナホシ》非《ス》三三乗浅智《ノセン》所《ノ》二闚《ロニウカヽウ》一、豈況《アニイハムヤ》小凡輒《タヤスタ》能知《クシラムヤ》也。雖《トモ》然《リト》必欲《スオモハシラムトハ》知者、敢引《アヘテヒイテ》仏経《ヲ》以《テ》為《セム》明証《ト》。何《イカントナラハ》者、如《シ》『大品経』涅槃非化品中《ノニ》説《トイテイフカ》云。「仏告《ハクシュ》須菩提《ニ》。於《オイテ》汝意《チカコヽロニイカンソ》云何。若有《シテ》化人作《ナス》化人《ヲ》、是化頗《ノニスコフルモシ》有《リヤ》実事《シ》、不空《アラスヤクウナル》者《ノニ》不《イナヤ》。須菩提言《ノサク》、不《イナヤ》也、世尊。仏告《ハク》須菩提《ニ》。色《シキ》即《チ》是化《レナリ》、受《シュ》(マヽ)想・行・識即《モ》是化《ナリ》。乃至一切種智即是化《レナリ》。須菩提白《ニ》仏言《タク》。世尊、若世間法《シノ》是化《レナラハ》、出世間法《ノ》亦《モマタ》是化《レナリト》、所謂《イハユル》四念処《ショ》・四正勤《コム》・四如意足《イソク》・五根《コン》・五力・七覚分《カクフン》・八聖道分《フン》・三解脱門・仏十力・四無所畏《ヰ》・四無礙智《ケ》・十八不共法《フク》、幷《ナラヒニ》諸法果《ノクワ》及賢聖《ヒ》人、所謂《イハユル》須陀洹《コン反オム反》・斯《シ》陀含《コン》・阿那含《コン》・阿羅漢・辟支仏・菩薩摩訶薩・諸仏世尊、是法《ノ》亦《マタ》是化《レナリヤイナヤ》不。仏告須菩提《ニ》。一切法《ノハ》皆是化《レナリ》。於《テ》是法中《ノノニ》有《リ》声聞法変化《ノヘン》、有《リ》辟支仏法変化、有《リ》菩薩法変化《ノ》、有《リ》諸仏法変《ノ》化、有《リ》煩悩法変化《ノ》、有《リ》業因縁《コウインエンノ》法変化《ノ》。以《テノ》是《ノ》因縁《ツ》故《ニ》、須菩提、一切法《ノハ》皆是化《レナリ》。須菩提白《ノ》仏言《ク》。世尊、是諸《ノノ》煩悩断《タン》、所謂《イワユル》須陀洹果《オンクワ》・斯《シ》陀含果《コムクワ》・阿那含果・阿羅漢果・辟支仏道、断《タンセル》諸煩悩《ノ》習《トシフト》、皆是変化《レナリヤイナヤ》不。仏告《ハク》須菩提《ニ》。若有《シル》法生滅相《ノノ》者《ハ》、皆是変化《レナリ》。須菩提言《ノサク》。世尊、何等法《ナンラノカ》非《サル》変化《ニ》。仏言《ノハク》。若法《シノ》無生無滅《ナル》、是《レ》非変化《ニ》。須菩提言《ノサク》。何等《ナンラカ》是《レ》不生不滅《ニノ》非《サル》変化《ニ》。仏言《ノハク》。無《ナキ》誑相《ワウサウ》《クルウ》涅槃《ネチハンナリ》、是法《ノノミ》非《ス》変化《ニ》。世尊、如《キハ》仏自説《ラフカ》、諸法平等《ハニノ》非《ス》声聞作《ノサニ》、非《ス》辟支仏作《ノサニ》、非《ス》諸菩薩摩訶薩作《ノニ》、非《ス》諸仏作《ノニ》、有仏・無仏、諸法性常空《ノハニナリ》、性空即是涅槃《ハチレナリ》。云何涅槃《ソノ》一法非《アラサルヤコトクンハ》如化《ノ》。仏告《ハク》須菩提《ニ》。如是《シノ》如《シ》是《ノ》、諸法平等《ハニノ》非《ス》声聞所作《ノショニ》、乃至性空即是涅槃《チレナリ》。若新発意菩薩《シシンホチイノ》、聞《キヽテ》是一切法皆畢竟性空《ノナメナリ》、乃至涅槃亦皆如化《モナコトシト》者《ノイハヽ》、心則驚《チキヤウオトロキ反》怖《フシナムオソル反》。為《メノ》是新発意《ノシンイノ》菩薩《ノ》故《ニ》、分別《スルナリ》生滅者《スルノハ》如化《シ》、不生不滅者《ノノハ》不如化耶《ストコトクナラノヤ》」。今既《イマステニ》以《テコノ》斯聖教《ヲ》験《アキラカニ》知《ヌ》、弥陀《ハ》定《メテ》是報《レナリト云ナリ》也。縦使後《タトヒノチニ》入《トモ》涅槃《ニ》、其義《ノ》無妨《サマタケハウ反》。諸《ノ》有智者《ノノヘシ》応知《ヌ》。問曰。彼仏及土《ノヒト》、既言《ステニイフ》報者《トハ》、報法高妙《ニノ》、小聖難《ハカタシカナヒ》階、垢障《クシヤウノ》凡夫云何得入《ソエムイルコトヲ》。

答曰。若論《シロンスレハ》衆生《ノ》垢障《ヲ》実難《ニカタシ》欣趣《コムシユシ》。正由《ヨテ》託《タクノ》（マヽ）仏願《ニ》以《テ》作《スルニ》強縁《カウエント》、致《イタス》使《シムルコトヲ》五乗斉《ヒトシク》（マヽ）入《イラ》。（『全集九』三三頁）

未覚の分限

「問うて曰く」と、ここで相手の論難がまた出るわけです。

既に報と言うは、報身は常住にして永く生滅無し。何が故ぞ『観音授記経』に「阿弥陀仏に亦入涅槃の時有り」と説くに、此の一義若為《いかん》が通釈せんや。（『全集九』三三頁）

と問うています。これは、いわば善導が相手側の意を推し量って自問するところから始まるわけですが、阿弥陀は報身仏だと一応そうしておきましょう、と言うわけです。だがしかし、報身仏だと言うからには、報身仏だという規定をはずすわけにはいかない、報身は常住であって永遠不滅でなくてはならない。ところが『観音授記経』という経典を見ると、「阿弥陀仏に亦入涅槃の時有り」と、このように書いてある、涅槃する仏であれば報身仏とは言えないではないか、この矛盾はどのように解釈するのか、という一つの論難です。

この『観音授記経』がまた浄影寺慧遠たちの強力な拠りどころになっているわけです。実は『観音授記経』という経典には確かにそのように説いてあるのです。阿弥陀仏は無量寿なる仏だけれども、やがて涅槃したもう時がある、その涅槃したもう時に、阿弥陀仏の授記を受けて観音菩薩が次の仏として出世する、ということが『観音授記経』に説いてあるわけです。だからその文字のとおりに読んできて、文字のとおりに受けとって、阿弥陀仏が報仏だということを批判することは、これは十分可能な論理なのです。

ところが、この問いを承けて善導は、ものすごく長い『大品経』の経文を引用してくるわけです。『大品経』は『摩訶般若波羅蜜経』のことであって、普通『大般若経』と言われている経典です。その『大般若経』の経文を持ってきて善導は『観音授記経』の教説を批判するのではなく、慧遠が経文を読んでいる、その読む姿勢を批判するのです。「此の一義いかんが通釈せんや」と、つまりこの義をどういうふうに解釈し、この矛盾をどうあなたは突破するのかと、このように問うのに対して、その答え方は、

答えて曰く。入不入の義は唯是れ諸仏の境界なり、尚し三乗の浅智の闚うところに非ず。豈に況んや小凡輒く能く知らんや。（『全集九』三三頁）

と始めるわけです。これは善導が経典を読む時の常の精神ですね。いわゆる、仏が入滅するか入滅しないかは仏の境界の話だ、その仏の境界が仏によって入とか不入とか説かれていることを、人間の生滅の意識でとらえようとするのは、とんでもない間違いではないかと言うわけですね。入滅と書いてあるからというて、この仏には終りがあるだろうと、そういう意識で読むならばこれは間違いです。経典というのは衆生を救うためにあるのでしょう。人間を救うために仏が説くのであるからして、入というかたちで不滅を教えるということもあるわけですし、不滅という言葉で入滅の事実を端的に知らしめるということもあるわけでしょう。そこに仏の方便ということがあるわけです。

そういうものが経典全体の精神です。

ところが、それに触れないで経文の文字を読んでいけば、われわれは仏の境界を闚うことはできないということになる、だから「入不入の義は唯是れ諸仏の境界」であると言うのです。いわば仏と仏とのみ知ろしめる唯仏与仏の境界であって、「尚し三乗浅智の闚う所に非ず」なのです。声聞、縁覚、菩薩の智慧をもってしても、なお仏の境界を闚うには浅智だと、こう言うわけです。

そして「いかに況んや小凡輙く能く知らんや」と言うのですが、これは皮肉すぎますね。一代の大学匠をとらえて、言うならばあなた方は三乗ですか、それとも菩薩ですか、たとえ菩薩であっても浅智と言わざるをえないですよ、いかに況んや小凡の智慧をもって、輙く仏が入不入の義を説いておられることがわかろうはずがない、というわけですね。

「然りと雖も必ず知らんと欲はば」、どうしても知りたいならば答えましょう、というわけです。ところが善導は自分の言葉で答えるのではないのです。どのようにして答えるかというと、「敢えて仏経を引いて以て明証とせん」、仏の精神、仏の境界を明らかにするのには、仏の言葉をもって証明として答えようというわけです。そこで『大品経』を持ってくるわけですが、この『般若経』というのは、空ということを中心とする経典でしょう。「色即是空、空即是色」というように、空ということは、言うならば、入とか不入とかいうようなことを超えるわけでしょう。いわば、生とか滅とかいう意識を超えたところのものを空という言葉であらわすわけです。

ところで『般若経』という経典は、般若の智慧をもって道理を領くのですから、その般若の智慧によって領かれた道理は、般若の智慧を得ていない凡智が生だとか滅だとか言うているものとは違うわけです。だとすると、この入・不入というような問題については、その般若の智慧、つまり、仏の智慧においてどのように領解しているのか、それを『般若経』そのものによって答えてもらおうではないかというわけです。

だいたい空ということは、仏教が依りどころとしている思想根拠ですから、そういう思想根拠を主題にしている『般若経』を、あえて持ってきて『観音授記経』に説いてある、阿弥陀仏に亦入涅槃の時があるという、「涅槃に入る」ということの意味を明らかにしていこうというのが、善導の答え方なのです。

「如化」と「非化」

引用されているのは『般若経』の「涅槃非化品」という経文です。もともと『般若経』には「如化品」とあるのですが、善導はそれを「涅槃非化品」と名づけているのです。これがまた論難に対して非常に適切な文章を引用しているわけです。いわゆる解空第一と言われる仏弟子須菩提と仏陀との問答が出てくるわけです。仏弟子のなかで、空の道理を知ることにおいては第一人者だと言われた須菩提を相手にして、仏は空ということを教えるわけです。空という理屈を教えるのではなくして、空という事実を教えるわけです。

前半では、すべてのものは化の如しと教えるのです。すべてのものには実体はない、化の如しだということを、くどいほどに仏陀が説いているのです。

ところが、ここで須菩提が問いを出すのです。それは、もし化の如しだというのならば、すべてが化であって実体は一つもないのですか、真実、永遠というものは一つもないのですか、と問うわけです。そこで、唯一つだけ化でないものがあると、釈尊が言い出すわけです。それは何かと言えば、涅槃だというのです。

そこで須菩提は逆襲するわけです。やはり解空第一といわれる人ですから、それはちょっとおかしいではないかというわけです。すべてのものが化だと、このように今まで説いてこられたのに対して、わたしは、それでは化でないものは何かと聞いたら、それは涅槃だと言われた。平等の智慧から見ると、すべては同じ平等のものでなくてはならないということは、釈尊の説法の真理ではないですか。それを他のものは化だが涅槃だけは化ではないというのは、大きな矛盾ではないですかと言って、須菩提が追求するわけです。

それに対して釈尊は、そのとおりだと返事をするわけです。そのとおりだと言って、今度は逆に化に非ずということを説いていくわけです。そして最後に須菩提が、どうして世尊はそのようなややこしい説き方をするのですかと問うと、そこで仏陀は、これは新発意の菩薩のためだと答えるわけです。

新発意というのは、仏道に志した最初の菩薩です。まだ智慧を得ていない、仏道に志だけ持っている修行者のことです。その新しい仏道の修行者は、もし唯一方のみを説いたならば、驚いてしまって道を求めることさえ捨ててしまうだろう。だからその人々のためにあえて方便して、一方においては化の如きものと説き、一方においては化の如くならざるもの、つまり永遠常住なるものと、こういうふうに分別して説いたのだと、このように教えてゆくのがこの経文の筋です。

この『大品経』の経文を善導はあえて「非化品」と言うわけですが、化というのは化けるという意味ですから、正体を押えてみたら、その実体はないのだということで、化の如しと、こういうふうに説いているわけです。だから人間の存在も、智慧をもって見るならば化の如きものであるし、あるいは仏といっても化である、菩薩というのも化である、修行というのも化である、このように全部化の如し、化の如しと初めは説いていたのです。

ところが、須菩提の問いをまって、一転して、今度は逆に仏も化ではない、煩悩も化ではない、五蘊も化ではないと説きましたね。だから一つの経典のなかに、あるところでは全部化の如し、化の如しと言うて、またあるところまでくると、同じ経典が一転して今度は化の如きではないと、つまり非化だと、こういうふうに言うているのです。だからその時には、空の道理に立つのですから、化の如しと言うのも、化に非ずと言うのも、実は同じことを両面から押えて言うているわけです。だから、「如化品」というのも「非化品」というのも実は同じことなのです。

ところが、善導があえて「非化品」という言葉をここで使ったのは、推し量って言うならば、涅槃そのものは仏智において語られるものであって、いわゆる人間の凡智で推し量るものではない、ということを明らかにしたかったわけでしょう。いうならば涅槃と言うても、その涅槃はわれわれが意識しているような滅というものではない、だからわれわれの意識で言うならば、滅とか不滅とかいう人間の意識を超えたような、そういうものを涅槃と、このように言うのだというのでしょう。だから、涅槃は化ではないと説く方の、非化という言葉をあえて取り上げたわけでしょう。だからそういう意味では、「如化品」をあえて「涅槃非化品」と名づけたところに、既に善導の主張があるのだと思います。

如化——一切色・法

それでは、引用の『大品経』の経文にそって読んでゆきます。

仏須菩提に告げたまわく。汝が意に於いて云何ぞ。若し化人有りて化人を作す、是の化に頗る実事有りや、空なる者に不ずや不《いな》や。(『全集九』三三頁)

と、こう問うているのです。おまえは空の道理については一番よくわかっているそうだが一つ尋ねる、というわけです。ここに一人の化人があるといって、たとえを持ち出すわけです。ここで化人というのは、変化を起こす忍者みたいなものですね。変幻自在の術を身につけているような人なのでしょう。

そのような化人がここにいる。その化人があって化人を作る。いわば化人が化人を作ったというのは、つまり二重に化けたわけですね。その作られた化人の姿は、「頗る」ですから、どう見てもほんもののように思うけれども、おまえはこれをほんものだと、こういうふうに領解するか、それとも化人であるというふうに領解するかどうかと、このように問いかけるわけです。

この程度の問いかけに対して、解空第一という須菩提が惑うわけがありません。わかりきったことを聞かれているのですから、「不なり、世尊」ですよ。それを押えて釈尊は、「とすると云々」ということから話を始めて、

色即ち是れ化なり、受・想・行・識も即ち是れ化なり。乃至一切種智即ち是れ化なり。（『全集九』三四頁）

というかたちで、次々に押えてゆくわけです。色・受・想・行・識というのは五蘊ですね。存在するもの、なかでも特に有情というものは色・受・想・行・識という五つの蘊、いわば五つの要素によって成り立っていると仏教ではいわれております。色というのは、いわば物質性といいますか、肉体です。だから色が肉体だとすると、受というのは触れて感ずることですから、感覚でしょう。想というのは、知覚表象の作用といいますから、想念です。つまりものを想像して心に刻むことですから、知覚、あるいは表象する、そういう働きでしょう。行というのは厄介な概念ですけども、いろいろな意味で使いますが、ここの場合は知覚想像の作用を経て、やがてそれによって意志が働く、その意志及びその他の心の作用をいうのです。いわゆる心理状態というものを行という一語に摂めているわけです。識は意識です。意識作用でしょう。

そうすると、物質性、感覚作用、知覚表象作用、それから意志その他の心理作用と、そして意識作用、この五つの作用が、物に執着するところの凡夫の生存構造というものを表わすわけでしょう。

だからそういうものは全部化であると教えるわけです。

五蘊仮和合ということが『唯識論』のなかに出てきますね。五蘊、つまり存在するものはすべて、この五蘊が仮に和合して、いろいろな姿をとったのであるから、その因縁がつきれば五蘊がバラバラになってこわれてゆくものだと言うています。ところが人間は、五蘊が仮に和合してできている事実に目が暗い、つまり智慧を持たないがために、これが実体的なもので変わらないものであると執着してそれで悩んでいると、このように唯識では言います。

そういう意味で、人間の生存構造を五蘊として教え、その生存構造は実体としてとらえられるようなものではなく、すべて化であるというのですが、これはよくわかります。ところがだんだんわからなくなるのですよ。

乃至一切種智即ち是れ化なり。（『全集九』三四頁）

と、こう言うでしょう。一切種智というのは、仏の智慧には一切智と一切種智というのがありますね。一切智というのは平等の道理を知る智慧です。一切種智というのは、その平等に即して差別を知る智慧でしょう。差別に執着する智慧ではなくして、平等の道理に目を開いた、その開いた心によって差別を差別として正しく領解する智慧が一切種智です。いわば一切智は平等を知る智恵ですし、一切種智は平等に即して差別を知る智慧です。

如化――三十七道分・十八不共法

そうすると、平等に即して差別を知る智慧までが化だと、このように言われるとわからなくなってきますね。だから、ここで須菩提がまた問うわけです。

須菩提仏に白して言さく。世尊、若し世間の法、是れ化ならば、出世間の法も亦是れ化なりと。(『全集九』三四頁)

世間の法は確かに化だと、一応われわれは領解できる。ところが出世間の法もやはり化でしょうかと、こういうふうな問いですね。「若し世間の法、是れ化ならば、出世間の法も亦是れ化なりと」、ここで「化なりや」と訓点している本もありますが、親鸞は「化なりと」と領解しておられます。「化なりと」と読んでも意味は問いかけです。そしてその出世間の法は何かというと、それを須菩提は一つずつ押えていきます。

所謂四念処・四正勤・四如意足・五根・五力・七覚分・八聖道分・三解脱門・仏十力・四無所畏・四無礙智・十八不共法、幷に諸法の果及び賢聖人、所謂須陀洹・斯陀含・阿那含・阿羅漢・辟支仏・菩薩摩訶薩・諸仏世尊、是の法亦是れ化なりや不《いな》や。(『全集九』三四頁)

出世間の法というものがここに出ているわけですが、一言で言えば、須菩提が世尊に問うのは、四念処から仏・菩薩・世尊まで全部を含めた人たちを押えて、もし出世間の法も化だということになると、仏も化ですか、さらに言えば、悟ったと言うているその悟りそのものも化ですかと言うわけです。

ここでいろんな言葉が出てきますが、四念処、四正勤、四如意足、五根、五力、七覚分、八聖道分と、これだけのものが、いわゆる三十七道品と言われるものです。三十七のいろいろな働き、あるいはその修行の方法、あるいは智慧の働き、そういうふうなものをもって、涅槃の境地に至る智慧をうる実践法、それを三十七道品と仏教学では言うています。これらの三十七を図解しますと、

三十七道分（道品）

- 四念処（念住）
  - 身―観身不浄
  - 受―観受是苦
  - 心―観心無常
  - 法―観法無我
- 四正勤
  - 律儀断―已生悪令ㇾ断
  - 断　断―末生悪不ㇾ生
  - 随護断―末生善令ㇾ生
  - 修　断―已生善令ㇾ増
- 四如意足
  - 欲如意足
  - 精進如意足
  - 心如意足
  - 思惟（慧）如意足
- 五　根
  - 信
  - 精進
  - 念
  - 定
  - 慧
- 五　力
  - 信
  - 精進
  - 念
  - 定
  - 慧
- 七　覚（菩提分）
  - 念
  - 択法
  - 精進
  - 喜
  - 軽安
  - 定
  - 捨
- 八聖道分（正道）
  - 正　見
  - 正　語
  - 正思惟
  - 正　業
  - 正　命
  - 正精進
  - 正　念
  - 正　定

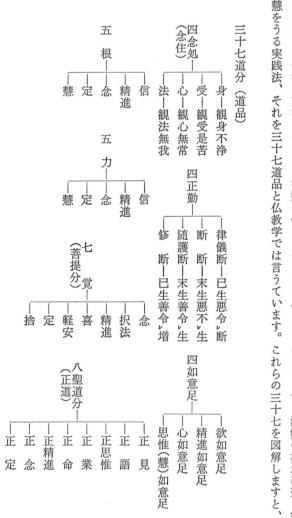

このようになります。

四念処というのは、四念住とも言いますけれども、身・受・心・法というて、身と、それから感覚作用という受、そして心と、そして、すべての存在というものに対して人間は執着を持っている。身、いわば命というものは、清浄なもの、美しいものだという執着をもっていますし、あるいは感覚というものは楽しいものであるはずだという執着を持っています。そして、心は永遠であるはずだという執着をもっていますし、法には実体があるというふうに、そういう執着を持っています。それを破って、身は不浄なものである。受、感覚作用は苦のもとである。心は無常なるものである。法、つまり存在はすべて実体のない無我なるものであると、こういうふうに知らせて、そして身・受・心・法に対する執着を破ってゆこうという実践、いわば智慧をうる実践、それが四念住です。

四正勤もやはり同じようなものです。四正勤は四つの正勤ですから、正しい精進の方法です。第一に律儀断というて、まだ起こさないところの悪を決して起こさないように努力する。二番目に断断というのがありまして、既に起こした悪だけれどもそれを破っていくというわけです。次は随護断、護るに随って断ずるというので、まだ起こさない善を必ず起こすように努力するということです。四番目が修断です。これは、もう既に起こした善は決してなくならないように努力するということです。いわば努力精進の実践でしょう。

次が四如意足です。如意というのは意の如しということですから、神通力という言葉の神通と同じことです。足というのは、これは譬喩です。働きを足に譬えたのです。そこで四如意足とは、欲如意足、精進如意足、心如意足、思惟如意足です。願いを発し、努力をし、心に思い、そして智慧を感ずるというような力をひき立て、ひき立て起こしながら、そういうひき立て起こす働きを足として、神通力を現じてゆこうという努力です。

五根というのは、煩悩を抑えて正しい悟りへの道に自分自身を赴かしめてゆく働きの根です。そういう働きの根拠が五根です。

五力というのは、その働きの根拠から現われてきた作用です。ですから根と力とは、根は働きそのものであるし、力はその働きが具体的な相をとった時に力と言うのでしょう。

七覚分は、七菩提分と言われるように、心に思う憶念とか善悪真偽を選ぶという選びの働きです。択法、精進、正法を得て喜ぶという喜、軽安とは身心共に軽やかである。それから定、心が静かであるという定、それから捨、心が平等であるという働き、これら七つを七覚といいます。悟りをうるための身心の在り方を言うのでしょう。

八聖道分は八正道のことです。いわゆる、正見・正思惟・正語・正業・正命・正精進・正念・正定という、八種の正道です。

そうしますと、これだけ全部を勘定すると三十七あるので、これを三十七道分または三十七道品と言うわけです。

須菩提はそういう三十七道分、つまり悟りの智慧をうる実践の方法まで全部これは化ですか、とこういう尋ね方をするわけです。さらにそれだけではないわけです。三解脱門とは空・無相・無願と言って、いわゆる、すべてのものは空である、空なるものは執着すべき相のないものである、相のないものであるからして、われわれは何物にも執着しないという、そういう三昧、それが三解脱門です。それもやはり悟りへの一つの在り方でしょう。

「十力・四無所畏・四無礙智・十八不共法」と言っていますが、十力・四無所畏・四無礙智、これで十八でありますね。それを十八不共法と言うのであって、ダブッているようにも見えます。あるいは、十力と四無所畏と、そして三念住と大悲というのを勘定して十八不共法と言う場合もありますし、この経文はいったいどちらをとっているのかよくわかりません。

ともかく十力というのは、いちいち申しませんけれども、仏、覚者だけが身につけている十の働きです。仏教では力というのは、いつでも働きと、こう読み直した方がいいのですよ。他力というような時も、他の力だと思うから厄介になるのであって、他の働きです。力は働きと読んだ方がいいのです。今の十力は仏の十の働きです。四無所畏は、畏れから解放されるところの四つの働きです。四無礙智は、法無礙智、疑無礙智、慈悲無礙智、弁無礙智というように、いわゆる、何者にも礙えられないところの智慧です。そういうもの全部で十八不共法というのです。不共というのは他に並ぶものがない、仏以外は備えることができないところの作用、あるいは働きを言うのです。ここまでは法について言うたわけです。

如化――全存在者

さらに、今度は人について言うわけです。「幷に諸法の果及び賢聖人」、先のような働きによって身に得たところの果、そしてその果をえたところの人、つまり賢聖人と言うて、次にいろいろ名称をあげてゆくわけです。

「須陀洹、斯陀含、阿那含、阿羅漢、辟支仏」、これは預流・一来・不還・阿羅漢というて、小乗の修道の四段階です。須陀洹は預流、預流というのは、初めて悟りの流れに預ったという意味で預流と言いますでしょう。斯陀含は一来と訳しますね。一来というのは、悟りの智慧を得たけれども最後の煩悩を断じておらないので、一度だけ迷いの世界へ帰って来る、という意味で一来というのでしょう。阿那含は不還と言います。もう煩悩を断ち切った、したがって、再び迷いの世界へは帰ることはないという位が阿那含ですね。阿羅漢は、言うまでもなく無学の悟り、煩悩を断じたというだけではなくして、もはや学ぶべきものは何ものもないという位です。無学という意味では仏も阿羅漢です。そういう四段階がここに出てくるのです。それと辟支仏というのは、二乗の中の縁覚のことです。

さらに「菩薩摩訶薩」、摩訶薩は、大乗の菩薩です。さらに諸仏世尊と続いてくるわけです。そういう三十七道分の悟りの道を学び、そして、十八不共法を得ているような人々も、修道者も、さらには覚者も、すべて全部「是れ化なり」と言うべきでありましょうか、あるいはこういうものは化ではない、と、こういうふうに領解してゆくのでしょうかと、こういうように須菩提は仏陀に尋ねるわけですね。すると仏陀は、「仏須菩提に告げたまわく。一切の法は皆是れ化なり」と答えるわけです。実にけんもほろろの答え方ですね。一切の法は皆是れ化だと、仏は言うわけです。すべての法、つまりすべての存在は化である。ところがその化にいろいろな化があるというわけです。声聞という姿をとった変化、辟支仏という姿をとった変化、諸仏という相をとった変化がある。また反対に今度は煩悩によって形どられた変化、業因縁によって生まれるような変化もあるのだと言うのです。そうしますと、仏も変化だし、凡夫も変化だと、いうなれば一切存在するものはすべて化だと、こういうふうに押えていくわけです。

　是の因縁を以ての故に、須菩提、一切の法は皆是れ化なり。（『全集九』三四頁）

こういう道理だからして、すべて存在するものは皆化というべきであると押えて答えるわけです。

　須菩提、仏に白して言さく。（『全集九』三四頁）

そこで須菩提が仏に問い直すわけですね。

　世尊、是の諸の煩悩断、所謂須陀洹果・斯陀含果・阿那含果・阿羅漢果・辟支仏道、諸の煩悩と習と断ぜる、皆是れ変化なりや不や。（『全集九』三四―三五頁）

すべての煩悩を断じたところの人々、すなわちここに書いてあるような預流果、一来果、不還果、阿羅漢という悟りを得た人々、そしてさらに諸々の煩悩と、その習気とを断じた人々も変化なのですか、どうですかと問うわけです。

ここでは、「諸の煩悩と習と断ぜる」と読んでおりますけれども、他の本では「煩悩の習を断ぜる」と、このように読んでいるでしょう。これは「煩悩と習と」と、こういうふうに読むところには、煩悩ということを二つに領解しているわけです。煩悩と言いますけれども、煩悩がまさに燃えさかって働いているというのが正使ですね。ところが煩悩は智慧をもって断じたと、断じたからといっても終わらないわけです。断じても一度煩悩を起こした、その余薫は断じた後にもなおかつ残って身についている、その余習が習です。正使習気といいますでしょう。だから「煩悩の習」と、このように読んだ時には煩悩の習気という意味です。

ところが、親鸞はここで「煩悩と習と」と、こういうふうに読んでいます。その意味は、正使の煩悩と、煩悩の習気と、こういうふうに両方に領解したわけでしょう。ここで須菩提は、そのような煩悩を断じた人々も、さらに煩悩の習気までをも断じた、いわば完全な断滅も、変化と領解するべきでありましょうか。それともこれは変化ではなしに、永遠不滅なるものと言うべきでしょうかと、問うわけです。

仏、須菩提に告げたまわく。若し法の生滅の相有るは、皆是れ変化なり。(『全集九』三五頁)

たとえ煩悩を断ち切ろうが断ち切るまいが、断ち切ったとか断ち切らないとか言うようなことがある限りにおいて、生があり滅があるものすべて、これは変化と言わざるをえない、と、このように仏は押えていくわけです。

非化——詮相なき涅槃

須菩提の言《もう》さく。世尊何等の法か変化に非ざる。（『全集九』三五頁）

仏が何もかも全部化だと言われたものですから、須菩提が何か化でないものはないでしょうかと言うわけですね。そこで仏は、

仏の言わく。若し法の無生無滅なる、是れ変化に非ず。（『全集九』三五頁）

生滅あるものはすべて変化だけれども、無生無滅のものは変化ではない、と仏陀が答えるわけです。須菩提は、それでは、その無生無滅、不生不滅で変化でないものは、いったい何でしょうかと尋ねる。すると仏が、

詮相無き涅槃なり、是の法のみ変化に非ず。（『全集九』三五頁）

と言うわけです。この辺の訓の付け方は親鸞は適確です。ふつうに読みますと、

詮相無き涅槃、是の法変化に非ず。（『真聖全一』四五九頁）

と、このように読んでいってしまうのでしょう。いわゆる「詮相なき涅槃」ですから、狂いのない、間違いのない、誤った相をとらないところの涅槃、つまり移り変わる相をとらないところの涅槃は、この法は変化ではない、こういうふうにふつうは読んでしまうのです。ところが、親鸞は「詮相無き涅槃なり」と押えています。いわば変化でないものは何か、詮相の無き涅槃である。そして、この法のみ変化に非ずと言います。「是の法のみ」と選んで言うているわけです。

さあここまできた時に、須菩提が解空第一の力を発揮するわけです。ちょっと待って下さいとい

うわけですね。「世尊」と呼びかけて、今までお説きになったことと矛盾しておりはしませんか、というのが、これからの文です。

世尊、仏自ら説きたもうが如きは、諸法は平等にして声聞の作に非ず、辟支仏の作に非ず、諸菩薩摩訶薩の作に非ず、諸仏の作に非ず、有仏・無仏・諸法の性は常に空なり、性空は即ち是れ涅槃なり。（『全集九』三五頁）

このように言うて、これが世尊の根本真理ではありませんか、しかしながら、今までお聞きしたところによりますと、あれも化だ、これも化だと説かれる、そこで、化だと言われたから化でないものは何ですかと聞いたら、涅槃だとこうおっしゃった、というわけです。

具体的事実の認識

そこで須菩提は、

云何ぞ涅槃の一法化の如くんば非ざるや。（『全集九』三五頁）

と問うわけです。どうして涅槃の一法だけを選んで、他のものは化だけれども涅槃だけは化ではないと言われるのですか。それでは、涅槃と涅槃でないものと両方あるのですか、だとすると平等の道理に、世尊御自身が自家撞着なさることになるのではないですか、説法のなかに矛盾があるのではないですかと、こう言うわけです。だからこの辺は実におもしろいですよ。ところが大切なのです。

この須菩提のように、矛盾の道理に気がつかないところに、実は『観音授記経』を読んでいる学匠たちの問題があるわけです。須菩提があえて問うたような問いが、摂論家の論難のなかに含まれているわけです。いわゆる『観音授記経』に入涅槃だと言うてあるからして、阿弥陀は報仏ではなく化仏だと、こういうふうに考えている頭に問題があるわけです。世尊の言われていることは矛盾ではありませんかと、須菩提が問うている、その事実と、そして、当時の学者である浄影寺慧遠たちが、『観音授記経』をもって阿弥陀仏は化仏だと言うている、その意識構造とを重ねているわけです。善導は、この経文に託して、そのことを言うわけです。

その須菩提の疑義に対して釈尊は、そのとおりだと言うわけです。

仏須菩提に告げたまわく。是の如し是の如し。(『全集九』三五頁)

そのとおりだと言うのです。ところが「そのとおりだ」と言われたことが大事なのです。だいたい仏教では「如是如是」と書かれたところがいちばん大事なのです。

是の如し是の如し、諸法は平等にして声聞の所作に非ず、乃至性空即ち是れ涅槃なり。(『全集九』三五頁)

ここに「乃至」としてありますが、これは気持ちとしては先のことを全部繰り返しているわけでしょう。先に、須菩提が世尊は諸法は平等であって声聞の作でもなければ、菩薩の作でもなければ、諸仏の作でもない。有仏の時、無仏の時の選びもない。諸法は性が皆空だ、空なるものは涅槃だと、こうおっしゃったではありませんか。それでは涅槃のみどうして化に非ずとおっしゃるのですかと、このように問うのに対して、仏はそのとおりだと答えるわけです。そのとおりであって諸法は平等なのだ、声聞の作ではない、菩薩の作ではない、諸仏の作ではない、有仏無仏の選びもないと、こういうふうに言うて、問うた問いと同じことを繰り返しているのです。つまり、「如是如是」そのとおりだと言うて、須菩提の言うたことを繰り返して確認するわけです。

禅でもこういうことがありますね。たとえば、道元が非常に苦しんだのは一つの言葉で苦しんだわけでしょう。それは何かといいますと、一切のものは皆空である、一切のものはすべて永遠常住である、一切のものは皆平等である、にもかかわらず、なぜ山があり河があるのかということです。言葉としてはそれだけのことで道元は苦しんだわけです。こういう一つの大きな問題をかかえて、道元は中国まで渡ったのでしょう。そして如浄に会いに行ったわけです。そして見つけた答えは何かというと、同じ答えを見つけてきたのですね。すべては平等だ、平等であるにもかかわらず、山あり河ありということだったのです。問うた問いと同じ答えを見つけて、膝を打って何も持たずに道元は帰ってきたのでしょう。一冊の本も持たずに道元は帰って来たのです。それで良かったのですよ。中国まで尋ねて行った問題と、答えとして与えられた言葉とは表現は同じなのです。同じ表現のなかに、いわば三百六十度の展開と言いますが、ほんとうに三百六十度一転回した頷きがあるわけです。

今読んだ須菩提の場合も一緒のことです。いわゆる全部平等だと言うならば、涅槃も、それから変化のあるものも平等と言うべきであろう、ところが涅槃だけを選んで永遠不滅だと、このように押えてゆき、他のものは化だというのは矛盾ではないかと問う。これに対して、そのとおりの答えが返ってきたわけです。

いったい、これは何だと思いますか。端的に言うと具体性でしょう。具体性を一歩離れて考えている目と、具体性に触れた時の頷きとの問題です。空というのは理屈ではないのでしょう。空というのは、実感のようなものです。山があり河がある、男がおり女がいる、本来は平等だと言うけれども差異がある。いったいどういうことなのだろうかと問うわけですが、平等という道理において、差異を差異として頷くことができる、ということしかないのではないですか。そういう事実に頷くということは、これはもう、触れたか触れないかということだけであって、事実は変わるはずがないわけです。平等の道理だからというて、おしなべて山も河もなくなるということではなく、山があり河がある、そこに平等があるというわけです。これは触れなければわからないことであって、考えれば考えるほどわからなくなる問題なのです。どうかすると仏教の空の道理というのは、ぐるぐる回っているように思いますが、回っているのではなくして、実は最も具体的なのではないですか。触れれば端的に頷かれるというようなものです。

乗彼願力

さて本文に帰りますが、ここで一方においては、化のものと化ならざるものとを簡び、一方においては、平等と言われるのはどういうことなのか、とたずねる須菩提の問題に対して釈尊は答えるわけです。もし新発意の菩薩が、一切の法は皆畢竟して性空なり、乃至涅槃も亦皆化の如しと、このように説いたのをそのまま聞いたならば、驚怖を感じ、不安を感じて道を求めようという心を捨ててしまうだろうというのです。

ところが、人間の修道の意識のなかに隠れているものはこれですね。山の彼方に、やはり何かを見ておらなくては歩けないのです。何にもない所へ歩けというのは無理な話です。そこに新発意の菩薩といわれる人々の問題があるわけでしょう。だからその新発意の菩薩が、空のところへゆけという、そういうことではなくして、新発意の菩薩にほんとうにその道を求めさせるために、あえて釈尊が分別をもって説いたというわけです。

一方は化の如しと説き、一方は化の如きに非ずと説いたのは、それは如来の大悲の智慧です。仏の意でそういうふうに選んで説いたのであって、仏が選んで説いたものを、もしも実体として執着するならば、執着した時に誤ちを犯す、というわけです。そういう意味では『大品経』のなかでも、最も適切な経文を引いてきているわけです。『観音授記経』に「阿弥陀仏に亦入涅槃の時有り」と、このように説いてある。その説いてあることに執着して、だから阿弥陀仏は化仏だと領解した。その領解のしかたが間違いということよりも、そういう発想で経典を読んでいる全体が誤ちだと言うわけです。

だから、入滅と説かれようが、不入滅と説かれようが、そのことによって阿弥陀仏が報仏であるか、報仏でないかは決めることができない。阿弥陀仏が報仏であるということは、入と説かれようが不入と説かれようが、その説き方によって変わるものではないと言うわけです。

押えて言うならば、阿弥陀仏が報仏だということに頷くのは、実は一つしか方法はないのです。それは、因願に酬報したという阿弥陀に触れていなければ、阿弥陀仏が報仏だということはわからないわけです。阿弥陀仏が報仏としてどこに証しをするかというと、念仏のところに証しをする以外にないわけでしょう。本願が報いた世界はどこにあるのか、阿弥陀仏が成就したというのはどこにあるのか、本願成就というのはどこにあるのかというたら、念仏のところにしかないのです。ただ念仏せよというその本願は、ただ念仏するという身のところにしか証しがないわけです。ただ念仏する身となるということだけが、阿弥陀仏は報仏だということを証しする唯一無二の方法であるわけです。

だから、たとえ経文が入と説かれようが不入と説かれようが、そのことによって、他から阿弥陀仏が報仏か化仏かを決められるものではないのだ、ということが善導の言おうとすることなのです。だから以上の経典の文を押えて善導は、

今既に斯の聖教を以て験《あきら》かに知んぬ、弥陀は定めて是れ報なりと云うなり。（『全集九』三五頁）

ここに引用してきた聖教で明確に知れることだ、弥陀は定めて是れ報なりと説いている、他のものによって証明を待って報仏だと決めるのではない、ましてや凡小の浅智をもって阿弥陀を報仏だと決めるのではないのだ、と決めつけるわけです。

だからして、阿弥陀仏が報仏だということは、「たとひ後に涅槃に入るとも、其の義妨げ無し。

諸の有智の者応に知りぬべし。」と。もしほんとうに智慧有る者であるならば、このくらいのことはわかってもいいではないか。少なくとも、ほんとうに仏道を学んでいるという者であれば、このくらいのことはわかってもいいのではないでしょうかと、こう言うわけです。

ところが、このくらいのことはわかっていいだろうというけれども、なかなかわからないのですよ。わからないからして、また問いが出るのでしょう。

五乗斉入

この辺からずいぶん善導の言葉は荒っぽくなってきますね。

問うて曰く。彼の仏及び土、既に報と言うは、法報高妙にして、小聖は階《かな》い難し、垢障の凡夫云何ぞ入ることを得ん。（『全集九』三六頁）

阿弥陀仏と、その阿弥陀仏の浄土が既に報仏報土だと言うならば、法身とか報身とかいうものは高妙、つまり高貴な妙なるものであるはずだ。だからして大聖ならともかく小聖、つまり、仏でない修道中の聖者などとても及び難い所であろう。ましてや智慧もないような煩悩に覆われた凡夫が、どうしてその阿弥陀仏の浄土へ生まれることができるのか、できようはずがないではないか。こういう、もう一つ逆な面からの疑難が出てくるわけです。それに対して善導は言うわけです。

答えて曰く。若し衆生の垢障を論ずれば実に欣趣し難し。正しく仏願に託して由て以て強縁と作るに、五乗斉しく入ら使むることを致す。（『全集九』三六頁）

これが善導の答えです。先には摂論家の人々が阿弥陀仏の浄土は応化土である、したがって阿弥陀仏は応化仏であると言うのに対して「是報非化」と答えたのですが、今度は、もし報仏であり報土だと言うならば、その報仏土へ生まれる者は優れた智慧を得たものでなくてはならない。垢障の凡夫が生まれることはできないではないかと言うのに対して、善導は「五乗斉入」という答えをするのです。

いわゆる、煩悩ということにおいて凡夫を言うならば、これはもう浄土へ生まれるというようなことは沙汰のかぎりではない、ところが、あなたの問いのなかには大きな矛盾がある、というわけです。阿弥陀仏の本願が報いた世界を報土というのであって、凡夫であるとか智慧を得たからどうだという問題ではない、だとすると阿弥陀仏の本願とは何か御存知ですか。阿弥陀仏の本願というのは、十方の衆生に呼びかけて浄土に生まれしめようとする願いだ、だから、その阿弥陀の本願に乗託してのみ、阿弥陀の本願の酬報の世界である阿弥陀の浄土へは生まれることができるのだ。阿弥陀の本願に乗託しないで、阿弥陀の浄土へ生まれうるか、えないかというような問題は、これは、立てることそのことが誤ちだというわけです。だから阿弥陀の本願に乗託する、いわゆる乗彼願力のところに、五乗の差別が撤回されて、すべて阿弥陀の浄土に生まれる存在となる。浄土は阿弥陀の本願の報土であるが故に五乗は斉入なのだ、と、これが善導の答えです。

報土ならば、五乗斉入どころでなく、高妙なものでないと行けないという考え方に対して、阿弥陀仏の浄土は報土だからして、五乗の者が平等に生まれるのだ、と答えるわけです。差別なく、選びなく生まれることができる世界でなければ、阿弥陀仏の報土ということ、そのこと自体が崩れてしまう、これが善導の答え方です。

ところが、善導の視点の背景には、唯識で言うところの五性各別説という考え方があるわけです。五性というのは、菩薩定性、菩薩として定まった性の者もある。独覚定性、いわゆる縁覚として定まった性の者もいる。あるいは声聞定性、声聞として定まった者もいる。あるいは三乗不定性といって、菩薩縁覚声聞のどれに決まるかわからないという、そういう存在もいる。そして無性有情というて、もう絶対に仏になれないという者もいるはずだというわけです。この辺が唯識での具体的な領解です。これは、中国でも日本でも、長い論戦を重ねてきた仏教の学問の問題です。

大乗一乗の教といわれる華厳宗とか、天台宗とかいう立場から見るならば、法相・唯識は権大乗と言われ、貶められていたのです。にもかかわらず長い仏教の歴史のなかで命脈を保ってきた理由は、その五性各別説は具体的であるからです。やはり具体的な人間を前にしたとき、どうしても仏になれそうもない者がいる。また逆に生まれながらにして仏さまだというような者もいるわけですよ。それを撤回さすというのは無理な話なのです。

ところが、一乗思想というようなものは、いわゆる具体性を見失いますと、これは観念論になります。みんな平等だということで終わってしまうのです。みんな平等に仏になるのだと言うて、一人も仏にならないというようなことになりかねないですよ。普通には一乗というのは思想としては、実は高い思想だと言うけれども、仏教は思想ではない、仏教は実践なのです。実践に立ったとき、五性各別説ということが強く問題にされてくるわけです。その五性各別説といわれるような具体性を離れないで、しかも一乗を明らかにするという道がなければ、一乗ということは一片の思想に終わるわけでしょう。それを善導は、乗彼願力という一点のところで明らかにしたわけです。だからそういう意味では、親鸞があえて「誓願一仏乗」と言うて、その誓願一仏乗という言葉で一乗の具体性を押えたのは、もう既にこの二乗種不生の論戦のところに、善導が見取っていた問題であるわけです。

(4)　二乗種不生

問曰《ク》。若言《シフ》凡夫・小聖得《ウト》生《スルコトワ》者《ハ》、何故《ナンカ》天《ソ》親《ノ》『浄土論』《ニ》云《ク》。「女人《ト》及《ヒ》根欠《コンクエチ》・二乗種不生」《トイヘリ》。今彼《ノ》国中《ノ》現《ニ》有《リ》二乗、如斯《キノカクノ》論教若為消釈《イカンソセウシヤクセム》。荅曰。子《ナムチ》但《タヽ》誦《シユノ》其文《ヲ》不《ス》闚《ウカヽハ》理《リヲ》、況《イハムヤ》加《カスルニ反》以《テ》封《フ》拙懐《セツワイタヒテ》迷《マヨヒヲ》、無《シ》由《ヨシ》啓悟《ケイコスルニ》。今引《ヒイテ》仏教《ヲ》以《ウルニ反》為《テノ》明《ヤク》証《トカ》却《トサケムナンチカ》汝疑情《キシヤウヲ》。何者《トナレハ》、即《サトリテ反チ》『観経』《ノ》下輩三人是也《レナリ》。何以《ナニヲモテカ》得《ル》知《トヲ》。如《キ》下品上生云《ニカ》、「或有《ハテ》衆生、多《ク》造《テ》悪法《ヲ》無《ン》有《コト》慚愧。如《ノ》此《ノ》愚人命欲終時《ノ》、遇《アハム》善知識《ノ》為《ニトキ》説大乗《ヲ》、教《ヘテ》令《ルニ》称《ウセ》阿弥陀仏《ヲ》、当《アタテ》称《ル》仏《ヲ》時《ニ》、化仏・菩薩現在《ノマシ〱テ》其前《ノヘニ》。金光華蓋迎《クヱカイムカヘテカヘル》還彼《ノ》土《ニ》。華開已《ハテ》後、観音為説《ニ玉ニ》大乗《ヲ》。此人《ノ》聞已《キヽテ》即発《チスト》無上道心《ヲ》」。問曰。種《シユト》之与《ト》心、有《アルヤ》何差別《レノシヤカ》。荅曰。但以取《テトテ》便《タヨリヲ》而言《イフ》、義無《キシ》差別。当《アタテ》華開《ル》之時、此人《ノ》身器清浄《キ》正堪《ニノクタヘタリキクニ》聞法《ヲ》。亦不簡《スヘラハ》大小《ヲ》、但使《シムレハエセ》得聞《ヤクコトヲ》即便《チ》生信《スヲ》。是以《テ》観音不為説《スシテニトカ》小《セウヲ》、先《ツ》為説《ニ下ニ》大《ヲ》、聞《テ》大《ヲ》歓喜《ノ》即発《チス》無上道心《ヲ》。即名《チケ》大乗種生《ノト》亦名《ク》大乗心生《ト》。又当《テ》華開時《ノルニ》、観音先《ツ》為説《ニ下ヘ》小乗《ヲ》者《ハ》、聞《テ》小《ヲ》生《ヲ》信《ヲ》、即名《チケ》二乗種生《ト》亦名《ク》二二乗心生《ト》一。此《ノ》品既《ステニ》尒《シカリ》、下《シモノ》二《ツ》亦然《シカナリ》。此《ノ》三品《ノ》人《ハ》倶《トモニ》在《アテ》レ彼《コニ》発‐心《ノ》、正《ク》由《ヨテ》レ聞《クニ》大即《チ》大乗種生《ス》。由《ヨルカサルニ》レ不レ聞《カ》二小《ツ》一故《ニ》、所《ソ》‐以《ヘニ》二乗種不《ス》二生《セ》一。凡《ソ》言《イフ》レ種者《トハ》、即《チ》是《レ》其《ノ》心也《ナリ》。上‐来解《ニケシ》二二乗種不生《ノ》義《ヲ》一竟《ヌ》。女人及根欠《クエチノ》義者《ハ》、彼《カシコニ》無《ナキカ》故《ニ》、可《シ》レ知《ヌ》。又十方《ノ》衆生修《ノ》二小乗《ノ》戒行《ヲ》一願《クハ》往生《スル》者《ノ》、一《ヒトリモ》無《ナク》二妨礙《ハウケ》一、悉《コト〳〵ク》得《ウ》二往生《ヲ》一。但到《イタテ》レ彼《コニ》先《ツ》証《シ》二小果《ヲ》一、証《シ》已《ハテ》即《チ》転《テンシ》向《ムカフ》レ大《ニ》。一《ヒ》転《テンシ》向《ムカテ》レ大《ニ》以《イ》‐去《コ》、更《ニサルカタイメ》不三退生《セ》二二乗之《ノ》心《ヲ》一故《ニ》、名《ク》二二乗種不生《ト》一。前《サキノ》解就《ケハツキ》二不‐定之《ノ》始《ハシメニ》一、後解就《ノケハツク》二小果之《ノ》終《オハリニナリ》一也。応《ヘシ》レ知《シル》。（『全集九』三六頁）

独断を排す

ここからが、いわゆる二乗種不生の論難に善導が答えるわけです。具体的には『浄土論』と『大無量寿経』、もしくは『観無量寿経』との矛盾撞着の問題は、ここまできて出てくるわけです。

問うて曰く。若し凡夫・小聖生ずることを得と言うは、何が故ぞ天親の『浄土論』に云く。「女人と及び根欠・二乗種不生といへり」。今彼の国の中に現に二乗有り、斯の如きの論教若為《いかん》ぞ消釈せん。（『全集九』三六頁）

これが二乗種不生の問題です。もし阿弥陀仏の浄土に、凡夫も小聖も生まれることができると言うならば、『大無量寿経』を領解したと言われる天親の『浄土論』に、女人及び根欠二乗の種は生じないと書いてあるのはどうしてなのか。女人及び根欠、二乗の種は生じないと、このように書いてあるけれども、『観無量寿経』の浄土には二乗がたくさん生まれているのではないか、声聞もいるではないか、この論と経との矛盾はどのように領解するのか、と問うているのです。

ここまできますと善導は、ずいぶん語気が荒くなりまして、

答えて曰く。子但其の文を誦して理を闚《うかが》わず、況んや加うるに封拙を以て迷いを懐いて、啓悟するに由無し。（『全集九』三六頁）

このように言うています。おまえは、ただ経文の文字づらだけ読んで、経文の真理を闚おうとはしていない、それだけならまだしも、闚う能力がないということで許すことはできる、ところが厄介なことには「加うるに封拙を以て迷いを懐いて、啓悟するに由無し。」と言っています。封拙というのは、独断です。とらわれです。先入観です。能力が無いだけならまだしも、自分で勝手に決めた先入観をもって、経と論とが矛盾しているというような迷いを起こして問題を立てているが、わたしとしては啓蒙し悟らしむることもできない、全く手がつけられないような男だな、というわけですね。

今仏教を引いて以て明証と為して汝が疑情を却けん。（『全集九』三六頁）

またここで仏教を引いてきます。仏の教えを引いて、その仏の教えをもって証しとして「汝が疑情を却けん」というわけです。「却けん」というのは破るというような意味です。「疑情を却け」ですから単に、「疑惑を解かん」と言うていません、疑惑を解くのではなくして、疑情を却下撤回さす、というわけです。

何となれば、即ち『観経』の下輩の三人是れなり。（『全集九』三六頁）

下輩の三人、つまり下品上生から下品下生までの経文をここへ持ってくるわけですね。

何を以てか知ることを得る。下品上生に云うが如き、「或は衆生有て、多く悪法を造て慙愧有ること無けん。此の如きの愚人命欲終の時、善知識の為に大乗を説き、教へて阿弥陀仏を称せしむるに、仏を称する時に当て、化仏・菩薩現じて其の前に在して、金光華蓋迎えて彼の土に還る。華開け已って後、観音為に大乗を説きたもうに、此の人聞き已って即ち無上道心を発すと」。(『全集九』三六頁)

この経文をもって証明をするわけですが、これは下品上生のところの経文の取意です。下品上生の経文の終りの方へくると、衆生が罪を造って慙愧の心もなかったけれども、かくの如き愚かな人間が命終ろうとする時に、善知識が大乗の教えを説いて、そして念仏を称せしめた。だから念仏することによって、化仏の迎えをうけ、そして、金光の蓮華台に乗って彼の阿弥陀仏の浄土へ行き、その蓮華の花が開けて、浄土の菩薩である観世音菩薩が、大乗の教えを説いて下さった。この人はその大乗の教えを聞いて即ち無上道心、つまり無上菩提を求むる大乗の心を発したと、このように『観無量寿経』に説いてあるだろう、というわけです。ところがここでもう一つ問題が出てきます。

如実なる聞信

問うて曰く。種と心と何れの差別か有るや。(『全集九』三七頁)

確かに『観経』にはそのように説いてあるけれども、あそこには無上道心と書いてあって、無上道種とは書いてない、とすると、その種と心とは、相違があるのではないかというわけです。細かい

問いですね。そこで善導は、

答えて曰く。但以て便りを取て言う、義差別無し。（『全集九』三七頁）

まあ、どちらでもいいではないか、というわけでしょう。種というのも心というのも差別はない、その時のいちばんいい言葉として使ったのだというのです。「便り」とは、便利の便と同じ意味です。そして話を続けるわけです。

華開くるの時に当て、此の人、身器清浄にして正しく法を聞くに堪へたり。（『全集九』三七頁）

と言うていますが、これが大事なことです。浄土に生まれて華の開く時に、この人の身器、つまり生命が仏法を開く器となっているという意味です。身器が清浄であってというのですが、清浄ということは、ただ美しいとか清らかだということではないのであって、法を聞くに堪える身となっているということです。だから言うならば、いわゆる先入観が払われているというわけでしょう。いわゆる封拙が払われているわけです。ほんとうに素直に、うぶな心で教えを聞くことができる身になっているというわけですね。

亦大小を簡ばず、但聞くことを得せしむれば即ち信を生ず。（『全集九』三七頁）

だから、大乗の教えであるとか、小乗の教えであるとか、そういう区別はない。大乗の教えを教えられれば、それによって信を得るというのです。いわゆる心が開かれているわけです。

是を以て観音為に小を説かずして、先ず為に大を説きたもうに、大を聞きて歓喜して即ち無上道心を発す。即ち大乗の種生と名け亦大乗心生と名く。（『全集九』三七頁）

こういうわけです。素直な心になっているからして、どんな教えでも聞けるわけです。阿弥陀の世界へ生まれた者は身心清浄、身器清浄で、どんな教えでも聞ける素直な心になっている。だからして大乗の教えでも小乗の教えでも、その教えを聞いて信を生ずることができる。

ところが、阿弥陀の浄土の観世音菩薩は、その人のために小乗の教えを説かずして、大乗の教えを説いて下さった。だから、その人は大乗の教えを聞いて大歓喜、つまり歓びを生じ無上菩提心を発した。だからして大乗の種を生じたと名づけ、また大乗の心を生じたと名づけるのだと、言うわけです。

浄土の性格と浄土往生の資格

又華の開くる時に当て、観音先ず為に小乗を説きたまへば、小を聞きて信を生ずるを、即ち二乗種生と名け亦二乗心生と名く。（『全集九』三七頁）

『観無量寿経』の浄土の説いてあるところで、もしも、観世音菩薩がその人のために小乗の教えを説いたならば、素直なその人は小乗の教えを聞いて、小乗の心を生じたであろう。そういう小乗の心を生じた相があるならば、それを二乗の種が生じたと言い、二乗の心が生じたと、こう言うのだと言うています。

なぜこのようなことを言うているのかといいますと、問いの方は阿弥陀仏の浄土に二乗がいるのは矛盾ではないかというわけでしょう。二乗は阿弥陀仏の浄土へ生まれる資格がないのではないか、というのが問いのなかにある根です。だからして、二乗も生まれているような浄土は真の報土ではない、真の報土ならば二乗は生まれることはできないはずだ。『浄土論』にも「二乗種不生」と説いてあるではないか、というわけです。

しかし、それは封拙、つまり固定観念なのですよ。もっと具体的に言いますと、「二乗種者生ぜず」と書いてあれば問題です。二乗の心を持った者は生れないと書いてあれば、これは問題です。ところが実際は「二乗の種生ぜず」と書いてあるわけでしょう。ところが摂論家の人は二乗種の下に「者」をつけたのですよ、勝手に封拙、いわゆる予定観念をもって「者」をつけたのです。

ところが、実際本文に書いてあるのは、二乗種、つまり二乗心は生まれないと書いてあるのです。もっと押えて言うならば、阿弥陀仏の浄土というところでは、もはや二乗の心というものは生まれるべきはずがない、ということが書いてあるのです。阿弥陀の浄土におって、なおかつ二乗の心が起こるというはずはない、というわけです。それが大乗善根界です。阿弥陀の世界が大乗善根界だという証拠は何かというたら、二乗の心が起こらない世界なのです。

ところが浄影寺慧遠たちの考え方は、二乗種不生という字を、浄土へ生まれる資格として見たのでしょう。しかし、善導はそうではなしに阿弥陀の浄土の性格と見たのです。資格と性格とはちがうわけです。阿弥陀の浄土には二乗の種は生じない、とこう書いてあるのを、慧遠たちは生れる者の資格と見て、阿弥陀の浄土へは二乗の種を持った者は生まれることができないと、こういうふうに読んだのです。

ところが善導は、阿弥陀の浄土は二乗の種生じない、いわゆる、阿弥陀の浄土は二乗の心の生まれないような境界なのだ、と領解している、したがって浄土の性格を言うわけです。浄土は大乗善根界であって、その阿弥陀の浄土は、大乗の説法で満ちている世界だ、だからして、その大乗の説法を聞きうる者にとって、二乗の心が起こるはずがないというわけです。いわば、かつて二乗であった者であろうが、かつて凡夫であった者であろうが、一たび阿弥陀の世界へ生まれたならば、二乗心は起こらない、すべて大乗心を発すと書いてある、と、このように善導は領解するわけです。

このように、片一方は浄土へ生れる条件を問題にして論じているのに対して、善導は浄土の性格を語ったわけです。それを、この経文に即して語っているのです。

浄土へ生まれると、花が開ける、花が開けると身器が清浄になる、身心が清浄になって教えが素直に聞けるようになる、素直に聞けるようになったところで阿弥陀の浄土では観音が大乗を説いて下さる、だからして二乗の種はそこでは生じないというのです。大乗の教えを聞いて、大乗の心を発して、そして大乗の善根界である阿弥陀の世界に住する存在となる。これが、阿弥陀仏の報土は二乗種不生と説かれていることなのだ、だから矛盾どころではない、むしろ経に説かれている言葉を、『浄土論』は正しく「二乗種不生」ということで頷き、浄土の性格を明らかにしたのだと、こういうわけです。

だからそれを明らかにするために、もし阿弥陀仏の浄土で小乗の教えが説かれたならば、小乗の教えを聞いて小乗心を発こしただろう、ということをつけ加えてあるわけです。ところがそんなはずはない、阿弥陀仏の浄土は大乗の教えを聞く世界であるからだと、このように押えてゆくわけです。

だから、この辺にも一つ背後に隠れている問題は、先の『摂大乗論』と『観経』の十念念仏の問題の時にも、『摂大乗論』の方に論拠を置いて、そして経典の方を批判したのが浄影寺慧遠たちの立場だったですね。この場合もそうです。『浄土論』を楯にとって経文の方をまちがいだと、こういうのでしょう。『浄土論』に二乗種不生と書いてあるではないかと、経文には、菩薩だけではなくして、声聞縁覚もいると説いているではないかというて、経文の方は間違いで、経を解釈した論の方が正しいという発想ですね。

それに対して善導は、やはり論はあくまで経の解釈だ、その経の解釈である論が、どういう言葉で語られていても、語られている論は、その論が、経を正しく解釈しているという精神にまで触れてゆかねば、論の意もわからないというわけです。

そうすると、二乗種不生というのが、二乗も声聞無数といわれる願に報いたような阿弥陀の浄土を明らかに証している、ということでなくてはならない。とすると『浄土論』が二乗種不生と言うたのは、矛盾ではなくして却って実は正しく阿弥陀仏の浄土を明らかにしたことだと、こういうふうに善導は受け止めてくるわけです。

此の品既に尒り、下の二つ亦然り。(『全集九』三七頁)

いわゆる、下品上生の経文でもこのとおりである、とすると下品中生、下品下生の経文も、同じように領解すべきであると言うわけです。

此の三品の人は倶に彼《かしこ》に在て発心して、正しく大を聞くに由て即ち大乗種生ず。小を聞かざるに由るが故に、所以に二乗種生ぜず。(『全集九』三七頁)

こういうふうに押えています。三品の人はみんな阿弥陀の浄土にあって、大乗心を発して、正しく大乗の説法を聞くからして、大乗種を生ずる。小乗の教えを聞かないが故に二乗の種は生じないのだと言って、「二乗種不生」という言葉を浄土の性格として押えて、

凡そ種と言うは、即ち是れ其の心なり。(『全集九』三七頁)

こういうふうに、もう一度押え直して、

上来に二乗種不生の義を解し竟ぬ。女人及び根欠の義は、彼に無きが故に、知るべし。(『全集九』三七頁)

女人及び根欠二乗の種は生ぜずと書いてあるけれども、女人及び根欠の問題は浄土にはない、問題になっていないということは、本来的に阿弥陀の浄土は、そのようなことを問題にしない、そのようなことを問題にする意識そのものを超克したところに開ける世界である、ということでしょう。だから、問題になっていないのであるから、問題にするべきではないだろう、と言うわけです。

往生無导

又十方の衆生小乗の戒行を修して願わくば往生する者の、一《ひとり》も妨礙無く、悉く往生を得。但彼《かしこ》

に到て先ず小果を証し、証し已て即ち転じて大に向かう。一び転じ大に向て以去《いご》、更に退して二乗の心を生せざるが故に、二乗種不生と名く。前の解は不定の始に就き、後の解は小果の終に就くなり、応に知るべし。(『全集九』三七頁)

こういうふうに言ってますね。ここでは、もう少していねいに問題を整理したわけでしょう。いわゆる、二乗種不生の義は、今まで言うたとおりでよくわかったであろうと言うわけです。だからして十方の衆生は、たとえ小乗の戒行を修している者であっても、ひとたび阿弥陀の浄土へ生まれようと願う、その意を起こす者は、一人も生まれることができないという者はない、つまり無碍に悉く往生することができる。そして「彼に到って先ず小果を証し、証し已って即ち転じて大に向かう」と、これは経文から引いてくるわけですが、この経文は、『観無量寿経』の下品上生から下品下生までの教えというよりも、中品上生、中品中生の経文の方が、ここでは姿を出してきているわけでしょう。中品上生、中品中生というのは小乗の菩薩を問題にしています。

ですから、その小乗の菩薩が阿弥陀の世界へ生まれてどうなるかということが、経文の上には説いてあるわけです。小乗の者もひとたび阿弥陀の浄土へ生まれると、先ず小乗の行を修してきたが故に小乗を証し、証しおわって、転じて大乗に向かうと、そしてひとたび転じたならば、再び二乗の心を起こすということはない。このような意味においても「二乗種不生」ということは領解できるであろうと、こういうわけです。

そうすると「前の解」というのは、先の下輩の三品について「大を聞くに由りて即ち大乗種生ず。

小を聞かざるに由るが故に、所以に二乗種生ぜず」という解釈のことです。前の解は、不定の始について語ったのだと言うわけです。「不定」というのは、小乗の教えを聞くと小乗の種を生じ、大乗の教えを聞くと大乗の種を生ずるという、その不定性です。ですから前の解は不定性ということを問題にして、二乗種不生という道理を説明したのだというのです。後の方の解、すなわち小乗の者が浄土に生まれて小果を得て、得おわってさらに大乗に転ずるというふうに、経文に説いてあるところの領解は、小果の終わりについて領解したのだと言うわけです。

前は、教えを聞けるように、心が清浄になった時に大乗の教えを聞けば、大乗の種を生じるし、小乗を聞けば、小乗の種を生じる。不定の機類であるけれども、阿弥陀の世界は大乗の教えを聞く世界であるからして、大乗の心を生ずるのだと、こういう、いわゆる不定の始について領解し、後の方は小乗の者が小乗の果を得て、転じて大乗に向かうという、いわゆる小乗の果の終りについて領解をしたのである。

これによって「二乗種不生」という問題についての疑問は解けるはずだ、もしこれが解けないならば、それはまさに封拙であって、予定観念に立った観念論だと言わざるをえないだろう、と、こういうふうに善導は押えていくわけです。

第九章　絶対現実へのめざめ
——韋提得忍門——

(1)　はじめに

善導の視点

玄義分の七門料簡の最後の一門で、「韋提得忍門」とか、あるいは「得益門」と言われる一段です。善導はこの一門を設けて玄義分の全体をしめくくっているわけです。韋提得忍門というのは、標題でもわかりますように、韋提希夫人という一人の女性は、釈尊の説法を聞いて、どこで無生法忍を得たのかという問題の提起です。韋提希夫人は、釈尊の説法に遇うた、遇うことによって、どこで無生法忍を得たか、いわゆる不生不滅の道理、涅槃に気づくという智慧、さらに言えば、不退転の智慧をどこで得たのか、という問題です。このことについては善導がずいぶん力を入れて主張しているのです。

韋提希が釈尊の説法を聞いて得益、ほんとうの利益を得た、即ち無生法忍を得たというのは、経文のなかでは、どこの文章がそれに当たるかと、一応、当面はそういう問題です。ところが善導は、単に経文の文字づらのどこに得忍の場所があるかという、文章上の問題で探しているわけではないのです。

無生法忍を得るということは、仏教における利益の本質的な在り方ですから、その無生法忍を得るということをどう決めるかという、そういう事実を通して、『観無量寿経』に即して言うならば、『観無量寿経』という経典をどのように読むか、またどのように読んできたかという確認があるわけです。

つまり、『観経』を凡夫の経典として読んできたのか、それとも聖者の経典として読んできたのかと、こういうことです。それをもう一つつき詰めて言うと、聖者の経典として『観無量寿経』を読んできたとすると、『観無量寿経』という経典は極めて特殊な経典であり、あるいは例外的な経典だと、こういうことになります。大乗の諸経典のなかで『観無量寿経』という経典が、もし聖者のための経典であるという立場以外に、その経典を読む立場がないとするならば、『観無量寿経』という経典は、聖者のための経典のなかでは極めて特殊な、除外例とすべき一経典にすぎないということになる。ところが、その『観無量寿経』が凡夫のための経典だと読み切る、ということが可能になるならば、この『観無量寿経』という経典は、仏教のなかに一つの大きな革命を起こすような経典になってくると思うのです。ということは仏教における得益、さらに言えば宗教的な救済の問題が、どういうふうな位置づけを受けているのか、ということに関わってくるわけです。

経典をどのような立場で読んで、どのように領解していくかということは、経典は宗教の書物なのですから、その聖典をどのように読むかということが、その宗教的救いということが、どういうかたちで位置づけられていくかということとイコールになるわけです。だからそういうことが、韋提得益という最後の問題のところへ集約されてくるわけでしょう。だからそういう意味では、大切なことは『観無量寿経』という経典を、どのように読むかということを、ここでもう一度確認して決定してゆこうということがあるわけです。

もう一つは、無生法忍ということをどう領解するかという問題です。無生法忍というのは、仏教学者にとってはわかりきった事柄なのであって、もう問う必要もないほど明瞭なことなのでしょう。ところが、問う必要もないほど明瞭な事柄かもしれないけれども、誰も触れたことがないような事柄なのです。

そうすると、既存の概念としては、無生法忍がどのように領解されているとしても、ひとたび無生法忍ということが自分にとって何なのか、という問いに立ってみると、これは既存の概念のなかで規定していることだけでは、おさまりがつかないということになるわけです。そうしますと、『観無量寿経』をどのように読むかということは、同時にその無生法忍ということを、どのように受け止めるかということになってくるわけですね。だからその二面があるわけでしょう。

善導は、韋提得忍という一つの主題を出しておいて、それを通して広く『観無量寿経』をどう読むかという課題をもう一遍問い直す、と同時に、仏教の利益であるところの無生法忍ということを、いったいどのように領解するのかという、こういう問題とを両面に押えながら追求していくわけです。

無生法忍というのは、無生無滅の道理についての領き、つまり無生無滅の道理についての智慧ですから、その無生法忍ということが従来の仏教の教学のなかでは、それぞれの教学によっていろいろな位置づけがあったわけでしょう。つまり、菩薩の十地の段階のなかで無生法忍は、いったいどの段階で得るのかというかたちで、いろいろな位置づけがあったわけです。

たとえば、善導が相手どっておる聖道の諸師の代表者である浄影寺慧遠は、八地というところへ無生法忍を位置づけます。つまり、八地の菩薩でないと無生法忍を得ることはできない、と言うています。ところがそうと決ったわけではないのであって、他の仏教の論書によりますと、初地で無生法忍を得るという論議もあるわけですよ。しかしながら、どこで得るかという論議はあるけれども、無生法忍というのは具体的に何か、という論議はないわけです。いわゆる無生法忍というのは、いったい具体的に押えてゆくとどういうことなのか、もっと端的に言うと無生法忍を得るということは、人間がどうなることなのかと言う論議はないわけです。むしろ自明というかたちで問われない、ということになっていたのではないかと思うのです。

だいたい、従来の聖道の学問のなかで言うならば、凡夫が無生法忍を得るというようなことは、考えようのないことであったわけです。凡夫が無生法忍を得るということになると、そこには少なくとも、菩薩の修道の段階でみましても十信・十住・十行・十回向・十地のなかの、八地で得忍だとしますと、とにかく四十七段階上っていかないと得ることはできないわけです。ところが凡夫である韋提希が、その四十七段くらい向うにある無生法忍を得るということになると、この距離は埋めようがないわけですね。埋めようがないというより、だいたい、そのような発想が出てこないわけです。そういう発想をすること自体がもう混乱状態を起こすわけでしょう。

ところが善導はあえて、その凡夫である韋提希が、その無生法忍をどこで得るか、と、こう問うたわけです。その場合、韋提得忍と言いますけども、具体的に言えば、見仏得忍です。仏を見て無生法忍を得る、と、こう言うわけです。こういうところにも、ずいぶんいろいろな問題があると思うのです。

たとえば見仏と、こう言うでしょう。見仏というた時、どのように仏を見るかという問題があります。仏を実体の存在として見るか、あるいは、それは一つの象徴的出来事として見るか。もっと言うと、真如というような、そういう真理として仏を見るか、というようないろいろな見方があるでしょう。しかし、その真理としての仏を見るというても、あるいは象徴としての仏を見るというても、実体としての仏を見るというても、その時にそこに言われている、真理とか象徴とか実体とか言われていることが、見るという一点で、すべてが内容としては実体観になってしまうのですね。なぜならば見るというからには、誰が見るかというたとき、見るのはこちらの問題になるからです。人間の上に起こってくる問題であるからです。ですから、たとえそれが真如というものは実体ではないと、どれだけ言うても、見るという事実がこちらがわの事実である限り、見ると言うたとたんに、やはり真如であっても、真如という実体にならざるをえない。それは象徴と言うても、やはり実体にならざるをえない、ましてや具象の仏となれば当然実体になる、ということがあるわけです。

真如と言うても、あるいは象徴と言うても、あるいは具象の仏と言うても、それが実体だということではイコールになってしまうわけです。

そういう意味で善導にとっては、見ということの内容を、ここでは明らかにしなくてはならないということになってくるわけでしょう。見仏という、仏教においては究極的な問題、そして得忍という問題、これが善導の大きな課題であったわけです。

得忍、無生法忍を得るとはいったいどんなことか、見るとはいったい如何なることかということです。いわゆる、見も得も人間の上に起こってくる事実です。もし、人間の上に起こらない見であり得であるならば、これは考えた話です。考えることすらもできないことですよ。いくら理論的にそれを言うても、見ということは、やはり見るという事実としてしかないですし、得ということもそうでしょう。

そうすると逆に言えば見、得ということに対してどういう意識をもっているかということによって、仏とか人とかいうことが決ってくるわけです。いうなれば、仏を見るとは真如を見るのであって、実体像としての丈六・八尺の仏を見るのではない。そんなものは低級だと、このように言うたところで、見る意識がわれわれの同じ意識の上で言うているのであれば、たとえそれが真理であろうが、丈六・八尺の仏であろうが、一緒のことでしょう。心理学の対象になるか、あるいは、その他諸々の学問関心の対象になるか知らないですけれども、見る意識が変わらなければ、見られる対象がどのように言葉を変えてみたところで、同じことになるわけです。問題は見るとは何か、得るとは何か、という最も具体的なことがひっくり返らなくてはならないということです。でなければ、やはり見仏ということは、いわゆる目で見るような、視覚的現象になってみたり、あるいは心理的現象になってみたり、観念的な現象になってみたりするわけでしょう。

しかし、実際によく考えてみますと、そういうふうなかたちで見仏ということが理解されたり、そういうような意味で得忍ということが理解されたりするということは、本来的には非仏教的なのでしょう。とすると、その非仏教的な事実が仏教のなかの本流の如くにあつかわれているというところには、実は大きな問題があるわけです。

実体観を超えようというのが、仏教本来の願いなのですから、実体にとらわれているということ自体が非仏教的であるわけです。ところが実体を超えるということの全体が、実体観に捉われてしまうということがあるのです。そういうことを破るのは、いったい何で破るのかというと、観念で破れるはずはないでしょう。そういうことを破るものこそ、実は事実です。最もリアルな事実が、その実体化する人間の観念性を破るのです。実体観を破るというよりも、実体化せざるをえないような人間の観念性の底を突き破るのです。そういう問題がここの問題なのです。

だから、そういうことで善導はずいぶん力点を入れて、韋提得忍ということを頑張って主張しておられるわけです。いわゆる見仏得忍というのは、決して特殊な、あるいは高度とか低度とか言われるような、人間における一つの現象ではない、むしろ人間生活における最も健康な事実へのめざめなのだ、ということです。人間生活における健康でほんとうに翳りのない人生の絶対の事実に対する開眼、それが見仏であり、得忍なのです。だとすると、韋提希はどこでそういう境地になったのかと、こういう問いが、ここの問題であるわけであります。

忍の脱自的領解への批判

話が先走るようですが、この無生法忍ということについて善導は、序分義のなかで規定しています。つまり善導は、忍というのは、浄影寺慧遠を代表とする聖道の諸師が言うておられるような忍とは違うのだということを、わざわざ但し書きをしているのです。

此多く是十信の中の忍なり、解行已上の忍には非ず。(『全集九』一〇一頁)

いわゆる、ここで言うところの忍とは、十信の中の忍であって、解行以上の忍には非ずと、こういうふうに言うています。十信とは、十信・十住・十行・十回向・十地・等覚・妙覚という、いわゆる菩薩の五十二段の修道の階位のなかでの十信位です。信位というのは修道の階位のなかではいちばん低い位です。菩薩の修道への入り口が信位でしょう。言いかえて、これを信解行証という四段階で言うならば、解とか行の位のなかの忍ではなくして、わたしが言う忍というのは仏教の入り口であるところの信の位の忍だと、こういうふうに善導は一応言うているわけです。

そうすると、その言葉をそのまま受け取って領解すれば、善導の言う忍は聖道の諸師の言う忍とは違って、程度の低いつまらない忍の話をしているのだと、こういうことになってしまいますが、なぜ善導がわざわざこういうことを言うたのか、ということが大事なのでしょう。もし善導が自分を卑下して、あなた方のような高い解の位だとか、行の位の忍をわたしは問題にしているのではない、十信位の忍を問題にしているのであるから、ぜったいに喧嘩になりません、と、こういうふうに卑下して言うているのであれば、この言葉は善導にしてはあまりに似つかわしくない言葉ですね。

ところが、わざわざこういう但し書きを善導が置いたところには、一つはこういうことがあるのでしょう。つまり、無生法忍ということに対する、言うならば現実的な頷きがあるわけでしょう。解行已上の忍ではない、十信位の忍だと、このように押えたところには、十信位というのは善導自身がしばしば使う、

況んや我信外の軽毛なり、敢えて旨趣を知らんや。（『全集九』七頁）

というような言葉がありますように、自分は信外の軽毛だと言うていますね。これは信の位にすら入れない自分だという自覚です。ですから善導は、信外の軽毛という自覚において得るところの忍だということを言おうとしているのです。その実存的な自覚を見失った解行という観念のところで語られている忍の話を、自分は問題にしているのではないのだと、このように言うわけです。

だから信というのは、ある意味では仏道に入った位です。と同時にそれは、自覚的意味をもって言うならば、文字通り自分の深い存在への凝視のなかから、その凝視の只中において得るような忍ということを、ここで確認しようとするわけでしょう。それがやがて、この信という言葉そのものが取りあげられて、新しい信という意味を生み出してくるということになってくるわけです。だからそういう意味では、ここでもわかりますように、善導はただ、菩薩十地の段階のなかにおいて、

無生法忍というのは、どこの位で得ることができるかというような、位どりのなかでの問題として言うているのではなくて、ある意味では、菩薩十地の段階というもの、そのものを最終的にはひっくり返すような問題が、そこにはあるわけです。

忍というのは具体的なものなのだ、具体的なものでなければ忍といわれる意味がない、というわけです。言葉としてどんなにすばらしい内容をもったものであっても、忍ということが、真に人間自身の上に成就するような事実でなければ、事実は、あれども無きが如しだという、こういう問題の立て方です。それをとおして、実は忍ということの内容規定を、善導は変えていってしまうわけです。

忍の実存的領解

忍について善導はこのように言いますね。序分義のなかで、

亦は喜忍と名く、亦悟忍と名く、亦信忍と名く。(『全集九』一〇〇頁)

と、喜・悟・信の三忍だと言います。これはおそらく善導が初めて言うたことでしょう。いわゆる無生法忍というものは、無生無滅の道理に領くということであって、それは菩薩の段階のなかでは、ずいぶん高い段階においてしか得ることができないのだ、というふうに内容が規定されておった。そう規定されておった無生法忍を善導が、解行已上の忍ではない、十信のなかの忍だと、このように押えた時に、その忍ということの実存的な、そして現実的な、端的に自己の上に成就するような

忍として位置づけられることとなったわけです。そして、そう位置づけたとたんに、その忍の内容まで明確に規定されたわけです。どのように規定されたのかというと、学問的に規定されたのではなくして、文字どおり身体的に規定されたのです。自身の体で規定したわけですね。その体で規定したものは何かというと、信心歓喜という規定です。「聞其名号、信心歓喜」という規定ができたわけです。

忍は確かにめざめだ、と、こう押えられた時に、これまで忍と言われてきたその忍は、果たしてめざめであったのだろうか、どうだったろうかということが、かえって疑問になるわけです。八地以上の菩薩が得る忍だとか、解行已上の忍だとか言うているけれども、その忍というのは、いったいほんとうにめざめだったのだろうか、どうだろうかということが、かえって問われてくるわけです。

しかし、このように忍を位置づけたとたんに、忍の内容が決ってきたわけです。このように善導が、韋提得忍ということを決定づけようとする時に、もう既に、忍ということに対する既存の概念が、すっかり洗い去られているわけですね。洗い去られて、忍というものの内容を変えたのではない、忍ということの内容を、いわゆる異質のものと取り換えて、違うものにしたのではないのです。無生法忍とは具体的にこれなのだ、ということです。無生法忍と、それから喜・悟・信の三忍とは違うものであって、違うもののすり替えをしたのだという意味ではないのです。無生法忍と言うてきたけれども、具体的に無生法忍とは何かというと喜・悟・信という三つの具体的な言葉で押えられてくるようなこと以外に、無生法忍ということに対する頷きはないのだと、こういうふうに内容が現実的に押えられてきたわけです。

ところが、このように善導が言うと、それは善導の勝手な領解であって、他にも無生法忍があるのだと、こういうふうに考えがちですが、そうではないのです。善導において確認された限りにおいては、無生法忍は喜・悟・信の三忍、つまり喜・悟・信という具体的な内容をもったこと以外に、忍というものはないということです。それ以上の忍、あるいはそれ以外の忍が、もしあるとするならば、いったいその忍は何なのか、と逆に問わなくてはならなくなる。そう思うのですね。

親鸞も『正信偈』のなかで、このことに非常に注意を払っておられます。

行者正しく金剛心を受けしめ、慶喜の一念相応して後、韋提と等しく三忍を獲ん、即ち法性の常楽を証せしむといえり。(『全集一』九〇頁)

と言っています。「行者正しく金剛心を受けしめ、慶喜の一念相応の後」と言う、この場合の「後」は時ということですから、慶喜する一念に相応する時、韋提と等しく三忍を得るというわけです。この三忍は喜・悟・信の三忍ですね。その三忍を得るということは、すなわち法性の常楽を証する身となるということだ、と、こういうふうに頷いています。もう一つの『念仏正信偈』の方でも、

涅槃門に入るは真心に値うなり、必ず信喜悟の忍を獲れば、(『全集二』一四四頁)

と言ってあります。ここでは善導は「亦は喜忍と名く、亦悟忍と名く、亦信忍と名く」と言うて、悟忍の方から先に言うているのですが、親鸞は信・喜・悟の三忍というふうに、もう一度善導の言

おうとしたことを押えています。

いわゆる善導の場合は、言葉で言うならば喜忍という、悟忍という、信忍という、と、こういう順序で語ったわけでしょう。ここに善導が聖道の諸師との対論のなかで、忍の規定をした姿があります。やはり「悟」というところに共通の広場を見出しておいて、その内容を喜と信で押えたわけでしょう。

ところが親鸞は、いわば「善導独明仏正意」と言われるように、善導の正意を受け止めて信・喜・悟の三忍と、こういうように逆に言うたわけです。つまり信心歓喜が悟だと、こういうように言うたのでしょう。悟というのは信心歓喜のほかにはない、と、このように善導は言うたのですけれども、そのとおりだと頷いたとたんに、頷いた親鸞は信心歓喜こそが悟だと、このように表現したわけです。同じことを逆に言うたようですが、ずいぶん感情としては違いますね。

悟りとは実は信心歓喜、つまり信心の成就であると、こういうふうに言うた時には、そこにはやはり相対的な対象、つまり相手をもって言うている言葉ですね。悟りとは、と言うた時には、悟りというところに対話の共通点をもって、そして、それは歓喜であり信心である、と、こういうふうに押えてゆくのは、やはり対象を持っているわけです。だから対話である限り、どこかに説明をせざるをえないという問題があるでしょう。いわば啓蒙性というものがあるわけです。ところが親鸞の場合に、信喜、いわば信心歓喜こそ悟りだ、と、このように言うた時には、他との対話ではない、自己自身のなかでの頷きです。そういう意味では、何でもないように書き出されている韋提得忍の問題ということは、実は取りあげて見るならば、『観無量寿経』という経典の命運を決する、と、このように言うても過言でないような大きな問題になってくるわけです。

弘願顕彰

もう一つ、この一門には問題があるのです。これは本文を読めばわかりますが、韋提がどこで阿弥陀仏を拝み、どこで無生法忍を得たのかという問題を立てて、華座得忍と言うています。韋提希夫人は第七の華座観で得忍したのだ、と、こういうことを主張するわけでしょう。こういうことを主張するところには、今までお話ししてきたこととは、ちょっと角度の違う問題があるのです。それは何かというと、阿弥陀の本願が、『観無量寿経』のなかで名告っているのはどこだということです。つまり本願顕彰の場所の問題です。玄義分の初めの序題門のところで、『観無量寿経』という経典の内容を、

> 然に娑婆の化主其の請に因るが故に、即ち広く浄土の要門を開き、安楽の能人別意の弘願を顕彰したもう。(『全集九』六頁)

と、このように整理をしています。「然に娑婆の化主其の請に因るが故に」、その請というのは韋提希の請ですね。韋提希夫人の要請によって、娑婆の化主である釈迦牟尼仏は、広く浄土の要門を開いた、浄土往生の要門を広く開いて示したのが『観無量寿経』の一経だ、と同時に、その釈迦牟尼仏陀の教えに応答するが如く、安楽の能人、つまり阿弥陀仏は、別意の弘願を顕彰した、と、こ

う言うています。

ここで言うところの別意の弘願、いわゆる阿弥陀の本願、その本願の顕彰されているところは、いったいどこなのかということです。いわゆる『観無量寿経』一経は、釈尊が定善十三観を説いてくる、いわば浄土の要門を広く開いた経典であるが、そのなかに阿弥陀仏の本願が顕彰されてある場所があるはずだ、その顕彰されてある場所はいったいどこかということが、見仏得忍ということの内容です。『観経』は、一凡夫と釈尊との対話だけれども、その対話のなかに、実は十方衆生という呼びかけを持つ阿弥陀の本願が名告っている場所がある、その名告っている場所はいったいどこだというわけですね。いうならば親鸞が「親鸞一人がためなり」と言うた、その親鸞一人のためのところに、弥陀五劫思惟の願が名告っている。名告っているのは経典でいえばどこだと、こういうわけです。それが韋提の見仏得忍という問題提起の意味です。そういう意味で、華座得忍というて、善導が華座観のところで得忍を押えていこうという、一つの大きな意図があるわけです。

見仏得忍の事実

ところが、『観無量寿経』という経典のなかには、見仏、いわゆる韋提希が見仏得忍したということの書いてある場所が三箇所あるわけです。実は、この三箇所がここでは問題になっているのです。その三箇所というのは、一つは序分の中の定善示観縁のところです。その定善示観縁の中の光台現国のところですね。そこでは、夫人が仏を拝んで無生法忍を得たということを、このようなかたちで説いています。

如来今者《いま》、韋提希及び未来世の一切衆生を教えて、西方極楽世界を観ぜしめん。仏力を以ての故に、当に彼の清浄の国土を見たてまつること、明鏡を執りて自ら面像を見るが如くなるを得べし。彼の国土の極妙の楽事を見たてまつれば、心歓喜するが故に、時に応じて即ち無生法忍を得ん。(『真聖全一』五一頁)

こういうふうに言ってますね。いわゆる、光台現国で釈尊の眉間から出た光が、光の台《うてな》となって、そこに十方の仏国を見せしめた、そこで韋提希が拝見するということが説かれてあります。そこで釈尊が、いわば予言するわけです。韋提希、そして未来世の一切の衆生が、仏力をもって清浄の国土を見ることは、ちょうど、明らかな鏡をもって自らの顔を見るが如く、了々分明に見ることができるであろう、それによって、心に歓喜を生じて即ち無生法忍を得る、と、こういうふうに説いていますね。ここに「得無生法忍」ということがあるわけです。

もう一つは流通分です。もっとも善導は流通分と得益分と分けておりますので、善導の分け方にしたがえば得益分です。韋提希が仏を拝見して、そして無生法忍を得たということが、はっきり文字として記録されているのは、このいちばん最後の得益分のところです。これは釈尊の説法が全部終ったところから始まるのですね。

是を下品下生の者と名く。是を下輩生想と名け、第十六の観と名く。(『真聖全一』六五頁)

こういうふうに釈尊の説法が終わるわけですね。こう言って説法が終わる。終わった時に、是の語を説きたもう時、韋提希、五百の侍女とともに、仏の所説を聞き、時に応じて即ち極楽世界の広長の相を見たてまつる。仏身及び二菩薩を見たてまつることを得て、心に歓喜を生じ、未曾有なりと歎ず。廓然として大悟し、無生忍を得たり。（『真聖全一』六五頁）

と書いてあります。明瞭に「得無生忍」と書いてあります。いわゆる、「是の語を説きたもう時」というのですから、釈尊の説法が十六観まで全部終わった、その説法を聞いて韋提希と、韋提希のそばにおった侍女とが、ともにその仏の所説を聞いて極楽世界の広長の相を拝み、そして阿弥陀仏と観音・勢至の弥陀三尊を見ることを得て、心に歓喜を生じ未曾有と歎じたと言うのですね。未だかつてなかったことに出遇うたと、讃嘆して廓然として大悟して無生忍を得た、と、このように書いてあります。

そしてもう一箇所は華座観です。ところが、華座観のところは得忍という言葉はないのですよ。そうしますと善導は、得忍と書いてあるところは全部避けて、得忍と書いてない華座観を押えて、善導自身はっきり無生法忍を得たのだと言うています。ところが華座観のところには、全く経文としては無生法忍を得たというようなことは書いてないわけです。書いてないけれども、はっきり示されているのは、仏を見た事実があるわけです。これは大事なことですね。

特に、先の定善示観縁のところの説明も、それから最後のところの得益分の説明も、この両方とも、実は仏を見て無生法忍を得ると、こういうふうに説明をしてあるわけです。ところが華座観のところは、仏を見るというふうには説明してないのです。仏を見る事実が記録してあるのです。空中に住立した仏を見たという事実を書いてあるのです。これが善導の着眼点です。見仏について指示したものではなくて、見仏の事実が記録されているわけです。

ところが、人間というものは、事実が記録されているところは案外読まないのです。指示している言葉の方にとらわれてしまうのが、われわれの弊害ですね。見仏と書いてあるところばかり見て、見仏の事実が書いてあるところは見逃していってしまう、ということがあるわけです。ある一つの予定の観念をもって『観経』を読んでいけば、華座観などは引っかからないで、一つの譬喩的な表現だとして通っていっても、別に問題はないわけです。

そして、いちばん最後に「廓然大悟得無生忍」ですから、ここまでくれば見仏得忍したことに間違いない、ということになるわけです。ところが善導は、むしろ廓然として大悟して無生忍を得るというようなことが書いてある、そこには得たという事実が書いてあるのではなくして、得た事実はもっと違うところにあるはずだと、こう言うわけですね。こういうところに、すでに華座得忍を主張する善導の姿勢と、特に最後の流通得忍を主張する聖道の諸師の立場との大きな相違があるわけです。

常識的宗教論の観破

さらに押えて申しますと、善導は、単にその華座得忍は事実が記録してあるからして、華座得忍を主張し、そして最後の得益分は「廓然大悟得無生忍」と、いわゆる事実に対する説明が書いてあるから、これを否定したというのではないのです。

むしろ得益分、つまり、いちばん最後の釈尊の説法が全部終ったところをもって、そこで仏を見て無生法忍を得たのだと領解する方が、客観的に言うならば正統な領解ですよ。『観経』という経典は「仏説観無量寿」であり、仏を観せるための教えなのですから、説法の終りまでいって得忍したという方が、常識的に言うならば正統な見方です。これの方が筋は通るわけです。

ところが問題は、筋が通るように経典は読むものなのか、それとも経典は救われるように聞くものなのか、という問題になってきたわけです。というのは、いちばん最後の得益分のところで、「廓然大悟、得無生忍」と言うています。これが最後のところに書いてあるという、そういう事実に着眼して経典を読んでいくということになると、『観無量寿経』という経典はどういうことになるのか、ということです。『観経』の序分において、人間の日常性の姿というものを見ようとするわけですね。聖道の諸師方の発想は、人間が日常的生活をしている、言うならば、真に自己自身にめざめようという意志もなく、日常的な生活のなかに埋没して生きている、それでは駄目なのであって、人間は日常的なものに埋没している世界から目を開いてゆかなくてはならない、そのために仏は、その日常性を破るものとして、大権の聖者を使って日常性を破るような大芝居をうった、と、こういう発想だったわけですね。だから韋提だとか頻婆娑羅王だとか阿闍世だとかいうのは、全部これは大権の聖者であって、人間の日常性を破るための芝居をしたのだというわけです。つまり日常性に埋没している人間に、日常性の危さということを知らせるには、その危険のなかに身をさらすような事実を、目の前に突きつけるより他に方法はない。それをしたのが、あの王舎城の悲劇というかたちの方便の説法なのだ、と、このように見るわけです。

聖道の諸師は、王舎城の悲劇が終ってしまうとそこから正宗分と見ているでしょう。善導が、散善顕行縁と言うているところを、もう既に本文に入れています。この本文の最初ですでに散善が説かれるわけです。いわゆる三福の行が説かれるわけです。三福の行が説かれるということは、倫理的人間たれということですね。「汝いま知れりやいなや」と、こう言って、この三つの行は「三世の諸仏の浄業の正因」であると説いてあります。

その三福のいちばん最初は「一者孝養父母」ですから、親孝行せよということから始まるわけです。いわゆる倫理的生活を教えるのです。どういうことかというと、日常性に埋没している限りにおいて、何でもないのですけども、それがあのような悲劇を目の前に突きつけられた時に、自分の足もとが危くなるわけでしょう。家庭生活をしている人間が、自分の子供があのような状態になったらどうなるかというわけですね。自分の子供が阿闍世のようになったらえらいことだというわけです。

そういう問題によって足もとに火がついた、火がつくことを通して釈尊は、次に三福の教えを説いた。阿闍世のようにならないためには、大事なことは人倫の道を守らなくてはならない。「一者孝養父母」と教える。そういう意味では極めて適切な教えです。いわゆる親子喧嘩で困った人間の芝居をうっておいて、そして俺の家もそうなるのではないかと心配をしている人に、そうならないためには親孝行をするような子供にしなさい、というわけでしょう。目上の者を敬いなさいと、こう言うわけです。そして、それが「三世の諸仏の浄業の正因」だ、と、こういうふうにピタッと押えてあります。

そうしますと、聖道の諸師は頭が悪くて読み損ったのではない、頭がいいからしてそのように読めるのですよ。ところが、そこにはちゃんと予定があるわけです。倫理で人間が救われるのではない、倫理の世界に生きている人間は、倫理を尽くして倫理以上の根拠にめざめなくてはならないのだと、言うわけです。そこから出てくるのが定善の教えでしょう。定善というのは観法です。言うならば宗教的実践です。

つまり、日常性から倫理性へ、倫理性から宗教性へという、向上的なかたちにおいて宗教の位置づけをしていくわけです。そういうことで見れば、序分は日常性のパターンを教える。その次に、正宗分の最初は何かというと、人間の倫理性へのめざめを教える。そしてその倫理性ということは、さらに人間の本性というものについての深い洞察にまで自己を導いていって、やがてそこから宗教的人間へと高めていくというわけです。これはよくわかるでしょう。よくわかるほどに、われわれの頭の構造もこのようになっているわけですね。これが常識的宗教論です。ところが、その思考全体が危いのです。

『観経』という経典は、いわゆる常識的宗教論に合せてみると、実に都合よく説かれているのです。次第に説き進んできて、華座観、つまり仏の台座を観た、その次は像観、姿を観るわけです。

その姿を観るところに始まって、「是心作仏、是心是仏」という言葉が出てくるでしょう。このように仏を観るというようなところへやってきますと、いよいよもって、実は宗教というても、ただ漠然とした宗教ではない、文字どおり見仏の宗教だということが、像観のところあたりから明確になってくるわけです。見仏の宗教であって誰かによって手を引っ張ってもらって救われる、というような宗教ではないのだというわけです。いわゆる他因の宗教でもなければ無因の宗教でもない、仏教はあくまでも見仏の宗教だと言うわけです。しかも、見仏というのは、「是の心仏と作る。是の心是れ仏」であるというのです。これはもう、いわば大乗仏教の極意ですね。この像観を導きにして、やがて、仏身を観ずる者は仏心を見る、というような真身観が始まるわけでしょう。「仏身を観ずる者は仏心を見る」というて、観と見とをはっきり選んで、仏の姿を観るということは、姿に捉われるということではなくて、仏の心を見るということだというわけです。そして、仏心とは大慈悲これなり、というています。

そうしますと、大慈悲心に頷くということが、実は真実の宗教の救いなのだ、つまり仏教の救いとは、何かによって救われるということではなくして、自分自身が救い主になるということなのだ、と押えるわけです。いわゆる、仏心を見るということは仏身を観ずることだ、つまり、エゴのなかに閉じ込められている人間が、仏の姿を見たとたんに、そのエゴイズムが払われる、払われたならば人間存在そのものが、仏性開覚の本体になるというわけですね。仏性開覚の本体になるということは、仏の如く大慈悲を行ずる存在となるということだと、こういうふうに導いていっているわけです。そして第九の真身観から観音観、勢至観と続いていって、次に上品上生から下品下生までの後の三観が出てくるわけです。

ところが、先の十三観と後の三観とは、ずいぶん性格がちがいます。先の十三観の方は浄土を見たり、仏を見たりするわけですが、後の三観の方は人間が往生する姿を見ているのでしょう。しまいには悪人往生まで見ます。その辺はやはり聖道の諸師はピタッと言い当てています。あれは他生観、つまり他の人々の往生する相を見る観だと言うています。これはどういうことかといいますと、だいたい他の人々の往生する姿は、われわれには見えないですよ。エゴイズムで固まった人間が他人の救われた姿を見たら、腹が立つでしょう。しかも十悪五逆具諸不善というような人間が救われる姿まで見えるということは、「仏身を観ずる者は仏心を見る。仏心とは大慈悲是なり」と言われるように、大慈悲心が自己自身のなかに顕現している人間であるわけです。そのような人にして初めて、下品下生の人間まで救われるという、その世界がわかるのです。

このように、順を追って進んでくるわけです。いわゆる日常の世界に埋没していた人間が倫理の世界へ入る、次に倫理の世界を超えて宗教の世界へ入る、しかも、その宗教というのは、決して他因無因の宗教ではなくして、あくまでも自覚の宗教だ、しかも、大慈悲心顕現の宗教だ、「一切衆生悉有仏性」という仏性開覚の宗教だ。その仏性開覚ということは、具体的に言うと、すべての人々の救いが頷けるというようなところまで、自己が拡大される宗教だと、こう言うわけでしょう。

このような教えを聞くことによって韋提希及び五百の侍女が、初めて仏を見ることができた、そして、未曾有のことだと言って感嘆の声をあげたというわけでしょう。未だかつて、人が救われるのを見て喜べるというような自分は、思いもつかなかったというわけです。自分の最愛の人間が救われても腹が立つような人間が、すべての人々が救われる姿を見て、それがあたかも自分のことの如くに喜べる自分になれた、それこそ「廓然大悟」です。「廓然大悟、得無生忍」という言葉が、説法の終ったところに出てくるというのは、適切極まりない説法だというわけですね。

このように、実に明瞭に筋は通っているのです。そこで、この一貫して通っている筋のところへ乗ったのが聖道の諸師なのです。乗った一点はどこであったかというと、エゴイズムが捨てられるはずだという予想の上に、このようなレールをひいたわけでしょう。そしてこのなかには、このように『観経』を読んだ人自身は入っていないわけです。つまり、韋提希だとか、頻婆娑羅王だとか、阿闍世という人々は大権の聖者であって、あれは衆生を救うために芝居をうっているのだと見たということは、芝居をうつような存在を見ることのできるような立場におったということです。そこに自分を見たのであったならば、芝居を見るわけにいかないですよ。そこに自分自身を見たならば、そのとたんに、その経説は自分に向かってくる経説になるわけです。

たとえば「一者孝養父母」ということにしましても、他人事ならば「そのとおりだ、大切なことだ」と素直にわかります。ところが「一者孝養父母」と突きつけられてごらんなさい。どうなりますか。具体的に自分の親爺を目の前に置いて親孝行が大切だと言われても、素直に頷けないわけですよ。この一点に善導と聖道の諸師との、『観無量寿経』に対する領解が全く異なる分かれ目があるわけです。

第七華座観は、「仏阿難及び韋提希に告げたまわく」と改めて言うて、「諦かに聴け、諦かに聴け。善く之を思念せよ。」と言って、

仏当に汝が為に苦悩を除くの法を分別し解説すべし。（『真聖全一』五四頁）

と、初めて苦悩を除くの法を説くと言って、説法したとたんに、その声が消えて、空中に弥陀三尊が現われたというのでしょう。

善導をして言わしむれば、こういう事実以外に得忍ということがあるわけがないではないか、と言うわけです。そして、その一点を捉えた時に、釈尊の教えが大悲の説法だということが、いわば韋提希、さらに言うならば、善導一人のための教えとして受け止められたわけです。つまり、「諦聴諦聴、善思念之」という言葉が、文字どおり自分への言葉として響いてきたわけです。このように聞いた時に、苦悩のなかにあって解決の道が見つからないで流転している自分が、目の前にはっきりしたわけです。はっきりして頭が上がらなくなったところに、空中に住立するのが弥陀三尊だったわけですね。自我の頭を上げて、まだ可能性があるというところでは見えなかったものが見えてきたわけです。

言うならば、釈尊の説法は、苦悩を除くの法を一貫して説いてきておったわけです。にもかかわらず、未だかつて苦悩を除くの法という響きとして聞こえなかったのでしょう。それがついに、自力無効というところに除苦悩法という言葉が初めて聞こえたのです。聞こえると同時に、そこに阿

弥陀を拝むことができたというわけです。だから空中住立ということは、文字どおり阿弥陀を拝んだということです。阿弥陀を拝んだということは、端的に言うならば、南無阿弥陀仏ということでしょう。実は善導が、この「住立空中」という、ここで押えるのは南無阿弥陀仏という声になった仏に遇うたということです。

だから、見仏を説明している経文のところで、韋提希夫人の見仏得忍を見ないで、見仏の事実で見仏得忍を押えたというところに、文字どおり「善導独明仏正意」という、親鸞の讃嘆の内容があるわけです。その意味では玄義分の最後に、善導が特に韋提得忍の問題をあげているということは、単に玄義分の終りに付録としてつけたのではなくして、玄義分の結びにこれを置いたということだと思うのです。さらに、得忍という一つの事実のなかに、実は全宗教観の根底をゆるがすような問題を善導は押えているわけです。

(2) 見仏得忍

第七料《ニレウ》下簡《スト》韋提聞《テ》二仏正《ノ》一説《ヲ》一得一益分《スルフン》一斎《サイヲ》上者《イハ》、問一曰。韋提既《ステニ》言《ヘリ》三得《リト》二忍《ヲ》一。未一審《イフカシ》、何《イツレノ》時《ニカ》得《ル》レ忍《ヲ》、出《テ》、在《ルヤ》二何《レノ》文《ニカ》一。答一曰《ク》。韋提得《ノ》一忍出《ハテ》、在《リ》二第七観初《ノハシメニ》一。『経』《ニ》云《ク》。「仏告《ハク》二韋提《ニ》一。仏当《ニ》下為《ヘシ》二汝《チカ》一分《ム》中一別一解一説《スノソクク》除《ヲ》二苦悩《ヲ》一法《ヲ》上。説《玉フ》二是語《ノヲ》一時《キ》、無量寿仏住《チユ》コ立《シ下ヘリ》空《ノ》中《ニ》一、観音・勢至侍《シ》コ立《リウセリ》左右《ニ》一。時《ニキ》韋提応《オウノ》レ時《ニエテ》得レ見《コトヲ》、接足《セフソク》作礼《シ》、歓喜讃一歎《ス》、即得《チウトイヘリ》二無生法忍《ヲ》一」。何以《ナニヲカ》得《ル》レ知《トヲ》。如《シ》二下《シモノ》利益分中《ノ》説《ニ》言《テフカ》一。「得《ヘテ》レ見《トヲ》二仏一身及《ヒ》二菩薩《ヲ》一、心生《ニノ》二歓喜《ヲ》一、歎《タンソ》二未曾有《ミソウナリト》一、廓然《クワクネムトソ》大悟《ニサトテウ》得《ヘテ》二無生忍《ヲ》一」。非《ス》下是光台《レタイノ》中見《ニミシ》レ国時得《ヲニウルニ》上也。問一曰。

上《ノ》文《ノ》中《ニ》説言《テハク》、「見《テ》二彼《ノ》国土《ノ》極-妙《ノ》楽事《シヲ》一心歓喜《スルカ》故《ニ》、応《オウソ》レ時《ニ》即《チ》得《ト》二無生法忍《ヲ》一」。此之《コノ》一義、云何《イカンカ》通-釈《セム》。荅-曰。如《ノ》二此義《キ》一者《ノハ》、但《タヽ》是《レ》世尊酬《コタエテサキノヘチシヤウヲ》二前別請一、挙《アケテ》勧《スヽムル》二利益《ヲ》方-便之《ノ》由序《ユシヨナリ》。何《ナニヲ》以《カ》得《ル》レ知《トヲ》。次下《キシモノ》文中《ノニ》説言《テハク》、「諸-仏如来有《ハマシヽテ》二異方便《ノ》一、令《シメ下フナンチヲノ》三汝得《エセ》二見《コトヲ》一。次下《ノ》日想・水想・冰想《ヘウ》、乃至十三観已《ヨリイ》-来《ライハ》、尽《コトヽク》名《ク》二異方便《イノ》一也《ト》。欲《ホス》レ使《シメムト》下衆生《ヲノ》於二此観門《ノニ》一、一一得《ニエテ》レ成《コトヲ》見《テ》二彼《ノ》妙事《シヲ》一心歓喜《スルカ》故《ニ》、即得《チエ》中無生《ヲ》上。斯《コレ》乃直《チチキニ》是《レ》如-来慈哀《シアイノマチタイヲ》末代挙勧《コクワンノハケマシシユセムコトヲホス》励《ニ》修一欲《シメントシヤク》下令中積学《カクセン》之者《モノヲナカラノコリ》無レ遺上。聖力冥《ミヤウニ》加《カノ》現益《スルカユヘナリ》故也。

（『全集九』三八頁）

見仏の解釈と事実

前置きが長くなりましたが、韋提得忍と言われる一段の本文を読みながら、話しを進めていきます。ここの問題は、韋提希夫人は仏の正説を聞いて、どこで利益、つまり無生法忍を得たのか、その分斉を明らかにしようとする一段だということが押えられているわけです。

問うて曰く。韋提既に忍を得たりと言へり。（『全集九』三八頁）

と、このように言うています。「得忍」ということですけれども、親鸞は「韋提既に忍を得たりと言へり」と、こう読んでいます。先にも言いましたが、この『観無量寿経』のなかには、韋提希夫人の見仏得忍ということに関して説かれている経説が、三箇所あったわけですね。それは、光台現国のところと、それから得益分のところと、そしてもう一つは、善導が主張する華座観のところです。

ところが、親鸞は「既に得たりと言えり」と、こういうふうに押えられている限りにおいては、これから得るのでもないし、だいたい得たというのでもないわけです。「既に得たり」と言うのですから、明瞭に忍を得たと、こういう確認を、親鸞はあえてしたわけです。善導の意志を受け止めて押えたわけです。

未審《いぶかし》、何れの時にか忍を得る、出でて何れの文にか在るや。(『全集九』三八頁)

未審、何れの時においてか忍を得たか、また経文のなかのどこにあるのか、と、こういうわけです。それに答えて曰く、韋提の忍を得たということは、出ているのは第七の華座観の初めである。その経文というのは、「仏韋提希に告げたまわく。仏当に汝が為に苦悩を除くの法を分別解説すべし。」と、こういうふうに教えを説き終った時に、無量寿仏が空中に住立したもうた、観音と勢至とがその左右に侍立しておいでになる。時に韋提その弥陀三尊が現われた時に応じて、阿弥陀仏を見ることを得て、接足作礼し歓喜讃歎して即ち無生法忍を得たり、と、こういうふうに言うている。これが経証なのだ、と、こういうふうに善導は言うていますが、そういうふうに経文には書いてないのですよ。

経文そのものを見てもらえばわかりますように、空中に侍立した弥陀三尊を拝んで、接足作礼して歓喜したということは書いてある。ところが、接足作礼して歓喜したということが、無生法忍を得たということであるかどうかという証拠は、経文そのものの上にはないわけです。ところが、善導は空中住立の阿弥陀を拝んだという、その事実が記録されていることを押えて、それ以外に無生法忍を得るということはない、いわゆる悟りを得ると言うても、それ以外の方法で悟りを得るということはありえないのだ、ということを押えていくわけでしょう。

だから、そういうふうに押えたところには、『観無量寿経』の経説全体が終ったところで「是の語を説きたもう時、韋提希、五百の侍女とともに」と、こういうふうにして説き出される、あの得益分のところで、見仏得忍をしたと考える一般的な宗教観から出てくる救いの領解、それに対する否定がはっきりとここで打ち出されているわけです。

ところが、その宗教における一般論というのは、どのような一般論でありましても、文字どおり一般論なのですから、具体的なものではない、これはもう明瞭なことなのです。むしろ経典に触れるということはいったいどういうことかというと、具体的な宗教的事実がそこにあるということです。経典というものを向こうに置いて、その経典にどういうふうなかたちで、その救いが説かれているか、というて眺めているところには宗教はないわけです。あるものは宗教に関する文献があるだけであって、宗教はそこにはないわけでしょう。だからそういう意味では、経典は必ずしも教えだとは限ってはいないのです。経典を読んでいるからというて、それが教法であるかどうかの証拠は、客観的にはどこにもないわけです。だから、経典を扱っておれば、それが直ちに教法となっているというのは独断です。それこそ宗教における完全な独断です。経典が教法であるかどうかの証しがないのですから、独断と言わざるをえないわけです。証しということは、宗教的事実が自己の上に開かれているということ以外に証しの方法はないわけです。

そういう意味では、われわれが『観経』という経典を向こうに置いて、それを客観的に、しかも冷静に、われわれの知性に乗せて見てゆくならば、当然、善導のような発想は出てくるはずがないわけです。善導のような考え方をする方がおかしいのであって、本来は順序立った見方で、いわゆる日常性のところから出発して、救われないところに生きていた人間が、やがてその現実そのものの課題に目を開かしめられて、やがて仏の導きに従って、ついに悟りにまで到達する、と、この筋書きどおりに経典を見てゆく、いわばこれは極めて健康な常識です。ところが、問題は健康な常識が必ずしも宗教的事実であるかどうかということです。

問題は何かというと、『観無量寿経』という経典を、いつも目の前に置かなくてはならないという、人間の問題です。その『観経』の語っている言葉に耳を傾けなくてはおれないという、具体的な人間の問題があるわけでしょう。だからそういう意味で、善導がここで、韋提がどこで救われたのかというようなことを、特に問題としてとりあげているわけです。そして、その最後の説法の終ったところで救われたというのは間違いだ、つまり教えが終わった時に、それで教えが完結して救われたというのは、常識としてはそのとおりだけれども、宗教の事実としては、それは間違いだというのです。ではどこで救われるのかというと、教えのなかで救われるのだと言うわけですね。教えのまっただなかで救われるのであって、教えが終って、お釈迦様が口をつむったら救われる、と、そういうことではない。まさに金句の説法のただなかで人間が救われるというのが、宗教的事実ということであって、その一点を善導はここで強調するわけです。

だから、決して聖道の諸師の考え方が間違いだと言って、反発しているのではないのです。考え方の正常性というものまでを善導は否定しているわけではないのです。これは大事なことだと思うのです。なぜかといいますと、真宗学をやっている者が往々にして犯す過ちは、考え方の正常性まで も間違いであるかの如く言うことがあるわけですね。自分自身が宗教的課題に触れておらないけれども、何か真宗学をやっているということで、触れているかの如き夢を見るということがあるわけです。その夢を見たところに立って、正常な、極めて健康的な分析と研究とを重ねていく仏教の学問というものを、間違いであるかの如く言うことによって、自分を弁護しようとする、そういう傾向がないとは言えないと思うのです。いわゆる視点の違いがあるわけです。

だから、善導の言うている問題と、聖道の諸師の学問とを同じ地平でわれわれが考えて、両者のどちらかに旗を上げようかと言うのであったならば、これははっきり申しまして、少なくとも正常な頭の働きをする人ならば、善導の方が間違いだというのではないですか。健康な頭でその両方を見て、どちらの方が研究の成果があがっているかということになれば、慧遠の方に軍配が上ります。要は問題の視点が違うわけです。いわゆる、宗教についての分類を経典の上に見ているのか、それとも宗教的救いを自己自身の要請、つまり、自己自身が宗教的な救いを得なければならない存在として経典に触れているか、と、そのことの違いがあるわけです。

だから、救いとは何かという問題が提起された時、経典全部が終った時に救われたという、その考え方は論理的に間違いだと言うのではなくして、あるいはまた、経典の構成の上で間違いだと言うのでもなくして、そういうふうに経典に触れるということが、宗教的でないということを善導は言おうとするわけです。これが非常に大事なことなのでしょう。

そうしますと、善導が、華座得忍ということを特に主張するわけですが、言うならば『観無量寿経』の正宗分のなかで言えば、最も中途半端なところですね。第七華座観ですから、十三観のなかでもまんなか辺ですし、あとの散善まで入れれば、前からも三分の一の辺にある場所ですから中途半端です。ところが韋提希は、空中に住立したもうた阿弥陀仏を拝んで救われたということであれば、それから後の説法は、無用の説法だということになるのではないか、という疑問が出ますね。無用の説法を何のために聞いていたのだ、というようなことになってしまいます。だからそこで明らかにしておかなくてはならないことは、華座観では救いということの事実をはっきりと押えたものであって、いわゆる救いの弁証をしているのではない、ということです。

二尊の呼応

そういう意味で、華座観とはいかなる観法かということですが、実は、韋提希が見仏得忍をしたところから華座観の説法が始まっているわけです。つまり韋提希夫人が空中に住立したもうた仏を拝んだ、拝んだことによって歓喜讃歎して、自分は仏力によって阿弥陀仏を拝むことができたけれども、未来世の衆生はどうしたら見ることができるのか、という問いを改めておこす、それに対して、華座を観ずる方法を教える、というかたちで華座観が始まるわけです。

ということは、言葉を変えますと、華座観の説法というのは、確かに韋提希の請いによって説かれたという意味では、改めて始まった説法なのです。つまり、韋提希自身が見仏得忍した時から、改めて、「未来世の衆生は」と、こういう問いを出した、その問いから改めて始まったものです。ところが、この華座観で、韋提得忍の内容の具体的意味が、華座観の説法を通して明らかになっているのです。空中に住立した仏を拝むことによって、韋提希の内に救いが成就した、その救いの内容というのはいったい何なのか、ということが、あとの華座観の説法で明確に証明されてくるわけです。その救い、つまり見仏という事実の内容がいかなることであるかが、この華座観の説法で証明され、さらに次に出てくる像観、それから真身観、そして観音観、勢至観として展開してくるわけです。

善導自身が、「第七観の初めに」とはっきり言うていますように、第七華座観の初めにある文が住立空中の文であって、その文によって、いわゆる見仏得忍したということは、この前文を境にして、それ以前の観とそれ以後の観との教えが、ある意味で性格を二つに分けるわけです。これはよく注意しておかなくてはならないと思うのです。

つまり、華座観まで到るところの観法というのは何かというと、まさに除苦悩法、苦悩を除く法が、韋提希自身の内に身心徹到するまでの導きの観だったのでしょう。そして、この第七観の初めで、韋提希が見仏得忍するわけです。その第七華座観から改めて始まって、その後は仏の観です。文字どおり仏を見るという観です。華座観の次は像観でしょう。像観の次が真身観でしょう。真身観の次は観音観、その次が勢至観、これらは何かというと、華座観の初めで見たところの弥陀三尊を、もう一度改めて確認していくわけです。

このように見ていきますと、この十三観というものは、第一日想観からいちばん最後の第十三観まで、ただ漫然と並んでいるのではなくして、第七華座観の前文に一つの山があるわけです。だから、この前文は観法を説く教えのなかに入ってはいないわけです。つまり、釈尊の教えとして、「このような方法で仏を見るのですよ」という説明的な教えのなかに、この部分は入っていないということです。いわゆる言葉としての教え、そのものの消えたところにあるのです。

「仏阿難及び韋提希に告げたまわく。我今汝が為に苦悩を除くの法を説かん」と言うています。苦悩を除くの法を説かんという、その声に応じて空中に阿弥陀仏が住立したもうたわけです。だからそれは、いわゆる空中に阿弥陀仏がお立ちになりますよ、というて説明しているのではないのであって、説明する声が消えるわけですよ。説法の声が消えたところに、如実に見仏が成就したということです。いわゆる、言葉の消えたところで、空中に住立した弥陀三尊を拝んだということは、言葉が耳から消えていったということではない。いうならば、言葉が具体化したということです。教えが自分の向こうで語られていた、つまり他座である仏の教えが、完全に自分の上に宗教的事実となったということです。

教えの言葉が、教えの言葉として聞こえてくるという、そういう物理的現象が消えたということではなくして、教えを説いている事実と、教えを聞いているという事実との、その間隔が消えてしまったということでしょう。だから教えのもとに救いが成就したというわけです。さらに言えば、教えが救いの事実をあらわにすることになったということですね。だから文字どおり、そういう事柄を宗教的事実というのです。

宗教というのは何かというと、教えを宗とすることだという説明ではなく、教が宗となるという事実です。ですから、教えを聞くのだというようなことではなく、正に教えそのものの聞こえる、そのことが実は救いとなったという、そういう事実が宗教的事実です。だから、この事実については、善導は非常に大切に扱っています。

たとえば、この『観経疏』定善義の華座観の文をみますと、

「説是語時」というより下「不得為比」に至る已来、正しく娑婆の化主、物の為の故に想いを西方に住むる、安楽の慈尊、情を知るが故に則ち東域に影臨むことを明す。斯れ乃ち二尊の許応異なること無し、直ちに隠顕殊有ることを以て、正しく器朴の類万差なるに由て、互いに郢匠たらしむることを致す。(『全集九』一三五頁)

と、こういうふうに言うています。言葉は厄介なようですが、簡単に申しますと、釈尊が汝がために苦悩を除くの法を説かんと、このように説かれた。その声が消えるが如くして阿弥陀仏及び二菩薩が空中に住立したもうたという、この不思議な、一見極めて奇異な描写のされている経説の意味は、いったい何を教えているかと、わざわざ問いを立てるわけです。そしてそれは釈尊と阿弥陀仏の関係なのだと、こういう答え方をするわけです。いわゆる、娑婆の化主である釈尊は、一切衆生

を救うがために想いを西方に住められた、その事実が空中住立の事実なのである。そして安楽の慈尊、つまり阿弥陀仏は、韋提希の心情、いわば、韋提希の宗教的要求を知ろしめすが故に、東域に影臨したもうたのだ、というわけですね。

この世の教主であるところの釈尊は、一切衆生を救うために自分の努力を傾けられたと、このようには言わないで、この世の教主である釈尊は、一切衆生を救わんがために想いを西方に住《とど》められたのである。つまり、阿弥陀を憶念されたのだと言うのです。そして西方の阿弥陀は、端的に言えば韋提希の心、さらに言えば、一切衆生の心根を知ろしめすが故に、あえて東域の衆生のただなかに姿を現わしたもうたのだ、と、善導は言うわけです。

そして、これはすなわち二尊のはかりごと、つまり弥陀釈迦二尊が衆生を救おうという慮りであって、心に異なりがないということを表わしている。そういう意味では釈尊の救いは、阿弥陀の顕現によって成就するということですね。そういうことが、ここに表わされているのであるというわけです。

ところが、一方は隠れ、一方は顕われるという異なりが、この経文の上にあるのはなぜかというと、正しく衆生の機類が千差万別であるからして、それに応ずるために現われるというかたちで、阿弥陀はここに姿を現わし、隠れるというかたちで、釈尊の声は消えていったのだ、と、こういう説明を加えているわけです。これはよく考えてみますと、ずいぶんおもしろい説明をしていると思いますね。釈尊の説法はなぜ消えていったのか、その替わりに阿弥陀仏がなぜ姿を現わしたのか、説明して下さいと、そういう問いを予想してたてるわけでしょう。

それに対して、それは一言でいうと、衆生を救うためなのだ、いわゆる、衆生を救うために、釈尊は大悲の極まりとして声を消してしまわれた、阿弥陀仏は衆生を救うために、大悲の姿を現実の人間界に顕現したもうたのだと、簡単に言うてしまえば、こういうことですね。釈尊の声が消えたことがほんとうの救いだというのです。釈尊の声が聞こえたことが救いだとは言うていないのですよ。やはり釈尊というのは人間です。韋提希の前に立っている釈尊は、偉大なる宗教的人格です。どう見ても及びもつかないような宗教的人格が、言葉を極めて、説けば説くほど大きくなっていって、小さく見えてくるのは韋提希自身です。言うならば説かれれば説かれるほど、言葉も力も及ばない自分が見えてくる、と同時に、実は大きく前面に出てくるのは釈尊ですよ。そういう意味では反比例なのです。教主が偉大であるということは、聞いている自分が、ますますもって貧弱に見えてくるのです。そういう反比例が起こってくるということは、内容から言うと、自分と教主とが深い意識のなかでは、対等の地平で比べられているというわけです。量の相違はあるけれども、質においては同質のところに立っているというわけです。偉大なる教主釈尊と、まことに見すぼらしい資質の凡夫である韋提希、こういうところに立っているからして、ここには救いはないわけです。救われ難い自分が見えてくるけれども、救いはないのです。

ところが、救われ難いと言うているわけですが、その救われ難いという言葉は、どこから出てくるかというと、救われるという可能状況、つまり、最低ではあるにしても、救済の可能条件の上に救われ難い自分が見えているわけです。そこに釈尊と自分との隔たりが出てくるわけです。その隔たりを作らしているものは何かというと、全く隔絶しているから隔たりがあるのではなくて、むしろ連なっているからして隔たりが感じられるのでしょう。釈尊と自分がいちばん基底の、いわば意識の底のところでつながっている。いわゆる救われるべき人間だけれども、釈尊の説法を聞いていると、とても救われそうもない、というかたちでつながっているのでしょう。

そのつながりが切れなくてはならないわけです。そのつながりの切れる世界というのが、釈尊という人の声の消える時です。ということは、自分の方にはどういう現実があるのかというと、文字どおり自力無効という現実です。救われる可能性の予想の上に救われ難い自分が見えておったという世界ではなくて、救われるはずのない自分、いわば救われるということに、縁もゆかりもない自分というところには、もうそれを救おうという言葉は消えてゆくわけですよ。言葉でつながっている人間と人間との関係が消えるわけです。救われうる自分だという深い期待の上に、釈尊の救いを要請しておった韋提希が、文字どおり「出離の縁有ること無し」と、期待も救いの縁もない、それが言葉が消えるということの内容であるわけです。その縁のないという全くの断絶のところに見仏得忍として、実は救いが成就したわけです。

期待無要の信

そこで、『観経』の得益分の「未曾有なりと歎じ、廓然と大悟して無生忍を得」たと、こういう

ふうに言うている　この経文は何を指しているのかというと、実はこの華座観の前文における事実を、後に改めて確認した言葉だと、このように言うわけです。ここに成就した救いの意味を、最後のところへきて改めて確認している、その救いは「未曾有」という救いなのですね。未だかつて有ること無しという救いなのです。

いつか、やがて空中に現われるだろうと思っていたら、その期待に応じて現われて下さった、という話ではないのであって、その期待の終ったところに、実は阿弥陀を拝んだと、こう言うわけです。その見仏の救いとは、未曾有と歎ずるような事実だと言うわけです。期待すべきかたちで救われたのではなく、期待する心の終りに、実は期待を超えて救われたのである。こういうふうに確認した言葉が得益分であるわけです。

ここで一つ明らかに善導が押えていることは、人間の期待に応じて救いが成就するのではないということです。人間の期待に応じえて成就するというかたちの救いは、人間の期待する救いであって、人間の期待する救いによって、人間が真に救われるということはないというのです。人間が期待するようなかたちによって救われるというのは思いであって、人間の期待によって顕わされるようなことは、人間を救うものではないというわけです。そういう在り方を善導は自利の在り方だ、と、このように押えてゆくのです。つまり、たとえそれがどういう修道の在り方をとっておろうが、たとえそれがどんな観法の姿をとっておろうが、そのなかを貫いているのは人間の期待だというのです。期待に応じえたからというて人間は救われない。だいたい期待していること自体が、実は、救いに縁もゆかりもないところで人間は期待しているのだから、というわけです。だから期待無要、さらに言えば期待無効というところにしかほんとうの救いはない、こういうことです。それがここでは住立空中という、極めて象徴的な相で説かれるわけです。

だから、住立空中の阿弥陀を拝んだということは、言葉を変えれば二種深信です。二種深信ということが、具体的な姿をとっているのが空中住立です。

さらに善導は、その空中に住立するという一段について、ずいぶん注意深い説明をしておられます。定善義の第三に、弥陀が空に在して立ちたまえるというのはいったい何なのか、ということを明らかにしようとするところですが、

問うて曰く。仏徳尊高なり、輒然として軽挙すべからず。既に能く本願を捨てず来たて大悲に応ぜば、何が故ぞ端坐して機に赴かざるや。答えて曰く。此れは如来別に密意有ることを明かす。但以んみれば娑婆苦界なり、雑悪と同じく居して、八苦相い焼く、動すれば違返を成し、詐り親しむに笑を含む、六賊常に隨て、三悪の火坑臨臨として入らんと欲す。若し足を挙げて以て迷いを救わずば、業繋の牢、何に由てか勉かるることを得ん。斯の義の為の故に、立ちながら撮て即ち行く、端坐して以て機に赴くに及ばずなり。(『全集九』一三六頁)

こういうふうに言うています。この質問は、仏様というお方は尊い方であるからして、どんな場合であっても軽々しく動いて歩くというものではなく、常に本願を捨てず、端坐して衆生の前に姿を現わしていいはずなのに、立って現われるというのはいったいどういうことなのですか、という質

問ですね。

それに対して善導は、立って現われることを説明するのではなくして、逆に人間の問題を先に明らかにしようと言うわけです。何かというと、娑婆の苦界というものは、諸々の雑善悪業の同居するところだ、だから、四苦八苦に相焼かれて、居ても立ってもおれないような苦悩の世界というのが、人間の現実の世界である。しかもその苦悩というのは、ただ痛いとか苦しいとかいう苦悩ではなくして、笑みを含んで親しんでくるような苦悩だと言うのです。人間を誘惑するような苦悩であるから、そういうような世界に生きている限り、三悪道への火坑は臨臨として自分の足もとから押し寄せてくる。だから、そういうところに存在しておる人間を救うのに、阿弥陀は坐って現われるというわけにはいかない、足をあげて立って現われざるをえなかったのだと言うわけです。だから「立撮即行」、足をあげてたちどころに撮って即ち行く、端坐して以て機に赴くには及ばず、こう言います。

これはいったいどういうことなのかというと、阿弥陀仏ではなくして、南無阿弥陀仏だということです。立撮即行ということは、阿弥陀仏という仏を見たというのではなくして、阿弥陀仏の働きを拝んだということです。言葉を変えれば、阿弥陀仏が阿弥陀仏という働きとして、現実の人間の上に顕現したということですから、それは阿弥陀という仏が何かのかたちで現われたというよりも、阿弥陀仏の行動が顕現しているというわけです。阿弥陀仏の行動、働きということは何か、それこそ南無阿弥陀仏なのでしょう。仏が除苦悩法を説こうという、その教えの声の消えるところに、南無阿弥陀仏という現実が顕われたということでしょう。もっと端的に言えば、韋提希が初めて南無阿弥陀仏と言うたということです。それこそ接足作礼であって、大地に頭がたれた、上げようのない自分に触れた、触れたところに南無阿弥陀仏という念仏が韋提希の上に顕現したということです。

南無阿弥陀仏を称えよという教えが聞こえたというのでもなければ、南無阿弥陀仏を称えるという事実が起こったという説明でもなくして、南無阿弥陀仏があったのです。それこそ、「念仏申さんと思い立つ心の起こる時、すなわち」と『歎異抄』でいうところの「起こる時、すなわち」という事実が、実は立撮即行と善導がわざわざ言うことの意味です。

そういう意味では、空中に住立した仏を拝んだということは、拝んだという説明ではなくして、拝んだ事実が記されてあるのだということです。拝んだ事実というのは何かというと、それがたとえ実体的なものとしてであろうが、あるいは理論的な、理念的なものとしてであろうが、後方に仏を見たのであるならば、それは人間の思いの投影にすぎないのですね。逆にその期待が崩れたところに、南無阿弥陀仏という事実が顕現したということです。そのことの他に人間における得忍ということはない、つまり南無阿弥陀仏ということの他に、人間に得忍ということはないのだというのが、善導の韋提得忍を主張する基本的な問題点なのです。

ここでは、善導はこういうかたちで主張していますが、このことが二種深信という姿をとってやがて顕われ、あるいは、名号六字釈という姿をとって顕われる。あるいは、下下品の具足十念の念仏のところに顕われるわけです。いわば、全部このことが一貫して、善導の『観無量寿経疏』のなかを貫いて顕われてきているわけです。だから、そういう意味では韋提得忍という問題は、南無阿弥陀仏という事実を明確にした最も端的な箇所なのです。

それによって、逆に申しますと、一般の宗教観がもっている人間の期待の残彩を完全に破ったわけです。その破った事実が、実は最後の得益分のところで韋提希が得忍をしたのではなく、最後の得益分こそは、人間の救いとは何かということを、最後になって釈尊が確認をしたのだ、と、このように善導をして受けとらしめるわけです。こういうことが大切な問題として一貫して流れているわけでしょう。だからそういう意味では、空中住立という極めて象徴的な表現のなかに、単に象徴的な表現として、善導がそれを読んで解釈したのではなしに、象徴的にしか説けない表現に触れた時、善導自身が念仏者となったということがあるわけです。端的に言うならば、文字どおり、善導の救いがそこにあったわけです。韋提の救いがあったということは、同時に、善導の救いがそこにあった、そういう確証をもって善導は経典を読み切っていくわけです。それが、この空中住立の問題であるわけです。

本願所成の妙華

ここで、もう一つ押えておきたいことがあるのです。阿弥陀仏が空中に住立した、その時に韋提希夫人は見仏、いわゆる阿弥陀仏を拝んだという深い喜びのなかから、未来世の一切衆生は、どのようにして仏を拝むことができるのかということを、もう一度問い直す、その問いに対して、華座を観ぜよという教えが説かれますね。あれが、この空中住立の見仏の事実を明らかにしていることなのでしょう。

ふりかえってみますと、先に『仏説無量寿仏観経』一巻という題名を、善導が解釈している釈名門というところがありましたね。あの釈名門のところで無量寿ということを解釈して、わざわざ阿弥陀仏の依正二報を全部にわたって解釈しているところがあったでしょう。あそこで浄土の依報と、浄土の正報というのが順に説かれているのですけれども、特に華座観だけは、依報は依報であるけれども別依報だというて、わざわざ善導が押えておったところがあったでしょう。華座は特別な依報だということは、すなわち、阿弥陀誕生の場所だとこのように押えていました。弥陀出生の場はいったい何なのかというと、阿弥陀仏出生の場は本願です。だから華座というのは本願の象徴だというわけでしょう。それは華座観のあとの方に、明らかにそのことが釈尊の言葉として説明されております。つまり、法蔵菩薩の願力所成の世界だ、というふうに説明されています。

そうしますと、華座というのはいったい何かといえば、法蔵菩薩の願力の所成だと、こう言うわけです。法蔵菩薩の願力の所成だということは、本願の世界だということです。そうすると、住立空中の阿弥陀仏は何かというと、本願成就ということです。本願成就ということは、南無阿弥陀仏です。そういうことが華座観のところの問題を全部押えているわけです。

此の如き妙華は、是れ本、法蔵比丘の願力の所成なり。(『真聖全一』五五頁)

と、こういうふうに釈尊自身が押えておりますように、そういうことが、華座観の前文における住立空中に対する、いわば端的な説明語になっているということです。それがこの華座得忍ということとの中心的な問題なのでしょう。

救済の予告・事実・確証

ところが、そこでもう一つ問題を立て直しております。その問いというのは今までのところを承けて出されるわけです。つまり、

是れ光台の中に国を見し時に得るに非ず。(『全集九』三八頁)

と、こういうふうに善導が言うていますように、光台現国の時に阿弥陀仏を拝んだというけれども、序分の定善示観縁のところで阿弥陀仏を拝んで得忍したのではなくて、実は華座観で得忍したのだ。また、あのいちばん最後の得益分のところで見仏得忍したのではなくして、得益分のところは、華座観での見仏得忍の意味を押えて明確にしたのだと言って、そこで一つの問いを立てております。

上の文の中に説きて言わく、「彼の国土の極妙の楽事を見そなわして心に歓喜するが故に、時に応じて即ち無生法忍を得と』。此の一義、云何が通釈せん。(『全集九』三八頁)

と言うております。この問いのなかに引用されている文は、定善示観縁の光台現国のところに説かれている経説です。彼の阿弥陀仏の国土の極妙の楽事を韋提希が見て心に歓喜を生ずるが故に、その時に応じて無生忍を得ると、こういうふうに経文に説いてある。ここにはっきりと無生法忍を得ると説いてあるが、このことをいったいどういうふうに領解したらいいのか、こういう問いを立て

ています。これに対して善導は、

答えて曰く。此の義の如きの者は、但是れ世尊前の別請を酬えて、挙げて利益を勧むる方便の由序なり。（『全集九』三九頁）

と、こういうふうに言うています。これも大事なことだと思うのですよ。光台現国というところで阿弥陀仏を拝むというが、「汝は是れ凡夫、心想羸劣」である、だからして未だ天眼を得ていない、だから阿弥陀仏を拝むということはできない、ただ仏力をもっての故に阿弥陀仏を拝むことができるのだと、こういうふうに釈尊が言うわけですね。この経文では、ちゃんと見仏というように書いてあるわけです。ところが、善導はそこで見仏したのではないと否定する。そうすると、善導の領解は経文と矛盾するではないか、と、こういう問題が立てられるわけです。それに対して善導は、ここをどう領解するかというと、これは真に見仏するための方便の由序だと、このように領解するわけです。

真実なる見仏に人間を導くため方便しての由序に当たる部分なのだ、と、こう言うわけです。ということは、この光台現国における見仏ということが、韋提希夫人において全然なかったと否定しているのではないのであって、むしろ、この光台現国において阿弥陀仏を見たという事実が韋提希自身のなかにおいて、真に見たというめざめとなるか、ならないかということが、方便の由序ということで言おうとすることです。

いわば、ここで韋提希は仏を見たのですよ。光台現国というて、眉間から光が出て、そこで韋提希は十方諸仏の浄土を見たけれども、特に阿弥陀仏の世界に生まれたいと願うというわけでしょう。阿弥陀仏の世界に生まれたいと願うと言った限りにおいては、阿弥陀仏の世界を知っていなければ言えないわけです。阿弥陀の世界を知らない者が、阿弥陀の世界を他の世界よりもいいと言うて選ぶわけにいきません。けれども、阿弥陀の世界とはいったい何なのかという、完全なめざめはそこにはないわけです。言うならば、有限の世界のいろいろな善根、いろいろな功徳を自分は求めない、真に無限なる世界を求める、それでは真に無限なる世界とはいったい何なのか、どうしたならば真に無限なる世界に生まれることができるのかと、このように問うわけでしょう。ということは、もう既に有限なる世界ではなくして無限なる世界に心が向っているわけです。

ところで、その真に無限なる世界に触れるということはいったいどういうことかというと、南無阿弥陀仏という事実においてしかないわけでしょう。いわゆる阿弥陀仏の国の極妙の楽事を見て、そして心に歓喜を生じて無生忍を得ると、こういうふうに説いてあるのは、言うてみるならば、釈尊の予告なのだというわけです。しかし、その予告という意味は、やがて教えを聞いているならば、阿弥陀仏を拝むことができるであろうというような、力のない予告ではなくして、確信に満ちた予告なのです。確信に満ちた予告というのは、既にして無限の世界に触れてある人間存在に対する確信です。その確信に満ちて、釈尊は日想観から始まる観法を説いてゆくわけですね。

そういう意味では、一貫した筋道を通して説法がされてあるわけです。ここでは、善導はそれには触れませんけれども、経文を見ますと韋提希が愚痴を言うて、愚痴を言うたなかから次第に阿弥陀の浄土を願うてゆくということになってゆきますね。そして、光台現国を通して阿弥陀の浄土を選び取って、そして、それをあえて韋提希自身の口をもって阿弥陀仏の浄土に生まれたいと願う、こういうふうに韋提希が言うた時、釈尊は初めて即便微笑されたと説かれています。にっこりとお笑いになって、開口一番釈尊が説いた言葉は、

汝今知れるやいなや。阿弥陀仏、此を去ること遠からず。（『真聖全一』五〇頁）

ということでしょう。そうすると、それは一貫するものがあるわけです。「汝今知れるやいなや。阿弥陀仏、此を去ること遠からず」、このように言いますように、おまえはまだわからんだろうと言うのでもないし、おまえはもうわかっているだろうと言うのでもない、わかっていると言うのやら、わかっておらんと言うのやら、わからないような表現ですね。「汝今知れるやいなや」。知っているかどうであろうか、という表現のしかたです。「汝今」と押えて、「知れるやいなや」という言葉を置いて言おうとしていることは、「阿弥陀仏、此を去ること遠からず」ということです。それが方便の由序となって、十六観の観法を通して空中住立という姿をとるわけでしょう。

いわゆる、最初から一貫しているのは、「阿弥陀仏、此を去ること遠からず」という、その確信です。「汝今知れるやいなや」というのですから、釈尊は韋提希自身のなかに、「知れりやいなや」という、その事実を押えて、そして、やがて韋提希自身のなかに「阿弥陀仏、此を去ること遠からず」という事実が確証できるまで明らかにしていこうというところに、観法が説かれる意味があるわけです。

そうすると、ここにずっと説かれている問題は、実は一貫して空中住立の阿弥陀のところまで展開してゆくわけです。言うならば、初めから全然縁もゆかりもない話を釈尊がしているのではないのです。「汝今知れるやいなや。阿弥陀仏、此を去ること遠からず」、こう言うた、その一言が一貫して、実は方便の由序として最初に見仏を予告し、予告してやがてそこから異の方便、つまり、種々なる方便をもって観法を説くわけです。観法を説くことによって確実にその予告が的中する如く、韋提希自身のなかに南無阿弥陀仏が成就するのです。「阿弥陀仏、此を去ること遠からず」という事実こそが、まさに南無阿弥陀仏でしょう。そういうかたちで全体が貫かれているわけです。

そういう意味では、善導は方便の由序だという言葉と、そして正しく阿弥陀仏を拝んだという事実とは、決して無関係に二つあるのではなくして、深い関わりのなかで、これを見つめているわけで、両方とも釈尊の心のなかにおいては、一つになるものとして説き出されているわけです。それがほんとうに韋提希自身の上に具体的な姿をとって顕われた、その一点はどこなのかというと、それが正に空中住立の阿弥陀仏の出現なのである。いわゆる、南無阿弥陀仏という事実の成就であり、本願成就の事実なのだ、と、こういうふうに押えてくるわけですね。

こういうふうに見てきますと、ここに言われることも、それほど厄介なことを言うわけじゃないでしょう。「此の義の如きは、但是れ世尊前の別請」、つまり、韋提希が阿弥陀仏の世界に生まれたいと、こういうふうに願うた、その願いに応じて利益を勧めるために説かれた方便のための由序だ、いわば、やがて真実がそこに開かれるための序として説かれた、確信に満ちた予告なのだと言うわ

けです。それはどうして知ることができるかというと、

次下の文の中に説きて言はく、（『全集九』三九頁）

と、その次の文を見てみると、諸仏如来には異の方便があって、その異の方便をもって汝がために、それを見せしめようとする。そしてその異の方便というのは何かというと、日想観、水想観と続いてくる十三観、これは全部、異の方便と名づける。このように言うています。

だからして、初めに確信に満ちた予告をしたということは、一一の観法を通して、実は阿弥陀仏の世界を見るという、その努力をし、やがては、阿弥陀仏の世界を見るまで人々がその教えに耳を傾けていくようにという、その大悲の心根というものが、そういうかたちであらわれた。そのように、見仏得忍ということを先に予告し、そして見仏得忍の事実を空中住立で明らかにし、そして、それが真の救いだということを、いちばん最後の得益分のところで確証した。だから三つは実はバラバラの三箇所ではなくして、一つのことを三箇所で明確にしている、つまり予告と事実と確証というかたちで、あの三つの見仏は決してバラバラのことではない、と、こういうふうに善導は押えてゆくわけです。

これが、華座得忍を通して、善導が、宗教的な救いというのはいったい何か、仏教で言うところの救い、めざめというのはいったい何なのか、自覚というのはいったい何なのかと、押えてみると、それは南無阿弥陀仏である、ということを『観経』の上で明確にしてゆこうというのが、この第七番目の韋提得忍門の問題であるわけです。これで玄義分の七門料簡を終るわけです。

第十章 仏事の成就

——結　文——

証《ノイハク》曰。掌《タナコヽロニ》握《キルコト》《トルコト》二機《キ》《ハタ》一糸《シヲ》《ヘキ》一十有《イウ》三結《ケツ》、条《テウ〱》一条《トメ》順《シユンスト》《シテ》レ理《リニ》一以《テ》応《オウシ》《ス》二玄《クエン》門《ニ》一詑《オハヌ》《ソフルコト》二此《ノ》義《ヲ》一。周《アマネク》三《ミタヒ》呈《シメス反》《アラハス反》二前《サキノ》証《ヲ》一者《ニ》《ナリ》矣。上一来雖《トモ》レ有《ト》二七段《タンノ》不一同一、惣《ソウシテ》是《レ》文《ノ》前玄義《ノクエンキナリ》。料《レウ》二箇《シ》経一論《ノ》相違《キ》妨難《ハウナンヲ》、一一《ニ》引《ヒイテ》二教《ヲ》一証一明《ス》。欲《ホス》下使《シメムト》中、信者《シヤヲメ》無レ疑《ク》求《ヒ》一者《クシヤヲメ》無中滞《カラト、コオリヘ》上。応《シ》レ知《シル》。

（『全集九』三九頁）

むすび

これは、玄義分全体を結ぶ文章です。「証して曰く」というのはいちばん最後に、これまで説いてきたことを、一つ証明するが如くあらわにして、ここに自分は玄義分全部を結ぼうと思うと言うわけです。

「掌に機糸を握ること十有三結」と言うていますが、これは実に美文ですね。掌のなかに機糸を握ること十有三結、「十有三結」というのは、十三という数は何かというと、玄義分は七段に分かれておりまして、七段のなかの第六番目「経論和会門」が六段に分かれておりますから、それを全部勘定すると十三になりますね。だから今まで『観無量寿経』について自分は十三の問題を提起して、そしてあたかも機糸を握るが如く、その十三の重要な問題を一条一条理にしたがって明らかにしてきたというわけです。ここに、玄義の門を明らかにし終ったということです。

ところがここでは、

玄門に応じ此の義を訖ぬ。(『全集九』三九頁)

と、こういうふうに読み切っておりますが、

以て玄門に応じ訖ぬ。此の義周ねく、(『真聖全一』四六一頁)

と読む、これが普通の読み方でしょう。それを、「此の義を訖ぬ」と読み切るところには、十三段に分けて、一条一条理に順じて自分は玄義門をここで明らかにし終った、『観無量寿経』の玄義は、ここに尽くし終ったと、こういう意味を明らかにするのでしょう。

ところが、自分がこの『観無量寿経』の玄義をここに尽くし終ったというのは、善導の私意、私事として言うているのではない、それは「三たび前の証を呈すものなり」と言うています。前の証というのは、『観無量寿経疏』を作った時に、善導は第一夜、第二夜、第三夜と、三夜にわたって諸仏の証明を受けたということを『観経疏』のいちばん終りに書いています。いわば自分の書いているこの『観無量寿経』の解釈が、もし私事で書いているのならば、これは意味のないことだ。しかし、これが真に諸仏の証誠にかなうものであるならば、それを諸仏方が顕われて証明してほしい、ということを善導自体が念じながら、『阿弥陀経』を口誦しつつ、この『観無量寿経』の解釈をした。すると毎夜毎夜、三夜夢のなかに仏が現われて、善導自身のやっていることを証明した、と、

こういうことをいちばん最後に書いていていますが、そのことを言うのです。

だから、玄義について明らかにし終ったというのは、善導自身の私事で言うているのではない、諸仏の証誠する事実がここに終わったということだ、いわば仏事が終わったということだと言うているわけです。善導の私事が終ったのではなくして、仏事がここで成就したということである。だから「上来七段の不同有りと雖も、惣じて是れ文の前の玄義なり」というわけです。

つまり、玄義分で為したことは、経論の相違に対する妨難の一一を取りあげて、経文を引いて自分は証明をしてきた。決してわたしの考えでそれに反論したのではない。一一に経文を引いて証明をしてきたのである。それをしようとした気持ちは、信ずる者に疑いを抱かしめるということのないように、求むる者に怠惰の心を起こさしめないようにという、この二つのことが、玄義分を書いた願いだというわけです。こういうふうにして玄義分が終ってゆくわけです。

そういう意味では、玄義分七段と言いますけれども、全部で、詳しく言えば十三段、この十三段の問題が、実はこれから後の序分義・定善義・散善義に深い関わりを持っているわけです。そういう意味では、文字どおり玄義分は、これからあとの文義分と言われる序分義から、最後の散善義までに至る、全部の中心課題が十三、押えられたということであるわけです。

本書は、昭和五八（一九八三）年刊行の『観経疏に学ぶ　玄義分二』第二刷をオンデマンド印刷で再刊したものである。

著者略歴

廣瀬　杲（ヒロセ　タカシ）

1924年京都市生まれ。大谷大学文学部卒業。大谷大学元学長。大谷大学名誉教授。文学博士。私塾聞光学舎主幹。2011年12月逝去。

著書　『宿業と大悲』『真宗救済論―宿業と大悲―』『歎異抄の諸問題』『歎異抄講話 高倉会館法話集　全４巻』『観経疏に学ぶ』『廣瀬杲講義集』『観経四帖疏講義　玄義分・序分義Ⅰ Ⅱ』『観経四帖疏講義 定善義Ⅰ Ⅱ Ⅲ』『観経四帖疏講義 散善義Ⅰ Ⅱ Ⅲ』など多数。

新装版　観経疏に学ぶ　玄義分２

一九八〇年　二月　一日　初　版第一刷発行
二〇二二年　一二月二〇日　新装版第一刷発行

著　者　廣瀬　杲
発行者　西村明高
発行所　株式会社　法藏館
京都市下京区正面通烏丸東入
郵便番号　六〇〇－八一五三
電話　〇七五－三四三－〇〇三〇（編集）
〇七五－三四三－五六五六（営業）

装幀　山崎　登
印刷・製本　亜細亜印刷株式会社

ISBN 978-4-8318-6591-5 C3015